普通高等院校“十三五”规划教材
“互联网+”业财融合系列教材

U0958350

Excel在财务管理中的应用

孔令一 赵若辰／主编
佘翠芬／副主编

立信会计出版社
LIXIN ACCOUNTING PUBLISHING HOUSE

图书在版编目(CIP)数据

Excel 在财务管理中的应用 / 孔令一，赵若辰主编. —上海：立信会计出版社，2020.6

ISBN 978-7-5429-6481-6

Ⅰ. ①E… Ⅱ. ①孔… ②赵… Ⅲ. ①表处理软件—应用—财务管理 Ⅳ. ①F275-39

中国版本图书馆 CIP 数据核字(2020)第 076209 号

策划编辑　郭　光
责任编辑　郭　光
封面设计　南房间

Excel 在财务管理中的应用

Excel Zai Caiwu Guanli Zhong De Yingyong

出版发行	立信会计出版社		
地　　址	上海市中山西路 2230 号	邮政编码	200235
电　　话	(021)64411389	传　　真	(021)64411325
网　　址	www.lixinaph.com	电子邮箱	lixinaph2019@126.com
网上书店	http://lixin.jd.com		http://lxkjcbs.tmall.com
经　　销	各地新华书店		

印　　刷	上海万卷印刷股份有限公司	
开　　本	787 毫米×1092 毫米	1/16
印　　张	13.25	
字　　数	319 千字	
版　　次	2020 年 6 月第 1 版	
印　　次	2020 年 6 月第 1 次	
印　　数	1—2 100	
书　　号	ISBN 978-7-5429-6481-6/F	
定　　价	38.00 元	

前 言

“Excel 在财务管理中的应用”是财经类专业的一门重要核心课程，是运用 Excel 工具提升学生财务管理技能的综合训练课程。

本书与《财务管理学》(孔令一主编，立信会计出版社出版)相配套，在章节设置、知识体系、例题选用等方面与《财务管理学》相一致。本书介绍了 Excel 在财务管理中的应用涉及资金时间价值的计算、内部长期投资决策、证券投资分析与决策、资本成本与资本结构、筹资预测与决策分析、流动资产管理、利润管理、财务报表分析与预测及其应用等方面的技能。这些 Excel 应用具有较强的实用性，可帮助学生解决财务管理课程学习中存在的问题。

学生运用 Excel 将财务管理的理论内容与实训内容融合，了解 Excel 的基本知识和方法，掌握利用 Excel 工具进行财务分析的设计方法和过程，掌握利用 Excel 工具做出筹资、投资决策并进行分析，学会利用 Excel 进行财务综合分析，掌握 Excel 在财务管理中的应用技能的基本要求，获得适应财务管理岗位的工作能力。

编者团队制作了大量的微课，以二维码的形式放置在相关知识点旁边，方便学生和读者朋友在线观看学习本书重要知识点的操作步骤。

本书有以下特色：

一是系统性。本书配套《财务管理学》，旨在让学生掌握理论基础知识的同时，学会运用 Excel 提高财务管理岗位的应用能力。

二是实用性。本书充分考虑企业实践中财务管理岗位的知识应用，将 Excel 技能应用到会计、统计、市场营销、电子商务等工作岗位，并具有非常好的可扩展性。

三是易学性。本书实例丰富，所有例题提供微课视频，讲解深入浅出，操作步骤明确。本书将各章的基础训练制作成微课视频提供给教师，方便教师检验学生实操掌握情况。本书配有学生版与教学版 Excel 数据：学生版给学生提供例题与练习的基础数据，方便学生实践操作；教学版提供给教师，方便教师教学查阅。本书提供给学生的教学资源为二维码形式，可直接扫码或下载观看。本书提供教师教学资源(含 Excel 教学版数据、基础训练微课视频、课件)，可联系立信会计出版社郭光编辑(QQ360090452)索取。

本书由孔令一、赵若辰担任主编，佘翠芬、徐嵩杰、滕萍萍、相福刚、张皓旭、朱淑梅参与编写。本书在编写过程中参阅了大量的文献资料和相关教材，还得到多位专家的指点帮助，在此表示诚挚的谢意。由于编者水平有限，书中难免有疏漏和不当之处，敬请广大读者批评指正，以便这本教材在再版时能够得到不断的充实和完善。

回复“6481”获取
Excel 基础数据

编 者

2020 年 5 月

目　录

第一章　Excel 基础知识

知识导航

- Excel 基础知识
  - Excel 2010 基本结构
    - Excel 的启动与退出
    - Excel 窗口简介
  - Excel 2010 基本操作
    - 工作表基本操作
    - 编辑工作表
    - 输入数据
    - 单元格内数据的编辑
  - 修饰工作表
    - 设置单元格格式
    - 设置行高和列宽
    - 行或列的隐藏或取消隐藏
  - 公式与函数
    - 公式中的运算符
    - 运算符的优先级
    - 公式中单元格的引用
    - 函数

本章简介

本章主要讲解 Excel 2010 的基础知识，包括 Excel 2010 的基本结构与基本操作，修饰 Excel 工作表以及介绍常用的公式与常见的财务函数等，为深入学习 Excel 高级功能，提高财务管理工作效率打好基础。

学习目标

1. 认识 Excel 2010 的基本结构。
2. 掌握编辑 Excel 2010 工作表。
3. 掌握设置单元格格式。
4. 了解函数的分类，掌握常见的财务函数。

第一节　Excel 2010 基本结构

Excel 2010 是微软公司办公自动化软件 Office 中的重要成员，是一个著名的电子表格软件，具有制作表格、处理数据、分析数据、创建图表等功能。目前 Office 最新版本为

Office 2019，考虑到软件的稳定性、广泛性、实用性等特点，我们选用 Excel 2010 来介绍 Excel 在财务管理中的应用。

一、Excel 的启动与退出

1. Excel 的启动

方法一，点击“开始”“程序”，选择 Microsoft Excel 2010 命令，启动 Excel 2010。

方法二，双击桌面上的 Microsoft Excel 2010 应用程序的快捷方式。

方法三，鼠标右键单击“桌面”空白处，在弹出的快捷菜单中选择“新建”“Microsoft Excel 工作表”启动。

方法四，通过双击打开已经存在的 Excel 文件来启动 Excel 应用程序。

2. Excel 的退出

方法一，单击标题栏右端 Excel 窗口的关闭按钮×。

方法二，单击“文件”菜单中的“退出”命令。

方法三，双击 Excel 2010 标题栏最左边的控制菜单按钮，然后选择“关闭”命令。

方法四，同时按“Alt+F4”组合键关闭程序。

二、Excel 窗口简介

Excel 2010 工作界面由标题栏、文件菜单、快速访问工具栏、功能区、编辑栏、工作表编辑区、滚动条、缩放滑块和状态栏等组成，如图 1-1 所示。

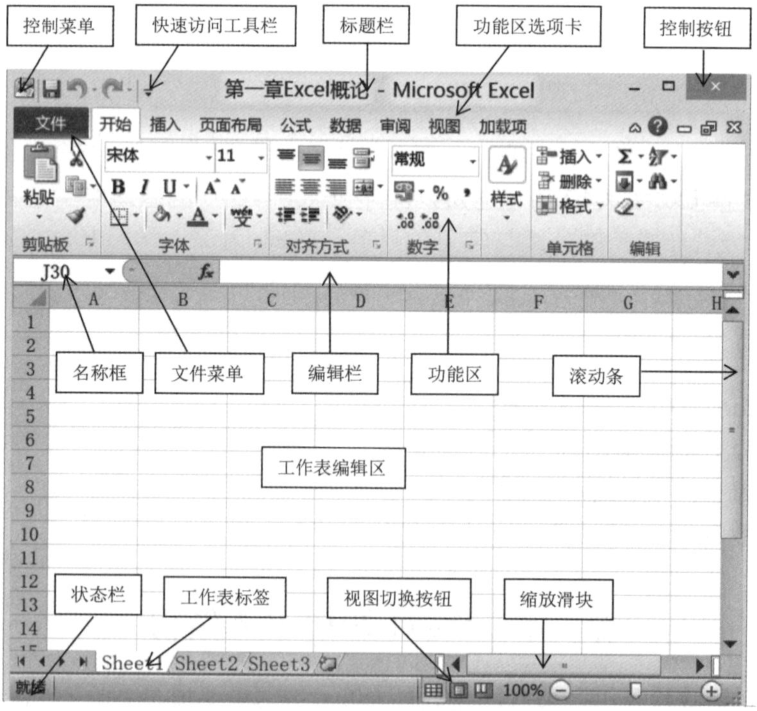

图 1-1 Excel 工作窗口

1. 标题栏

标题栏位于窗口顶部,包含软件图标、快速访问工具栏、当前工作簿的文件名称和软件名称。

(1) 软件图标包含“还原”“移动”“大小”“最小化”“最大化”“关闭”等命令。

(2) 快速访问工具栏包含“新建”“打开”“保存”“撤销”“恢复”“升序排序”“降序排序”“打开最近使用的文件”等快捷方式。

2. 功能区

功能区位于标题栏下方,包含“文件”“开始”“插入”“页面设置”“公式”“数据”“审阅”“视图”等主选项卡。

3. 编辑栏

编辑栏位于功能区下方,包含“显示或编辑单元格名称框”“插入函数”“数据编辑区”等功能。

(1) 名称框:用于显示活动单元格地址,查找单元格地址或单元格区域,给单元格地址或单元格区域重命名。

(2) 插入函数:用于插入所需要的函数。

(3) 数据编辑区:用于输入或编辑当前单元格的内容、值或公式。

4. 工作表编辑区

工作表编辑区用于输入或编辑单元格。

5. 状态栏

状态栏位于窗口的底部,用于显示操作状态,视图按钮和显示比例。在为单元格输入数据时,状态栏显示为“输入”。输入完毕后,状态栏显示“就绪”,表示准备接收数据或命令。

6. 滚动条

滚动条包括水平滚动条和垂直滚动条,使用滚动条可显示更多的内容。

7. 工作簿窗口

在 Excel 中还有一个小窗口,称为工作簿。工作簿窗口下方左侧是当前工作簿的工作表标签(显示工作表的名称),单击工作簿窗口的最大化按钮将与 Excel 窗口合二为一。

第二节 Excel 2010 基本操作

一、工作表基本操作

用户操作工作表会涉及工作表标签。工作表标签实际上就是工作表名,它位于工作表的最下方,有时为了便于查找某一工作表,用户可修改工作表标签颜色。用户对工作表的操作都是通过单击或右击工作表标签来完成的。用户可通过单击工作表标签实现不同工作表之间的切换,查看工作表中的内容;通过右击工作表标签实现工作表的插入、删除、重命名、移动、复制和隐藏等操作。例如,重新命名工作簿“Excel 基础知识”中的 Sheet1 为“复利现值的计算”,并复制到新建工作簿中,把标签的颜色修改为蓝色;保护“复利现值的计算”工作表，并将工作底稿 Sheet2“复利终值的计算”及 Sheet3“年金现值的计算”隐藏；然后取消隐藏工作底稿“复利终值的计算”。

1. 选择工作表

单击某个工作表标签，工作表标签为白色时，可以选择该工作表为当前工作表。此时，用户可对当前工作表进行编辑。

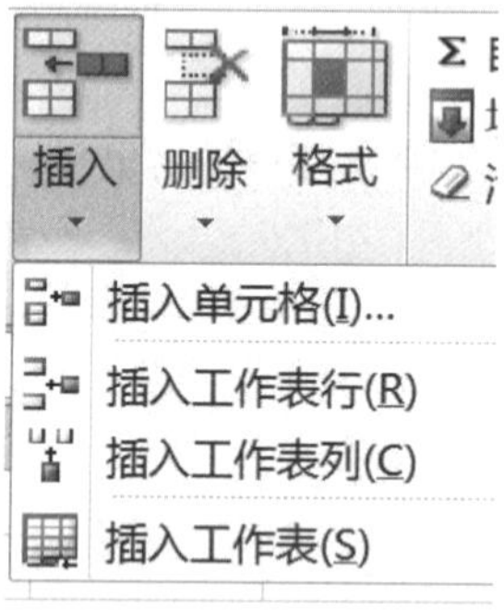

图 1-2　插入工作表

按住快捷键 Shift，分别单击工作表标签，可以同时选择多个工作表，组成一个工作组，随后可以进行编辑。

2. 插入新工作表

方法一，单击插入位置右边的工作表，然后在“开始”菜单下选择“插入”下拉菜单中的“插入工作表”，如图 1-2 所示，新插入的工作表就会出现在当前工作表之前。

方法二，单击插入位置右边的工作表，右击插入位置右边的工作表标签，再选择快捷菜单中的“插入”命令，此时，会出现如图 1-3 所示的对话框，选定“工作表”之后单击“确定”按钮，新插入的工作表仍然会出现在当前工作表之前。

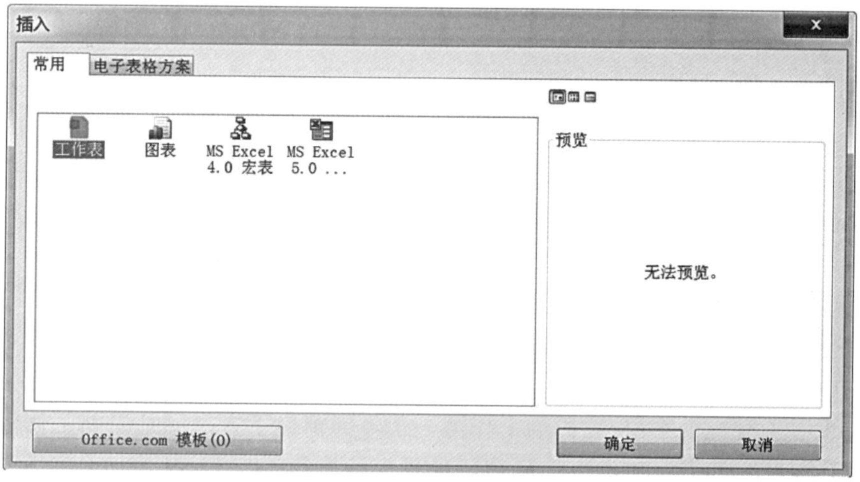

图 1-3　“插入”选项表

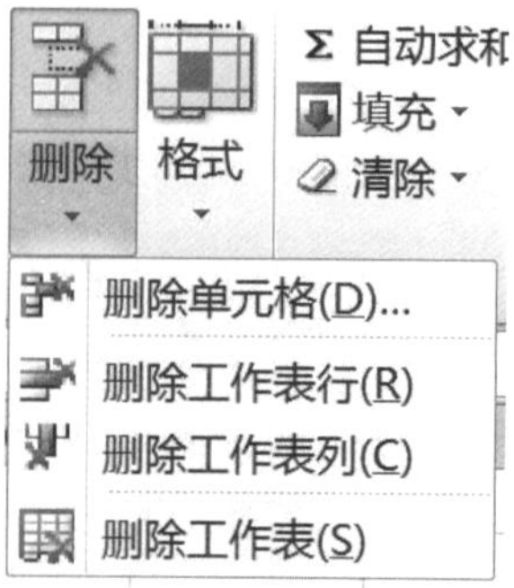

图 1-4　删除工作表

方法三，单击“年金现值与终值的计算”工作表右边的按钮 ，新插入的工作表会出现在最后。

如果需要增加多张工作表，则先按住快捷键 Shift，同时选中与待增加工作表数目相同的工作表标签，然后通过右键插入工作表，就会批量新建工作表。

3. 删除工作表

方法一，选中要删除的工作表，在“开始”菜单下，选择“删除”下拉菜单中的“删除工作表”，就可以删除选中的工作表，如图 1-4 所示。

方法二，右键单击要删除的工作表，选择快捷菜单中的“删除”命令，即可删除。

可以通过上述两个方法删除刚才新建的空白工作表。

4. 重命名工作表

方法一，双击 Sheet1 标签，待标签名称变为黑色之后，录入新名称“复利现值的计算”，点击回车键，重命名成功。

方法二，右键点击 Sheet1 标签，通过快捷菜单中的“重命名”命令重新输入新名称“复利现值的计算”，点击回车键，重命名成功。

5. 移动或复制工作表

（1）在同一工作簿内移动工作表。单击工作表标签，选定工作表“复利现值的计算”，然后拖动工作表到目标位置。

（2）在不同工作簿之间移动工作表。右键单击工作表“复利现值的计算”标签，在快捷菜单中选择“移动或复制”，在弹出对话框中选择“新工作簿”，如图 1-5 所示，点击“确定”，则工作表“复利现值的计算”会另外成为一个新的工作簿，原工作簿中不再保留该工作表。

（3）在同一工作簿内复制工作表。右键单击工作表“详细信息”，在快捷菜单中点击“移动或复制”，选中“建立副本”，点击“确定”，如图 1-6 所示，就会出现工作表“复利现值的计算”的副本“复利现值的计算(2)”。

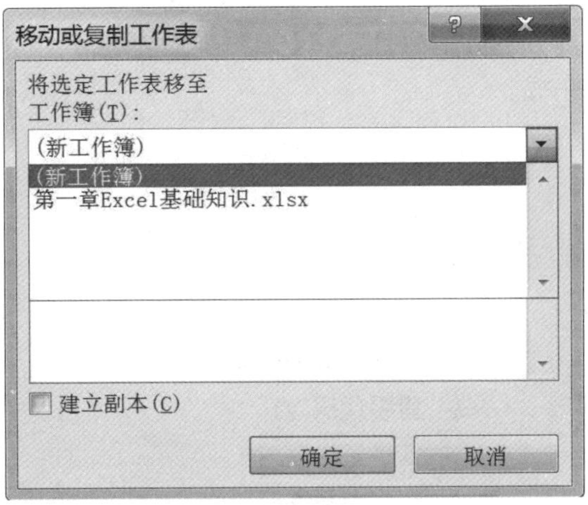

图 1-5　移动或复制工作表（移动到新工作簿）

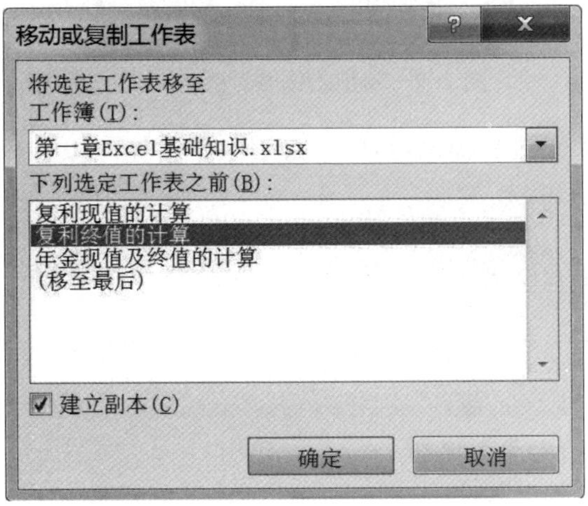

图 1-6　移动或复制工作表（建立副本）

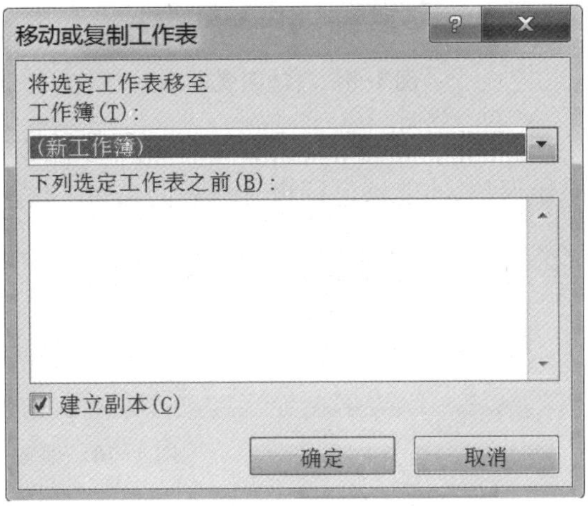

图 1-7　移动或复制工作表（复制到新工作簿）

（4）在不同工作簿之间复制工作表。右键单击工作表“复利现值的计算”标签，在快捷菜单中选择“移动或复制”，同样在弹出的对话框中选择“新工作簿”和“建立副本”，点击“确定”（如图 1-7 所示），则工作表“复利现值的计算”会另外成为一个新的工作簿，原工作簿中仍保留该工作表。

综上所述，如果选择“建立副本”，则属于复制工作表，原有工作表和新工作表同时保留；不选择此项，则属于移动工作表，原有工作表不再保留，新工作表保留。

6. 保护工作表

同工作簿一样，如果不希望别人对某工作表进行编辑，可以保护该工作表，限制用户的操作权限，达到保护原始数据的目的。

右键单击工作表“复利现值的计算”标签，在快捷菜单中选择“保护工作表”（如图1-8所示），之后就会弹出“保护工作表”对话框，需要用户输入取消保护时使用的密码（密码暂定为“1”）。用户可以设定保护各项内容的权限，如允许用户进行操作，则选择该内容，在前方的方框内打“√”（如图1-9所示），点击“确定”之后，需要再次确认密码，工作表保护完成。

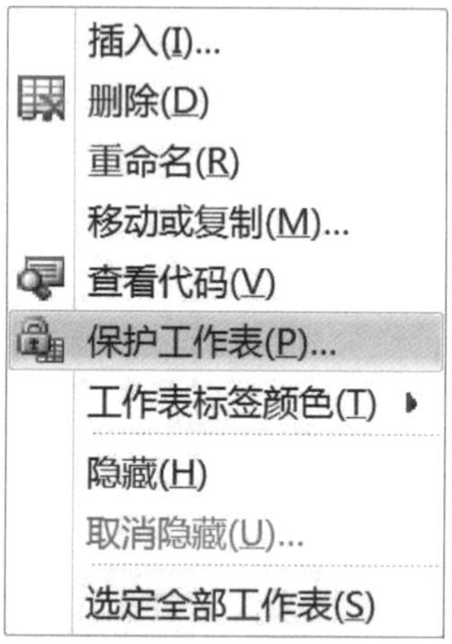

图1-8　右键图表

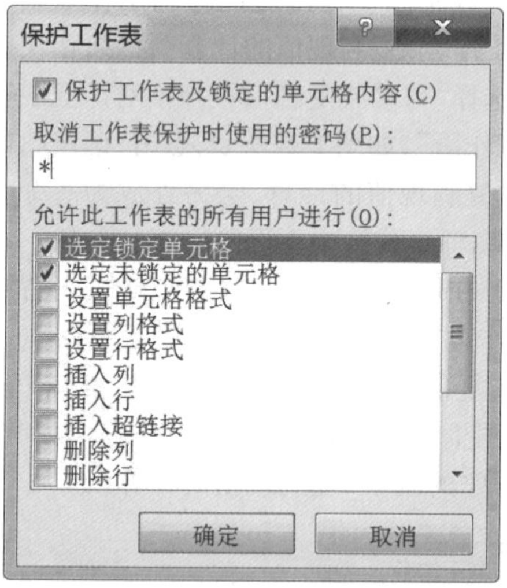

图1-9　保护工作表对话框

如果该工作表已经被保护，用户进行相关操作时会弹出对话框（如图1-10所示），只有撤销保护，才能够进行该工作表的编辑工作。

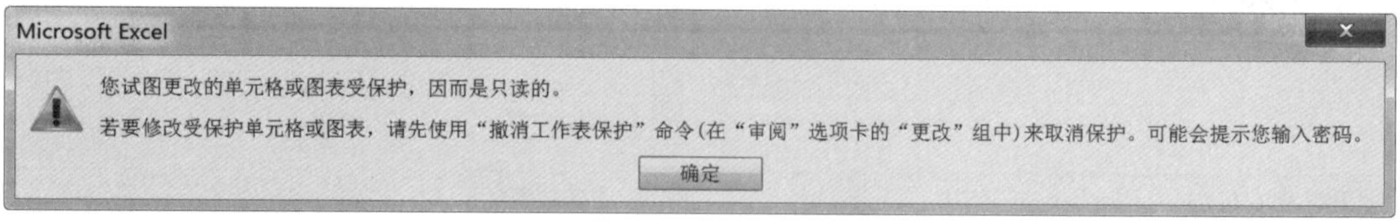

图1-10　编辑受保护工作表提示

7. 工作表标签添加颜色

在具体工作过程中，有时需要将一个工作簿中的不同工作表进行分类，此时可以使用工作表标签进行区分。例如可以将作为工作底稿的工作表标签设置为红色，将分析汇总的工作表标签设置为黄色，将最终呈现结果的工作表标签设置为绿色，这样就能够很快区分不同时间段的工作表，方便查找与使用。

如将工作表“复利现值的计算”标签颜色改为蓝色,具体方法如下:

右键单击工作表“复利现值的计算”标签,在快捷菜单中选择“工作表标签颜色”,快捷菜单右侧就会出现“主题颜色”窗体,选择第 4 列第 4 行(深蓝,文字 2,浅色 40%)(如图 1-11 所示),然后鼠标点击其他工作表,就可以看到工作表“复利现值的计算”的设置效果。

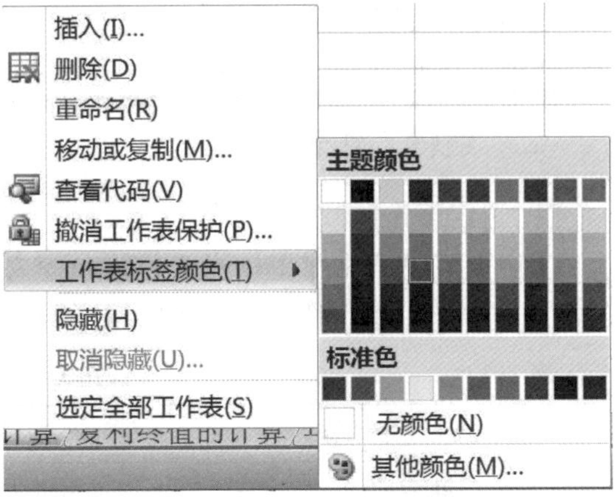

图 1-11 工作表标签颜色

8. 隐藏和取消隐藏工作表

在工作中,有一些内容不希望被别人看到,但是又不能缺少,此时可以使用“隐藏”功能将这些内容隐藏起来。

(1) 隐藏工作表。选中工作表 Sheet2(复利终值的计算)与 Sheet3(年金现值及终值的计算),当这两个工作表标签同时显示为白色时,用鼠标右键单击其中一个标签,在快捷菜单中选择“隐藏”(如图 1-12 所示),此时就会将两个工作表隐藏起来。

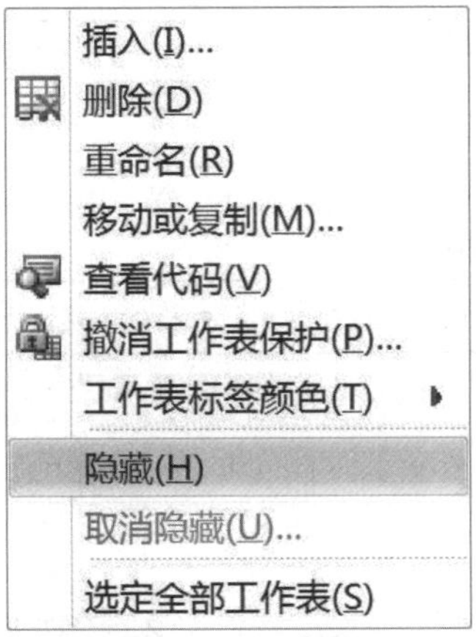

图 1-12 右键隐藏

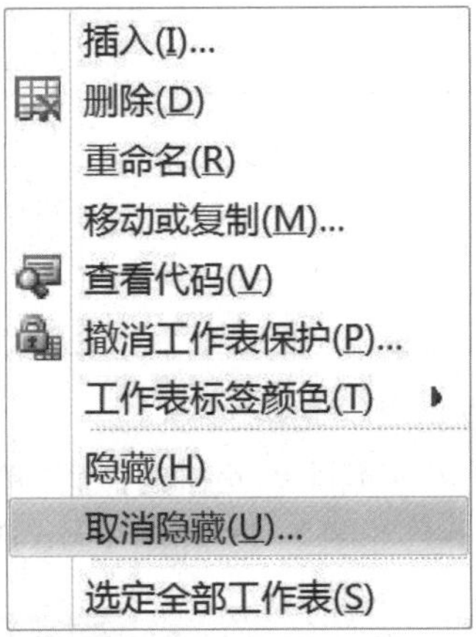

图 1-13 右键取消隐藏

(2) 取消隐藏工作表。如果需要取消已经隐藏的工作表,用鼠标右键点击工作表“复利现值的计算”,在快捷菜单中选择“取消隐藏”(如图 1-13 所示),此时会弹出显示“取消隐藏”对话框(如图1-14 所示),选择需要取消隐藏的工作表“复利终值的计算”“年金现值及终值的计算”,然后单击“确定”,取消隐藏成功。

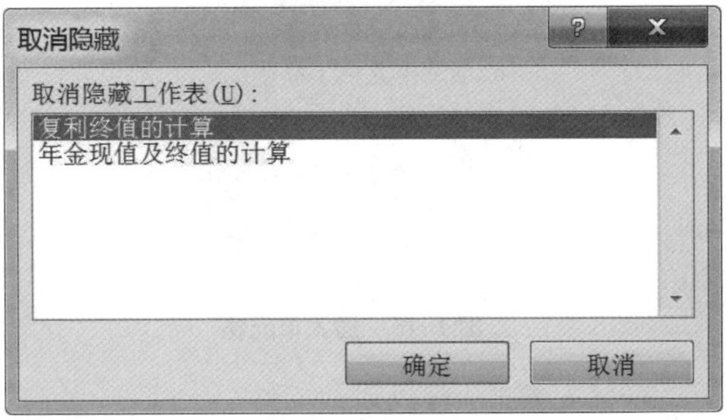

图 1-14 取消隐藏对话框

需要说明的是，只有工作簿中有已经隐藏的工作表，“取消隐藏”功能节点才是可操作状态；如果工作簿中没有已经隐藏的工作表，“取消隐藏”功能节点为灰色不可操作状况。

二、编辑工作表

1. 选定工作区域

Excel 2010 在编辑工作表或执行命令之前，先要选择相应的单元格或单元格区域。表 1-1 为常用的选定工作区域常用的操作。

表 1-1　　选定工作区域常用的操作

选择内容	具体操作
选定单个单元格	单击相应的单元格，或用光标移动到相应的单元格
选定某个单元格区域	单击选定该区域的第 1 个单元格，然后拖拽鼠标光标直至选定最后 1 个单元格
选定工作表中所有单元格	选定 1 个单元格，按“Ctrl+A”组合键
选定不相邻的单元格或单元格区域	选定第 1 个单元格，然后按住“Ctrl”键，再选定其他单元格或单元区域
选定较大的单元格区域	单击选定该区域的第 1 个单元格，然后按住“Shift”键，再单击该区域的最后一个单元格，通过滚动条可以使要选择的所有单元格可见
选定整行	单击行号
选定整列	单击列标
选定相邻的行或列	沿行号或列标拖拽鼠标光标；或者选定第 1 行或第 1 列，然后按住“Shift”键，再选定其他行或其他列
选定不相邻的行或列	选定第 1 行或第 1 列，然后按住“Ctrl”键，再选定其他行或列

2. 插入或删除单元格

选择要插入或删除单元格的位置，单击鼠标右键，选择“插入”或“删除”按钮，可插入或删除一个单元格，如图 1-15 和图 1-16 所示。

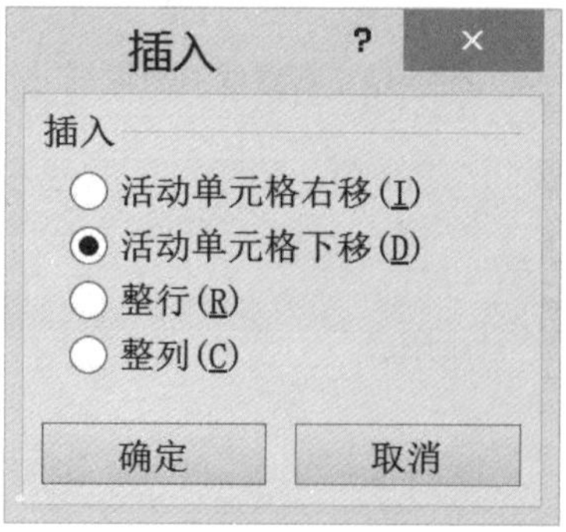

图 1-15　插入单元格

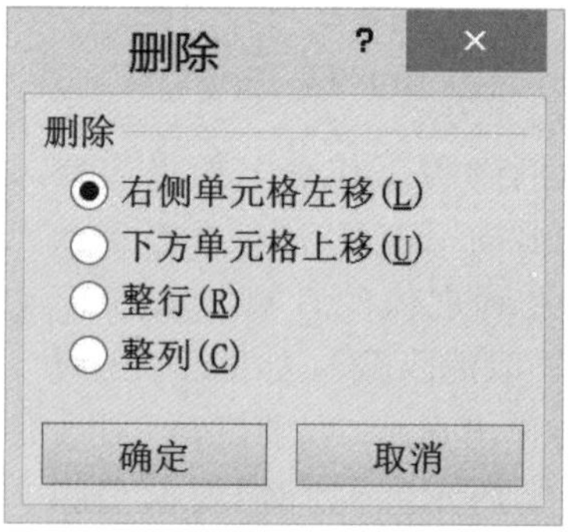

图 1-16　删除单元格

3. 插入或删除行或列

选定想要插入行或列的位置，单击鼠标右键，选择“插入”按钮，可以在该行的前面或该列的左边插入一行或一列。选定想要删除的行或列,单击鼠标右键,选择“删除”按钮,可以删除选中的行或列。

4. 合并单元格

选定区域,单击鼠标右键,选择“设置单元格格式”,如图 1-17 所示,打开“设置单元格格式”对话框,如图 1-18 所示,选择“对齐”中的“合并单元格”,如图 1-19 所示,合并后的单元格如图 1-20 所示。

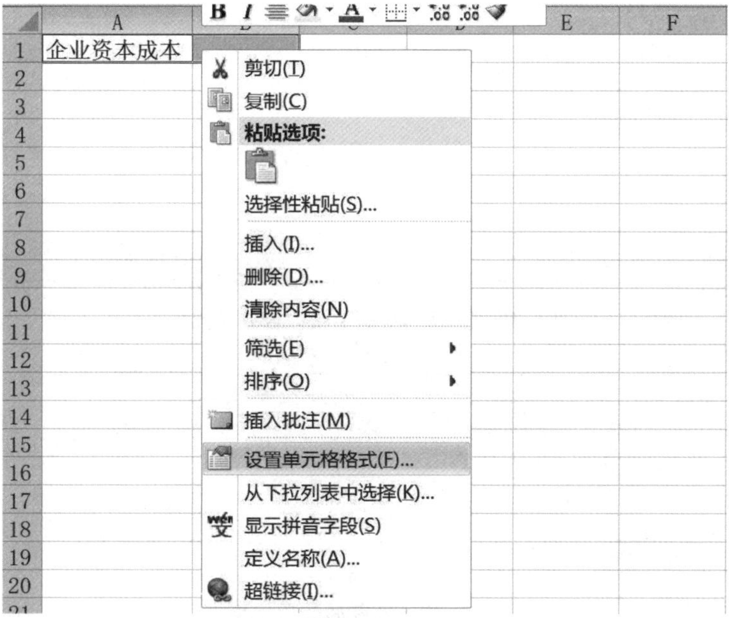

图 1-17　设置单元格格式

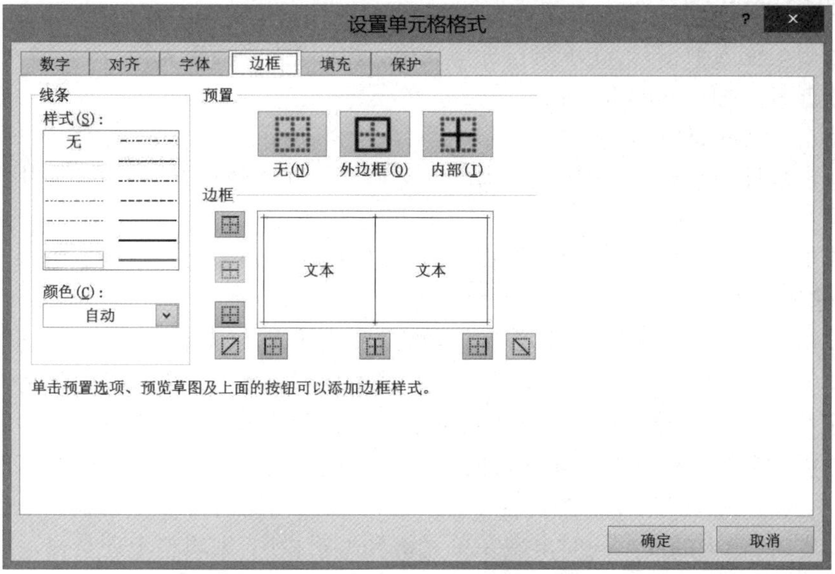

图 1-18　打开“设置单元格格式”对话框

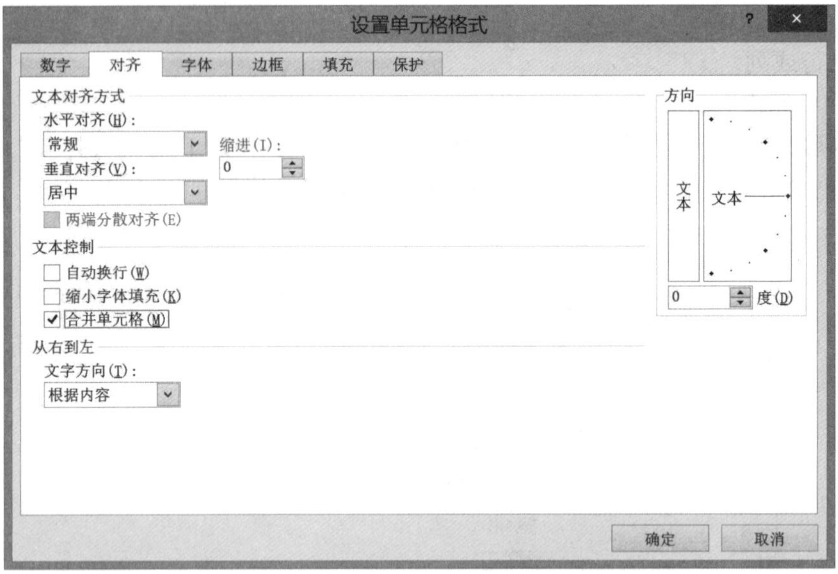

图 1-19　选择“对齐”中的“合并单元格”

图 1-20　合并后的单元格

三、输入数据

在单元格中输入数据时，先单击目标单元格，使之成为当前单元格，然后输入数据。

输入数据有三种不同的方法：

（1）单击单元格，然后直接输入。

（2）双击目标单元格，单元格中会出现光标后即可输入数据，这种方法多用于修改单元格中的数据。

（3）单击目标单元格，然后单击编辑栏，在编辑栏中编辑或修改数据。

（一）输入文本

文本包括文字、字母、特殊符号、数字、空格以及其他通过键盘输入的符号。

在向单元格内输入文本时，如果相邻的单元格中没有数据，Excel 2010 允许长文本覆盖在其右边相邻的单元格；如果相邻单元格中有数据，则当前单元格中只显示该文本的开头部分，这时可增大列宽或以自动换行的方式格式化该单元格，使单元格的全部内容显示出来。

输入文本时，输入的文本同时出现在单元格和编辑栏中，编辑栏上还会显示“取消”按钮 ，“输入”按钮 。如果输入错误，可以使用“Backspace”键删除光标左边的字符。

如果把数字作为文本输入，例如输入身份证号码、电话号码、“=9+45”“5/19”等文本，应先在半角状态下输入单引号“'”，再输入数字文本。

（二）输入数字

数值中可以出现：0、1、2、3、4、5、6、7、8、9、+、-、( )、%、E、e、$ 。

例如：$1, 234、50%、856、+856、-856、(856)、1.23E+11 等。

输入数字时应注意以下几点：

（1）数值型数据自动靠右对齐。

（2）输入负数有两种方式，一种是“-856”，另一种是“(856)”。

（3）输入数值时，若长度超过 11 位，则转换成科学计数法。

（4）输入分数时，为避免系统将输入的分数视为日期，前面加 0，即输入“0”“空格”“分数”。例如：“0 1/2”，即显示为“1/2”，否则显示为“1 月 2 日”。

（5）单元格宽度太小时显示一串“#”，此时可拉大列宽。

（三）输入日期和时间

1. 输入日期

可采用以下形式输入日期：年-月-日、年/月/日、月-日、月/日。例如：2008 年 10 月 1 日、2008/10/1、08-10-1、10 月 1 日、10-01、10-1、10/01、10/1。若要以日/月/年、日-月-年、日/月、日-月的形式输入，则月份必须用英文表示。例如：1/OCT/2003、1-OCT-2003、1/OCT、1-OCT。

默认状态下，当用户输入两位数字的年份时，会出现以下情况：

第一，年份为 00~29 之间时，Excel 解释为 2000~2029 年。

第二，年份为 30~99 之间时，Excel 解释为 1930~1999 年。

2. 输入时间

输入时间用“:”分隔时分秒；时间可用 12 小时制或 24 小时制。若采用 12 小时制，AM 或 A 代表上午，PM 或 P 代表下午，省略则默认为上午。

四、单元格内数据的编辑

1. 修改单元格数据

（1）编辑栏修改法：选中单元格，单击编辑栏，然后修改数据。

（2）单元格修改法：双击单元格，出现光标后，再对数据进行修改。

2. 移动单元格

（1）粘贴法。选中要移动的单元格或单元格区域，再单击鼠标右键，选择“剪切”按钮或按“Ctrl+X”组合键，然后将光标移至目标单元格位置，单击鼠标右键，选择“粘贴”按钮或按“Ctrl+V”组合键即可。

（2）拖动法。选中要移动的单元格或单元格区域，将鼠标指向所选单元格或单元格区域的黑色边框（注意要避开填充柄），按住鼠标左键并拖动鼠标至目标单元格位置，然后释放鼠标即可。

3. 复制单元格

（1）粘贴法。选中要复制的单元格或单元格区域，再单击鼠标右键，选择“复制”按钮或按“Ctrl+C”组合键，然后将光标移至目标单元格位置，单击鼠标右键，选择“粘贴”按钮或按

“Ctrl+V”组合键即可。

（2）拖动法。选中要复制的单元格或单元格区域，将鼠标指向所选单元格或单元格区域的黑色边框（注意要避开填充柄），同时按住“Ctrl”键和鼠标左键，并拖动鼠标至目标单元格位置，然后释放鼠标即可。

4. 删除单元格区域

选中要删除的单元格或单元格区域，单击鼠标右键，选择“删除”按钮，然后根据需要选择不同的单选按钮即可，如图 1-21 所示。

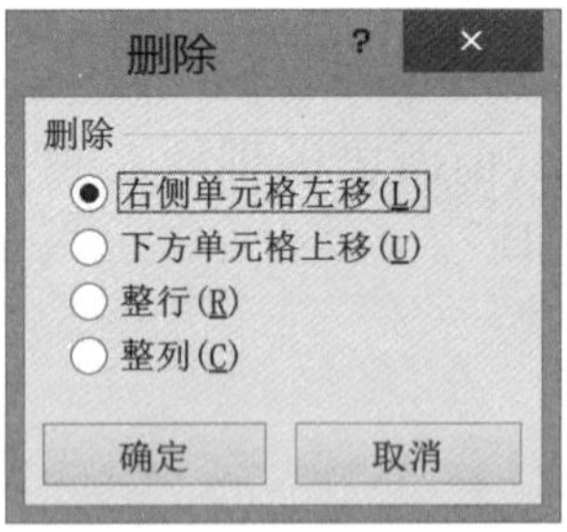

图 1-21　单元格或单元格区域删除

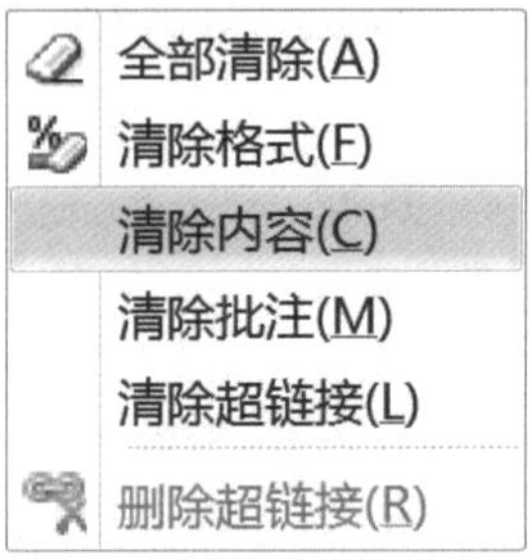

图 1-22　清除命令中的选项

图 1-23　清除单元格的鼠标右键对话框

5. 清除单元格

当发现单元格中的数据有误或不再需要时，可以清除其内容。

具体做法是：首先选中要清除数据的单元格或单元格区域，然后按“Delete”键，或选择功能区的“清除”命令（清除）。“清除”命令的选项如图 1-22 所示。“全部清除”表示清除单元格的数据及格式；“清除格式”表示仅清除格式而保留数据；“清除内容”表示仅清除数据而保留格式；“清除批注”表示仅清除批注。单击鼠标右键，选择“清除内容”按钮，如图 1-23 所示。

6. 查找和替换

通过查找和替换功能，可以快速定位和找到需要的信息，或对替换的单元格数据进行替换。

（1）查找。首先执行功能区的“查找和选择”命令，如图 1-24 所示，或按“Ctrl+F”组合键，弹出“查找和替换”的“查找”对话框，如图 1-25 所示，然后在“查找内容”栏中输入要查找的信息，单击“查找下一个”按钮，含有查找信息的单元格就会被一一找出。

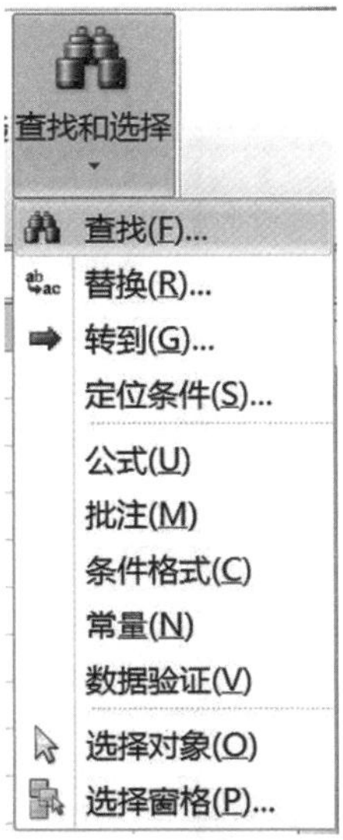

图 1-24　功能区查找和选择命令

图 1-25　“查找和替换”对话框中的“查找”界面

（2）替换。首先单击“查找和选择”命令中的“替换”选项卡，或按“Ctrl + H”组合键，弹出“查找和替换”的“替换”对话框，如图 1-26 所示。然后在“查找内容”栏中输入要查找的信息，在“替换为”栏中输入要替换为的内容，单击“全部替换”按钮，工作表中所有要替换的单元格将全部被替换；若单击“替换”按钮，则工作表中所有要替换的单元格将被逐一检查替换。

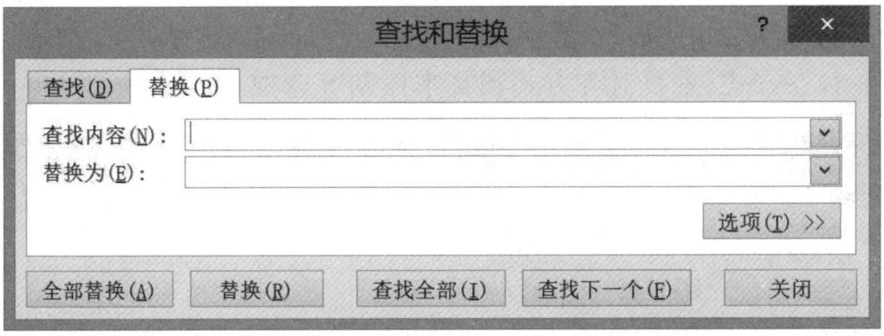

图 1-26　查找和替换对话框中的“替换”界面

第三节　修饰工作表

通过对 Excel 外观参数（文字大小、字体、颜色、对齐方式、单元格边框线、底纹以及表格的行高和列宽等）的设置，可以美化工作表，从而更有效地显示数据内容。

一、设置单元格格式

用户可以对 Excel 中的单元格设置各种格式，包括设置单元格中数字的类型、文本的对齐方式、字体、单元格的边框以及单元格保护等，不仅可以对单个单元格和单元格区域设置格式，还可以同时对一个或多个工作表设置格式。设置单元格格式的操作步骤如下：

第一步，选择需要进行格式设置的单元格或者单元格区域。

第二步，选择“格式”“设置单元格格式”命令，或者点击鼠标右键，打开“设置单元格格式”对话框，如图 1-27 所示。

第三步，在“设置单元格格式”对话框中设置格式后，单击“确定”按钮即可。

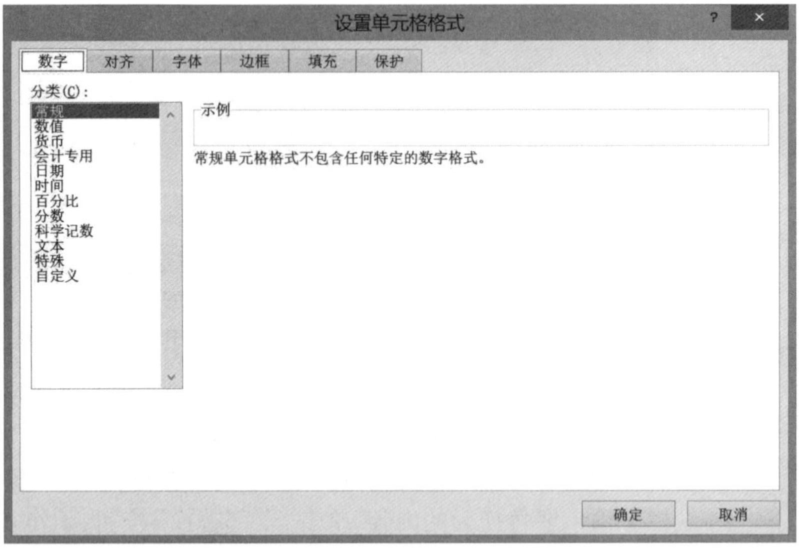

图 1-27 “设置单元格格式”对话框

(1) 设置数据的对齐方式。如果需要改变数据的对齐方式,将“设置单元格格式”对话框切换到“对齐”选项卡,如图 1-28 所示,在“对齐”选项卡中进行对齐方式的设置。对齐方式包括设置水平对齐方式、垂直对齐方式和文本控制等选项。

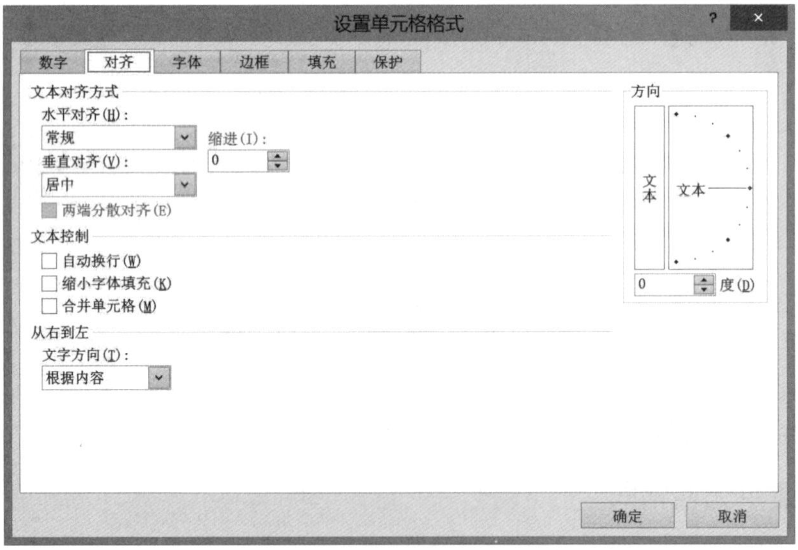

图 1-28 “对齐”选项卡

(2) 设置单元格字体。设置单元格字体,需要将“设置单元格格式”对话框切换到“字体”选项卡,如图 1-29 所示,包括设置字体、字形、字号,设置下划线、颜色,设置普通字体,设置特殊效果等功能。

(3) 设置单元格边框。在工作表中给单元格添加边框可以突出显示工作表数据,使工作表更加清晰明了。设置单元格边框,需要将“设置单元格格式”切换到“边框”选项卡下，如图 1-30 所示，可以选择设置边框线条的样式、线条颜色、外边框线条、内部线条等。

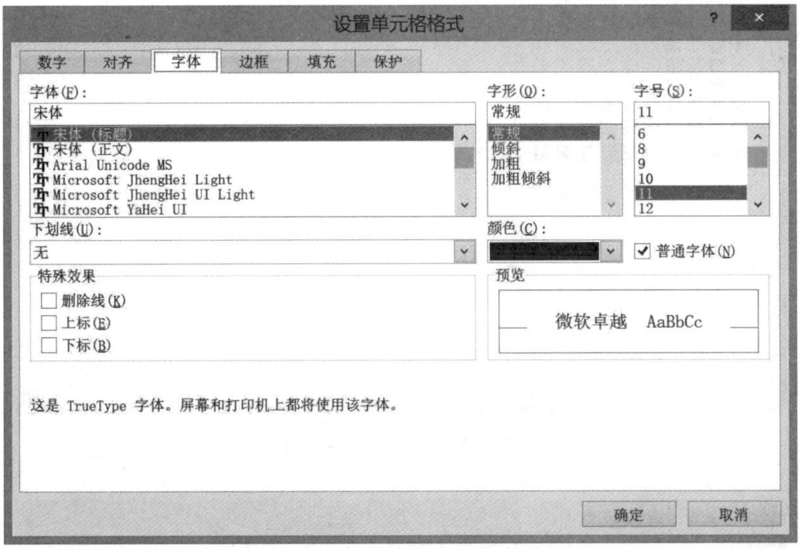

图 1-29 "字体"选项卡

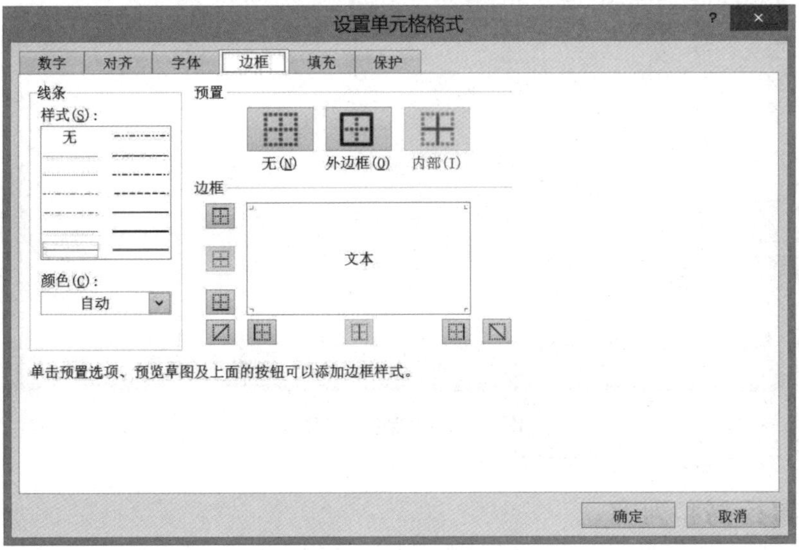

图 1-30 "边框"选项卡

(4) 设置单元格填充。如果想改善工作表的视觉效果，可以为单元格添加图案填充。将"设置单元格格式"切换到"填充"选项卡下，如图 1-31 所示，对填充样式、填充颜色、填充效果等进行设置。

(5) 设置单元格保护。为单元格设置保护，防止非法修改，可以将"设置单元格格式"对话框切换到"保护"选项卡，如图 1-32 所示，完成对单元格的保护设置。

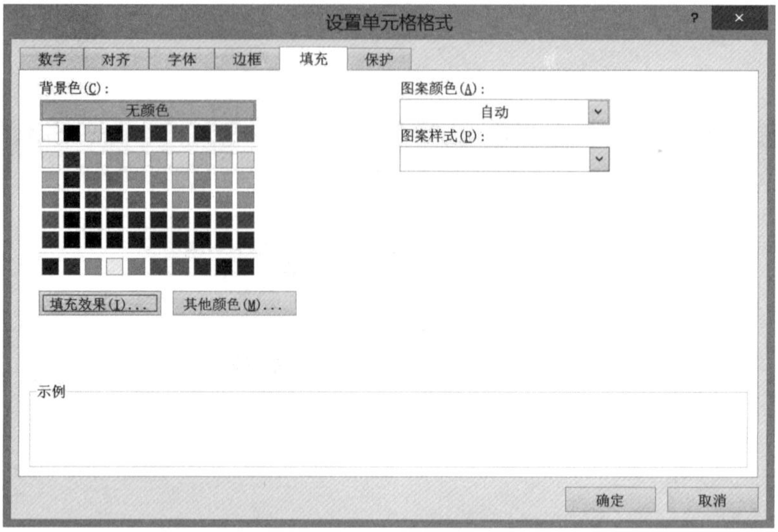

图 1-31 “填充”选项卡

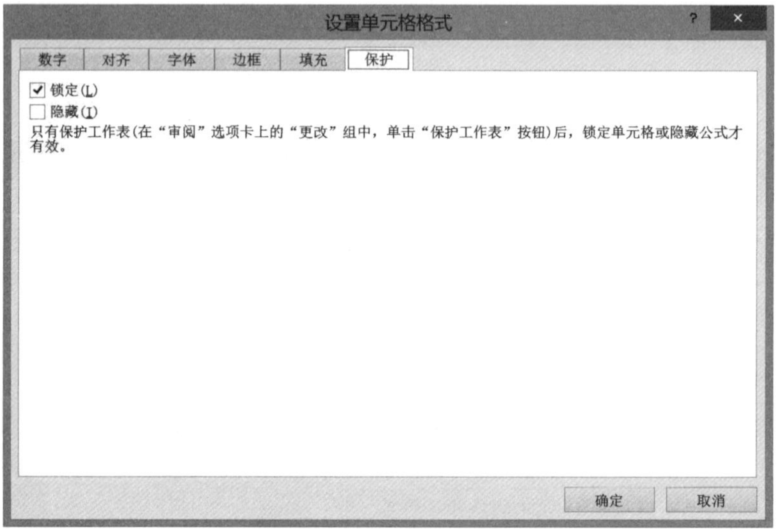

图 1-32 “保护”选项卡

二、设置行高和列宽

工作表默认行高为14.25，列宽为8.38。设置行高和列宽，可以用鼠标直接在工作表中拖拽，也可以利用菜单命令进行修改。

(1) 使用鼠标拖拽。将鼠标移到行号区数字上、下边框分界处，或者列号区字母的左、右边框分界处，然后按住鼠标左键并拖动调整行高或列宽至所需位置后释放鼠标即可。

(2) 使用菜单命令修改。选择“开始”“格式”“行高”(或“列宽”)，打开“行高”(或“列宽”)对话框，如图1-33和图1-34所示。在“行高”(或“列宽”)对话框中输入行高值或列宽值，然后单击“确定”按钮即可。

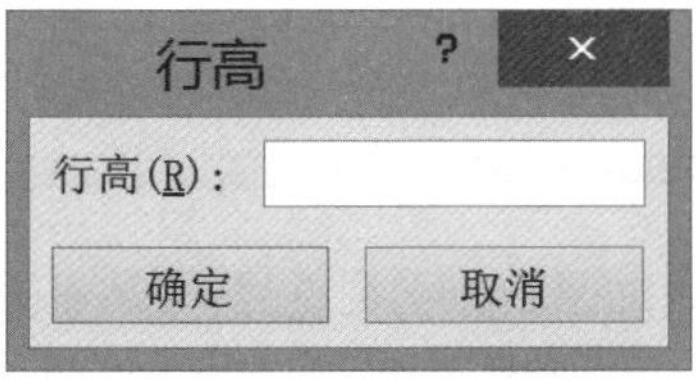

图 1-33 “行高”对话框

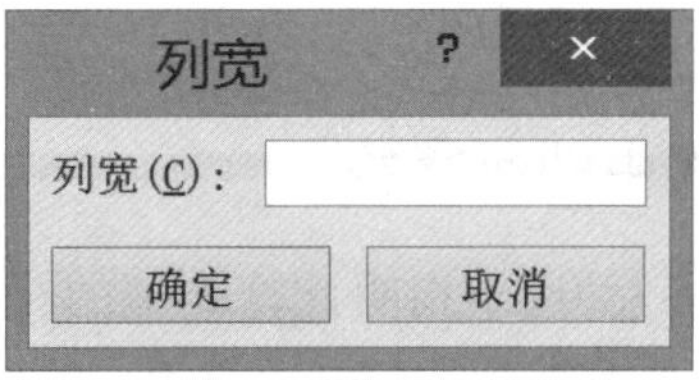

图 1-34 “列宽”对话框

三、行或列的隐藏或取消隐藏

如需将某些行或列隐藏起来，首先选中需要隐藏的行的行号区数字或列的列号区字母，然后选择“开始”“格式”，选择“隐藏或取消隐藏”命令，最后选择“隐藏行”或者“隐藏列”即可，如图 1-35 所示。如果要将隐藏的行或列显示出来，先要选择包含隐藏行或列的上下行行号区数字或左右列的列号区字母，然后选择“开始”“格式”，选择“隐藏或取消隐藏”命令，最后选择“取消隐藏行”或“取消隐藏列”命令即可，如图 1-35 所示。

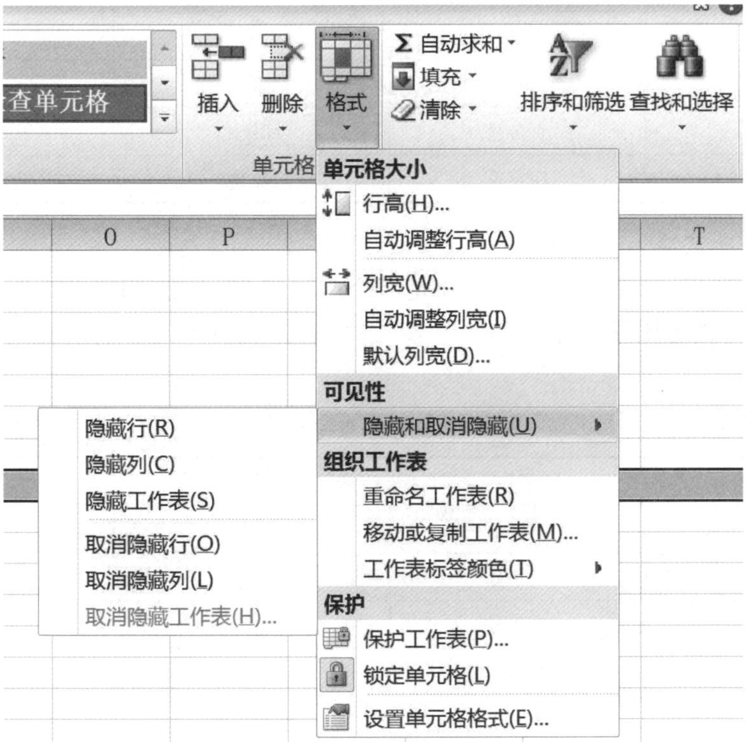

图 1-35 “隐藏或取消隐藏”命令

第四节 公式与函数

公式用于按特定次序计算数值，通常以等号“=”开始，位于它之后的就是组成公式的各种字符。其中，紧随在等号之后的是需要计算的元素——操作数，各操作数之间以算术运算符分隔。

一、公式中的运算符

运算符是一种用于指明计算类型的符号,例如加号、减号或星号。Excel 中的运算符有四种类型:算术运算符、比较运算符、文本运算符和引用运算符,它们的功能与组成如下所述。

(一) 算术运算符

算述运算符用于完成基本的数学运算,连接数字和产生数字结果,各算术运算与用途如表 1-2 所示。

表 1-2　　算术运算符

算术运算符	名称	用途	示例
+	加号	加	3+3
-	减号	“减”以及表示负数	3-1
*	星号	乘	3 * 3
/	斜杠	除	3/3
%	百分号	百分比	20%
^	脱字符	乘方	3^2 (结果与 3 * 3 相同)

(二) 比较运算符

比较运算符用于比较两个值,结果将是一个逻辑值,即不是“TRUE”(真)就是“FALSE”(假)。这类运算符还用于按条件做下一步运算,各比较算术运算符名称与用途如表 1-3 所示。

表 1-3　　比较运算符

比较运算符	名称	用途	示例
=	等号	等于	A1=B1
>	大于号	大于	A1>B1
<	小于号	小于	A1<B1
>=	大于等于号	大于等于	A1>=B1
<=	小于等于号	小于等于	A1<=B1
<>	不等于	不等于	A1<>B1

(三) 文本运算符

文本运算符可用于加入或连接一个或更多字符串来产生一大段文本。例如在单元格中输入“="A"&"B"”,结果将是“AB”,文字串联符“&”即起到了连接的作用。

(四) 引用运算符

引用运算符可以将单元格区域合并起来进行计算,如表 1-4 所示。

表 1-4 引用运算符

引用运算符	名称	含义	示例
:(冒号)	区域运算符	对两个引用之间,包括两个引用在内的所有单元格进行引用	B5:B15
,(逗号)	联合运算符	联合运算符将多个引用合并为一个引用	=SUM(B5:B15,D5:D15)
(空格)	交叉运算符	对两个引用共有的单元格进行引用	=SUM(A1:B2 B1:C2)

二、运算符的优先级

如果公式中使用了多个运算符,Excel 将按表 1-5 所列的顺序进行运算。如果公式中包含了相同优先级的运算符,例如同时包含了乘法和除法运算符,Excel 将从左到右进行计算。如果要修改计算的顺序,可把需要先计算的部分放在一对圆括号内。

表 1-5 运算符的优先级

运算符	说明	优先级
:(冒号)空格,(逗号)	引用运算符	1
-(减号)	负号	2
%(百分号)	百分比	3
^(插入符号)	乘幂运算	4
*(星号)/(正斜线)	乘法运算和除法运算	5
+(加号)-(减号)	加法运算和减法运算	6
&	文本连接符	7
=、<、>、<=、>=、<>	比较运算符	8

三、公式中单元格的引用

Excel 公式中单元格引用表示引用工作表中单元格或单元格的区域内数据的位置,通过引用可以在公式中使用工作表不同部分的数据、同一工作簿中不同工作表的单元格、不同工作簿中的单元格以及在多个公式中使用同一单元格的数值。

(一) 相对引用、绝对引用和混合引用

在 Excel 中,根据引用的单元格或被引用的单元格之间的位置关系可以将引用分为以下类型。

1. 相对引用

相对引用是指包含公式的单元格与被引用的单元格之间的位置是相关的,单元格或单元格区域的引用是相对于包含公式的单元格的相对位置,即如果将公式从某个单元格复制或填充到其他单元格,公式中引用的单元格的地址也会发生改变,相对引用将会自动调整计算结果。例如单元格 B2 的公式为"=A2",属于相对引用;若将 B2 的公式复制到单元格 B3,B3 的公式将自动调整为"=A3"。

可以用列标与行号作为单元格的相对引用,例如 C8 表示相对引用了第 C 列第 8 行的单

元格;也可以用"单元格区域左上角的单元格:单元格区域右下角的单元格"表示相对引用了某一单元格区域。例如"A3:D6"表示相对引用了以单元格 A3 为左上角,以单元格 D6 为右下角的单元格区域。

2. 绝对引用

如果在复制公式时不希望自动调整引用的单元格或者单元格区域,可以使用绝对引用。绝对引用就是在公式中引用的单元格的地址与公式所在的单元格的位置无关,被引用的单元格的地址不随公式所在单元格的位置变化而变化,无论将公式粘贴到哪一个单元格,公式所引用的还是原来单元格的数据。

绝对引用的单元格,在其行号和列标前分别加上绝对引用符号"$",例如,"$B$5"表示对单元格 B5 的绝对引用,"$B$5:$F$9"表示对"B5:F9"单元格区域的绝对引用。

3. 混合引用

混合引用是指"行"采取相对引用,而"列"采用绝对引用,或者"行"采取绝对引用,而"列"采用相对引用。例如,"$B6""B$6"。

混合引用的作用在于,当复制公式时,保持某行或者某列的地址固定不变,如果公式所在单元格的位置发生改变,相对引用的部分自动调整,绝对引用的部分保持不变。如果在多行或多列复制公式,则相对引用自动调整,而绝对引用不做调整。绝对引用"列"采用"$B5"形式,绝对引用"行"采用"B$5"形式。

4. 相对引用、绝对引用、混合引用之间的切换

为了简化绝对引用、相对引用、混合引用的输入问题,可以根据需要在它们之间进行切换。Excel 设立 F4 快捷键,对单元格的各种引用进行相互切换。操作中,可先选中包含公式的单元格,然后在编辑栏中用鼠标选定要更改的单元格引用,每按一次 F4 键,选定的单元格引用就在相对引用、绝对引用、混合引用之间循环变化。

(二)引用单元格

1. 引用同一工作簿、不同工作表中的单元格(跨工作表)

公式的引用可以在同一工作簿中的不同单元格之间进行,即在同一工作簿中,一个工作表可以引用其他工作表中的单元格数据,引用格式为:"工作表名称! 单元格或单元格区域的地址"。

2. 引用其他工作簿中的单元格(跨工作簿)

公式的引用还可以在不同工作簿中的单元格之间进行,即在不同工作簿中,可以引用其他工作簿中的某个工作表中的单元格数据。引用格式为:"路径名\[工作簿名]工作表名!单元格或单元格区域的地址"。

四、函数

单元格中可以包括文本、公式或者函数,通过公式和函数可以在单元格中放置计算的值。公式可以完成加、减、乘、除运算,也可以包含函数。

Excel 用预置的工作表函数完成数学、文本、逻辑的运算或者查找工作表信息。与直接用公式进行预算相比,使用函数的计算速度更快。例如公式"=(A1+A2+A3+A4+A5)/5"与使用函数公式"=AVERAGE(A1:A5)"的计算是一样的,但是使用函数速度更快、占用工具栏的空间更少,可以减少输入出错的机会。

函数通过参数接收数据,输入的参数应该放在函数名之后,并且必须用括号括起来,各函数使用特定类型的参数,如数值、引用、文本或者逻辑值。函数中使用参数的方式与等式中使用变量的方式相同。

函数的语法以函数的名称开始,后面是左括号以及逗号隔开的参数和右括号。如果函数要以公式的形式出现,则应在函数名前输入等号。

(一) 函数分类

Excel 提供了大量的函数,这些函数按功能可以分为以下几种类型:

(1) 数字和三角函数可以处理数学计算。

(2) 文本函数用于在公式中处理字符串。

(3) 逻辑函数可以判断真假值,或者检验符号。

(4) 数据库函数用于分析数据清单中的数值是否符合特定条件。

(5) 统计函数可以对选定区域的数据进行统计分析。

(6) 查找和引用函数可以在数据清单或者表格中查找特定数据,或者查找某一单元格的引用。

(7) 日期与时间函数用于公式中日期和时间值的分析和处理。

(8) 过程函数用于工程分析。

(9) 信息函数用于确定存储在单元格中数据的类型。

(10) 财务函数可以进行一般的财务计算。本节将重点介绍财务函数。

(二) 输入函数

输入函数与输入公式的过程类似,可以在单元格中直接输入函数的名称、参数,用户。如果不能确定函数的拼写以及函数的参数,可以使用函数向导插入函数,具体操作如下:

(1) 选中需要输入函数的单元格。

(2) 选择"公式""插入函数"命令,打开"插入函数"对话框,如图 1-36 所示。

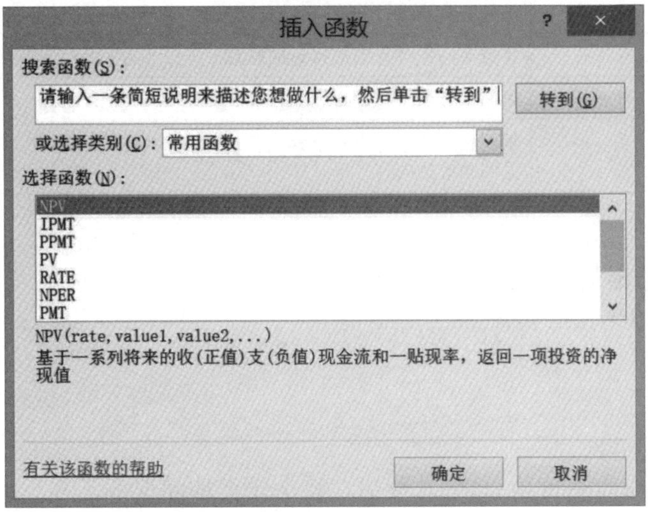

图 1-36 "插入函数"对话框

(3) 在“或选择类别”下拉列表框中选择所需的函数类型,函数将显示在“选择函数”列表框中,选择需要使用的函数即可。

(4) 单击“确定”按钮完成函数的输入。在“插入函数”对话框的下方有选中的函数说明,通过这些说明可以了解所选函数的作用。

(三) 常见的财务管理函数

Excel 围绕财务管理知识体系,按货币时间价值、筹资活动、投资活动、资金运营活动、利润分配活动的分类方式,将常见的函数名称以及函数功能在表 1-6 中列出。在以后章节中将具体讲解这些函数的应用。

表 1-6　　常见的财务管理函数

分类	函数	函数功能
货币时间价值	*FV*	计算现金流的终值
	PV	计算现金流的现值
	PMT	按给定的利率、期数及年金类型等参数值,计算每期收支的现金流量
	PPMT	按给定的利率、期数及年金类型等参数值,计算指定期间中年金的利息
	RATE	计算利率或折现率
	NPER	按给定的利率、期数及年金类型等参数值,计算总计息期数
筹资活动	*CUMIPMT*	返回一笔贷款在给定的 *start_period* 到 *end_period* 期间累计偿还的利息数额
	SUM	返回某一单元格区域中数字、逻辑值及数字的文本表达式之和
	MAX	返回一组值中的最大值
	MIN	返回一组值中的最小值
投资活动	*NPV*	基于一系列现金流和固定的各期贴现率,返回一项投资的净现值
	IRR	返回由数值代表的一组现金流的内部报酬率
	COUNTIF	用于对区域中满足单个指定条件的单元格进行计数
	VLOOKUP	纵向查找函数,用来核对数据以及多个表格之间快速导入数据
营运管理活动	*INT*	将数字向下舍入到最接近的整数
	SQRT	返回平方根
利润分配活动	*IF*	根据指定的条件来判断其“真”(TRUE)、“假”(FALSE),根据逻辑计算的真假值,返回相应的内容

1. *FV* 函数

(1) 用途:按给定的利率、期数和每期收支的现金流量计算终值。

(2) 语法:= *FV*(*rate*, *nper*, *pmt*, *pv*, *type*)。

(3) 参数:

① *rate* 为利率。

② *nper* 为计息期数。

③ *pmt* 为各期所应支付的金额,其数值在整个年金期间保持不变。通常,*pmt* 包括本金和利息,但不包括其他费用或税款。

④ *pv* 为现值,或为一系列未来付款的当前值的累积和。如果省略 *pv*,则假设其值为零,

则必须包括 *pmt* 参数。

⑤ *type* 填数字 0 或 1,用以指定各期的付款时间是在期初还是期末。如果省略 *type*,则假设其值为 0。*type* 值若为 0,表示支付时间在期末;若为 1,则表示支付时间在期初。

【例 1-1】 某公司存入银行 10 000 元,期限为 2 年,银行利率为 4%,利息每年年末支付。请计算 2 年后该笔存款的终值。

例 1-1 微课

本题在 Excel 中的操作如下:

在单元格 B4 中输入公式“=FV(4%, 2, 0, -10000)”,其中 *rate*=4%; *nper* = 2;该题为一笔存款,因此 *pmt* = 0; *pv* = -10 000,这里的负号表示现金流出;因为不存在 *pmt* ,因此, *type* = 0。通过计算得到该笔存款的终值为 10 816 元,如图1-37 所示。

B4 =FV(4%, 2, 0, -10000)

	A	B
1	现值PV(元)	10000
2	期限n(年)	2
3	利率rate	4%
4	终值FV(元)	¥10,816.00

图 1-37 *FV* 函数的计算

(4) 说明:应确认 *rate* 和 *nper* 单位的一致性。例如同样是 4 年期年利率为 12%的贷款,如果按月支付, *rate* 应为 12%/12, *nper* 应为 4 * 12;如果按年支付, *rate* 应为 12%, *nper* 应为 4。

② 由于 Excel 的特殊设定,终值、现值函数公式中输入已知的现值、终值参数时,应在数值前加负号。

2. *PV* 函数

(1) 用途:按给定的利率、期数和每期收支的现金流量计算现值。

(2) 语法: = *PV*(*rate*, *nper*, *pmt*, *fv*, *type*)。

(3) 参数:

① *rate* 为贷款利率。

② *nper* 为计息期数。

③ *pmt* 为各期所应支付的金额,其数值在整个年金期间保持不变。

④ *fv* 为终值,或为最后一次支付后希望得到的现金余额,如果省略 *fv* ,则假设其值为 0(如一笔贷款的未来值即为 0)。例如需要在 18 年后支付 50 000 元,则 50 000 元就是终值。可以根据保守估计的利率来决定每期的存款额。如果忽略 *fv* ,则必须包含 *pmt* 参数。

⑤ *type* 用以指定各期的付款时间是在期初还是期末,参见函数 *FV*。

【例 1-2】 某公司计划一项投资,预计 6 年后会获得投资收益 8 800 元,在年利率为 5%的情况下,请计算这笔收益的现值是多少。

例 1-2 微课

本题在 Excel 中的操作如下:

在单元格 B4 中输入公式“=PV(5%, 6, 0, -8800)”,其中 *rate* =5%; *nper* = 6;该题为一项投资,因此 *pmt* = 0; *fv* =- 8 800;因为不存在 *pmt*,因此, *type* = 0。

通过计算得到该笔收益的现值为 6 566.70 元，如图 1-38 所示。

B4 =PV(5%, 6, 0, -8800)

	A	B
1	终值FV（元）	8800
2	期限n（年）	6
3	利率rate	5%
4	现值PV（元）	¥6, 566. 70

图 1-38　*PV* 函数的计算

（4）说明：参见 *FV* 函数的说明。

3. *PMT* 函数

（1）用途：按给定的利率、期数及年金类型等，计算每期收支的现金流量。

（2）语法：= *PMT*（ *rate*, *nper*, *pv*, *fv*, *type* ）。

（3）参数：各参数详细说明参见函数 *FV* 、*PV* 。

【例 1-3】 某公司计划一项投资，目前支付的投资额为 10 000 元，预计在未来 6 年内收回投资。在年利率是 6%的情况下，为了使该项投资是合算的，请计算公司每年至少应当收回的金额。

例 1-3 微课

本题在 Excel 中的操作如下：

在单元格 B4 中输入公式"=PMT(6%,6,-10000,0,0)"，其中 *rate* =6%；*nper* = 6；*pv* =- 10 000；*fv* = 0；*type* = 0，表示每月最后一天收到现金流。通过计算得到企业每年至少应当收回 2 033.63 元，如图 1-39 所示。

B4 =PMT(6%, 6, -10000, 0, 0)

	A	B
1	现值PV（元）	10000
2	期限n（年）	6
3	利率rate	6%
4	每年应收金额PMT（元）	¥2, 033. 63

图 1-39　*PMT* 函数的计算

（4）说明：

① *PMT* 返回的支付款项包括本金和利息，但不包括税款、保留支付或某些与贷款有关的费用。

② 同 *PV* 、*FV* 函数一样，应确定 *rate* 和 *nper* 单位的一致性。

4. *PPMT* 函数

（1）用途：按给定利率、期数及年金类型等参数值，计算指定期间内年金的本金，即 *PPMT* 函数是基于固定利率及等额分期付款方式，返回投资在某一确定期间内的本金偿还额。

（2）语法：= *PPMT*（ *rate*, *per*, *nper*, *pv*, *fv*, *type* ）。

（3）参数：

① *per* 用于计算其本金数额的期数，必须在 1 到 *nper* 之间。

② 其他各参数说明参见函数 *FV* 、*PV* 。

【例 1-4】 某公司向银行贷款 2 000 元，贷款年利率为 10%，期限为 2 年，请计算第 1 个月还款的本金金额。

例 1-4 微课

本题在 Excel 中的操作如下：

在单元格 B4 中输入公式“= PPMT(10%/12, 1, 2 * 12, -2000, 0, 0)”，其中 *rate* = 10%/12，表示月利率；*per* = 1，表示第 1 个月；*nper* = 2 * 12，表示期数为 24 个月；*pv* =- 2 000，表示贷款金额为 2 000 元；*fv* = 0；*type* = 0。通过计算得到第 1 个月还款的本金为 75.62 元，如图 1-40 所示。

B4 =PPMT(10%/12, 1, 2*12, -2000, 0, 0)

	A	B
1	贷款PV（元）	2000
2	期限n（年）	2
3	利率rate	10%
4	第1个月还款本金支付金额PPMT（元）	¥75.62

图 1-40 *PPMT* 函数的计算

（4）说明：同 *PV*、*FV* 函数一样，应确定 *rate* 和 *nper* 单位的一致性。

5. *RATE* 函数

（1）用途：计算年金的各期利率。函数 RATE 通过迭代法计算得出，并且可能无解或有多个解。

（2）语法：= *RATE* (*nper*, *pmt*, *pv*, *fv*, *type*, *guess*)

（3）参数：

① 有关参数 *nper*、*pmt*、*pv*、*fv* 及 *type* 的详细说明参见函数 *PV*。

② *guess* 为预期利率。如果省略预期利率，则假设该值为 10%。

如果函数 *RATE* 不收敛，请改变 *guess* 的值，通常当 *guess* 界于 0 和 1 之间时，函数 *RATE* 是收敛的。

【例 1-5】 某人于第 1 年年初向银行借款 30 000 元，预计在未来每年年末偿还借款 6 000 元，连续 10 年还清，请计算该项贷款的年利率是多少。

例 1-5 微课

本题在 Excel 中的操作如下：

在单元格 B4 中输入公式“=RATE(10, -6000, 30000, 0, 0)”，其中 *nper* = 10，表示期限 10 年；*pmt* = - 6 000；*pv* = 30 000，表示借款 30 000 元；*fv* = 0；*type* = 0。通过计算得到该项贷款的年利率是 15%，如图1-41 所示。

B4 =RATE(10, -6000, 30000, 0, 0)

	A	B
1	贷款PV（元）	30000
2	期限n（年）	10
3	每年还款PMT（元）	6000
4	贷款利率rate	15%

图 1-41 *RATE* 函数的计算

（4）说明：

① 同 *PV*、*FV* 函数一样，应确定 *rate* 和 *nper* 单位的一致性。

② 如果在进行 20 次迭代计算后，函数 *RATE* 的相邻两次结果没有收敛于 0.000 000 1，函数 *RATE* 将返回错误值“#NUM!”。

6. *NPER* 函数

（1）用途：按给定利率、期数及年金类型等参数值，计算计息期数。

（2）语法：= *NPER*（*rate, pmt, pv, fv, type*）。

（3）参数：有关函数 *NPER* 中各参数的详细说明参见函数 *FV*、*PV*。

【例 1-6】 某公司存入银行 140 000 元，已知银行存款利率为 8%，每年复利一次，请计算需要多少年，存款的本利和才能达到 300 000 元。

例 1-6 微课

本题在 Excel 中的操作如下：

在单元格 B4 中输入公式“= NPER(8%, 0, -140000, 300000, 0)”，其中 *rate* = 8%，表示年利率 8%；*pmt* = 0，表示只有一笔存款；*pv* =- 140 000；*fv* = 300 000，表示若干年后得到本利和为 300 000 元；*type* = 0。通过计算得到经过 9.90 年，这笔存款的本利和达到 300 000 元，如图 1-42 所示。

B4 fx =NPER(8%, 0, -140000, 300000, 0)

	A	B
1	存入银行PV（元）	140000
2	本利和FV（元）	300000
3	年利率	8%
4	期限NPER（年）	9.90

图 1-42 *NPER* 函数的计算

7. *CUMIPMT* 函数

（1）用途：用给定 *start_period* 到 *end_period* 等参数值，计算期间累计偿还的利息数额。

（2）语法：= *CUMIPMT*(*rate, nper, pv, start_period, end_period, type*)。

（3）参数：

① *rate* 为利率。

② *nper* 为总付款期数。

③ *pv* 为现值。

④ *start_period* 为首期，付款期数从“1”开始计数。

⑤ *end_period* 为末期。

⑥ *type* 为付款时间类型，0 表示期末付款，1 代表期初付款。

【例 1-7】 某公司向银行贷款 125 000 元，贷款期限为 30 年，年利率为 9%，按年还款，请计算从第 13 期到第 24 期累计偿还的利息数额是多少。

例 1-7 微课

本题在 Excel 中的操作如下：

在单元格 B6 中输入公式“= CUMIPMT(9%, 30, 125000, 13, 24, 0)”，其中 *rate* = 9%，表示年利率 9%；*nper* = 30，表示还款期限为 30 年；*pv* =- 125 000，表示贷款金额为 125 000 元；*start_period* = 13，*end_period* = 24，表示从第 13 期开始到第 24 期结束的一段期间；*type* = 0。通过计算得到从第 13 期到第 24 期累计偿还的利息数额 94 054.82 元，如图 1-43 所示。

B6 =CUMIPMT(9%, 30, 125000, 13, 24, 0)

	A	B
1	年利率RATE	9%
2	贷款期限NPER（年）	30
3	现值PV（元）	125000
4	计算中的首期	13
5	计算中的末期	24
6	期间产生的利息（元）	-94054.82

图 1-43 *CUMIPMT* 函数的计算

（4）说明：

① 应确认 *rate* 和 *nper* 单位的一致性。

② 如果 *rate* ≤0 或 *nper* ≤0 或 *pv* ≤0，函数 *CUMIPMT* 返回错误值“#NUM!”。

③ 如果 *start_period* <1、*end_period* <1 或 *start_period* > *end_period*，函数 *CUMIPMT* 返回错误值“#NUM!”。

④ 如果 *type* 不是数字 0 或 1，函数 *CUMIPMT* 返回错误值“#NUM!”。

8. *SUM* 函数

（1）用途：计算一系列数字之和。

（2）语法：= *SUM*（*number*1, *number*2, …）。

（3）参数：*number*1, *number*2 为 1 到 30 个需要求和的参数，它们可以是数字、公式、范围或者产生数字的单元格引用。

【例 1-8】 某公司 2020 年 1 月份销售部门工资总额为 552 000 元，管理部门工资总额为 321 600 元，生产部门工资总额为 925 000 元，请计算该公司 2020 年 1 月份工资总额是多少。

例 1-8 微课

本题在 Excel 中的操作如下：

在单元格 B4 中输入公式“=SUM(B1:B3)”，如图 1-44 所示，通过计算得到该公司 2020 年 1 月份工资总额为 1 789 600 元。

B4 =SUM(B1:B3)

	A	B
1	销售部门工资（元）	552000
2	管理部门工资（元）	312600
3	生产部门工资（元）	925000
4	该公司工资总额（元）	1789600

图 1-44 *SUM* 函数的计算

（4）说明：*SUM* 函数忽略数组或引用的空白单元格、逻辑值、文本。如果参数为错误值或为不能转换为数字的文本，将会被 SUM 函数忽略。例如单元格 A1 为“text”，如果在 B2 单元格中输入“=SUM(13,22,A1)”，则通过计算得到 B2 为“35”，因为 A1 为文本，被该函数忽略。

9. *MAX* 函数

（1）用途：返回一组数值中的最大值。

（2）语法：= *MAX*（*number*1, *number*2, …）。

（3）参数：*number*1 是必需的，后续数值是可选的。

【例 1-9】 某公司 2020 年 1 月份销售部门工资总额为 552 000 元，管理部门工资总额为 321 600 元，生产部门工资总额为 925 000 元。将数据输入 Excel 表格中，如图 1-45 所示，运用 *MAX* 函数，请计算各部门工资总额最高金额。

例 1-9 微课

本题在 Excel 中的操作如下：

在单元格 B4 中输入公式“=MAX(B1:B3)”，通过计算得到了三个部门中工资总额最高的部门是生产部门，其工资总额为 925 000 元。

B4   *fx* =MAX(B1:B3)

	A	B
1	销售部门工资（元）	552000
2	管理部门工资（元）	312600
3	生产部门工资（元）	925000
4	各部门最高的工资总额（元）	925000

图 1-45 *MAX* 函数的计算

（4）说明：

① 参数可以是数字或者包含数字的名称、数组或引用。

② 逻辑值和直接键入到参数列表中代表数字的文本被计算在内。

③ 如果参数为数组或引用，则只使用该数组或引用中的数字。数组或引用中的空白单元格、逻辑值或文本将被忽略。

④ 如果参数不包含数字，函数返回 0。

⑤ 如果参数为错误值或为不能转换为数字的文本，将会导致错误。

⑥ 如果要使用计算包括引用中的逻辑值和代表数字的文本，需要使用 *MAX* 函数。

10. *MIN* 函数

（1）用途：返回一组数值中的最小值。

（2）语法：= *MIN* (*number*1, *number*2, ⋯)。

（3）参数：*number*1 是必需的，后续数值是可选的。

【例 1-10】 某公司 2020 年 1 月份销售部门工资总额为 552 000 元，管理部门工资总额为 321 600 元，生产部门工资总额为 925 000 元，数据输入 Excel 表格中，如图 1-46 所示，运用 *MIN* 函数，请计算各部门工资总额最低金额。

例 1-10 微课

B4   *fx* =MIN(B1:B3)

	A	B
1	销售部门工资（元）	552000
2	管理部门工资（元）	312600
3	生产部门工资（元）	925000
4	各部门最低的工资总额（元）	312600

图 1-46 *MIN* 函数的计算

本题在 Excel 中的操作如下：

在单元格 B4 中输入公式“=MIN(B1:B3)”，求出 3 个部门中最低工资总额的部门是管理部门，其工资总额为 312 600 元。

（4）说明：*MIN* 函数的说明请参照 *MAX* 函数的说明。

11. *NPV* 函数

（1）用途：通过使用贴现率以及一系列未来的现金流出量（负值）和现金流入量（正值），返回一项投资的净现值。

（2）语法：= *NPV*（ *rate*, *value*1, *value*2, ⋯ ）。

（3）参数：

① *rate*，必需，代表某一期间的贴现率。

② *value*1 是必需的，后续值是可选的。这些是代表现金流出量和现金流入量的参数。*value*1，*value*2，⋯时间上必须具有相等的时间间隔，并且现金流都发生在期末。

③ *NPV* 使用 *value*1，*value*2，⋯的顺序来解释现金流的顺序，所以要保证现金流出量、现金流入量按发生的正确顺序输入。

④ 忽略以下类型的参数：参数为空白单元格、逻辑值、数字的文本表示形式、错误值或不能转化为数值的文本。如果参数是一个数组或引用，则只计算其中的数字，输入其他类型的参数将被该函数忽略。

【例 1-11】 某项目初始投资为 110 万元，第 1 年没有现金流量，第 2 年到第 5 年现金流量为 30 万元，第 6 年现金流量为 45 万元。已知项目必要报酬率为 9%，请计算该项目的净现值。

例 1-11 微课

本题在 Excel 中的操作如下：

在单元格 B9 中输入公式“= NPV(9%, 0, 30, 30, 30, 30, 45) - 110”，其中 *rate* = 9%，表示项目折现率 9%；*value*1 = 0，表示第 1 年现金流量为零。通过计算得出该项目的净现值为 6 万元（如图 1-47 所示），表示该项目的报酬率比 9% 高，项目可以被接受。

B9 =NPV(9%, B2:B7)+B1

	A	B
1	初始投资NCF_0（万元）	-110
2	NCF_1（万元）	0
3	NCF_2（万元）	30
4	NCF_3（万元）	30
5	NCF_4（万元）	30
6	NCF_5（万元）	30
7	NCF_6（万元）	45
8	折现率	9%
9	净现值NPV（万元）	¥6.00

图 1-47 *NPV* 函数的计算

（4）说明：

① 函数 *NPV* 假定投资开始于 *value*1 现金流所在日期的前一期，并结束于最后一笔现金流的当期。函数 *NPV* 依据未来的现金流计算得出。

② 函数 *NPV* 与函数 *IRR* 有关，函数 *IRR* 是使 *NPV* 等于 0 时的贴现率，即在单元格输入“ = *NPV*（ *IRR*（⋯），⋯）”，得到的结果为“0”。

12. *IRR* 函数

（1）用途：返回连续期间的现金流量的内部报酬率。

（2）语法：= *IRR*（*values, guess*）。

（3）参数：

① *values* 为数组或含有数值的单元格引用。现金流入用正数表示，现金流出用负数表示，本参数要求 *values* 必须包含至少一个正值和一个负值，否则无法计算内部报酬率。另外，函数 IRR 是根据 *values* 参数的顺序来解释现金流量的顺序，因此，应按需要的顺序输入现金流入量和现金流出量，而且这些现金流必须是按固定的时间间隔发生的，如按月或按年。*values* 参数中如果出现数组、文本、逻辑值，将被忽略。

② *guess* 是对函数 *IRR* 计算结果的估计值。Excel 使用迭代法计算函数 *IRR*。从 *guess* 开始，函数 *IRR* 不断反复计算，直至计算结果的误差率小于 0.000 01%。如果经过 20 次计算，仍未找到结果，则系统返回错误值“#NUM!”。在大多数情况下，并不需要提供参数 *guess* 值。如果省略 *guess* 值，则系统自动假设它为 10%。如果函数 *IRR* 返回错误值“#NUM!”，或结果没有靠近期望值，可以换一个 *guess* 值重新计算。

【例 1-12】 某项目初始投资为 110 万元，第 1 年没有现金流量，第 2 年到第 5 年现金流量为 30 万元，第 6 年现金流量为 45 万元。请计算该投资项目的内部报酬率。

例 1-12 微课

本题在 Excel 中的操作如下：

在单元格 B8 中输入公式“=IRR(B1:B7)”，如图 1-48 所示，通过计算得到该项目的内部报酬率为 10.46%，比该项目的必要报酬率 9% 高，因此，项目可以被接受。

B8 =IRR(B1:B7)

	A	B
1	初始投资NCF_0（万元）	-110
2	NCF_1（万元）	0
3	NCF_2（万元）	30
4	NCF_3（万元）	30
5	NCF_4（万元）	30
6	NCF_5（万元）	30
7	NCF_6（万元）	45
8	内部报酬率IRR	10.46%

图 1-48　*IRR* 函数的计算

13. *COUNTIF* 函数

（1）用途：*COUNTIF* 函数用于对区域中满足单个指定条件的单元格进行计数。例如可以对以某一字母开头的所有单元格计数，也可以对大于或小于某一指定数字的所有单元格计数。假设有一个工作表在列 A 中包含一列任务，在列 B 中包含分配了每项任务的人员名字，则可以使用 *COUNTIF* 函数计算王军在列 B 中显示的次数，这样可确定分配给王军的任务数，用户可以在单元格中输入“=COUNTIF(B2:B30,"王军")”，得到 B2 到 B30 的单元格区域内“王军”出现的次数。

（2）语法：= *COUNTIF*（*range, criteria*）。

（3）参数：

① *range* 是指计数的单元格区域，包括数字、名称、数组、包含数字的引用，空值和文本值将被忽略。

② *criteria* 用于定义将对哪些单元格进行计数的数字、表达式、单元格引用或文本字数串。例如条件可以表示为“>32”“B5”“奶酪”或“32”。

【例 1-13】 甲、乙、丙、丁、戊、已、庚、辛 8 名学生的成绩单如图 1-49 所示，请运用 *COUNTIF* 函数筛选成绩大于等于 90 分的学生数量。

例 1-13 微课

本题在 Excel 中的操作如下：

在单元格 B10 中输入公式“=COUNTIF(B2:B9,">=90")”，得到该成绩单中成绩≥90 分的学生数量为 3 个。请注意，条件">=90"要加上英文半角的引号("")，否则公式条件中的">="与公式的"="冲突。

B10 fx =COUNTIF(B2:B9,">=90")

	A	B
1	姓名	成绩
2	学生甲	85
3	学生乙	90
4	学生丙	67
5	学生丁	92
6	学生戊	91
7	学生已	87
8	学生庚	79
9	学生辛	59
10	成绩≥90的学生数量（人）	3

图 1-49 *COUNTIF* 函数的计算

（4）说明：

① 在 *criteria* 参数中可以使用通配符，即问号(?)和星号(*)。问号匹配任一单个字符，星号匹配任意一系列字符。

② 若要根据多个条件对单元格进行计数，要使用 *COUNTIFS* 函数。

14. *VLOOKUP* 函数

（1）用途：*VLOOKUP* 函数搜索某个单元格区域的第 1 列，然后返回该区域相同行上任意单元格的值。

（2）语法：= *VLOOKUP*（*lookup_value*, *table_array*, *col_index_num*, [*range_lookup*]）。

（3）参数：

① *lookup_value* 是指要在表格区域的第 1 列中搜索的值。*lookup_value* 参数可以是值或引用，如果 *lookup_value* 参数提供的值小于 *table_array* 参数第 1 列中的最小值，则 *VLOOKUP* 将返回错误值“#N/A”。

② *table_array* 是指包含数据的单元格区域，可以使用对区域（如 A2:D8）或区域名称的引用。*table_array* 第 1 列中的值是由 *lookup_value* 搜索的值，这些值可以是文本、数字或逻辑值，文本不区分大小写。

③ *col_index_num* 是 *table_array* 参数中必须返回的匹配值的列号。*col_index_num* 参数为 1 时，返回 *table_array* 第 1 列中的值；*col_index_num* 参数为 2 时，返回 *table_array* 第 2 列中的

值,依此类推。如果 *col_index_num* 小于 1,则 *VLOOKUP* 返回错误值“#VALUE!”;如果大于 *table_array* 的列数,则 *VLOOKUP* 返回错误值“#REF!”。

④ *range_lookup* 是一个可选的逻辑值,是指定希望 *VLOOKUP* 查找精确匹配值还是近似匹配值。如果 *range_lookup* 为“TRUE”或被省略,则返回精确匹配值或近似匹配值,如果找不到精确匹配值,则返回小于 *lookup_value* 的最大值。另外,必须按升序排列 *table_array* 第 1 列中的值;否则,*VLOOKUP* 可能无法返回正确的值。

如果 *range_lookup* 为“FALSE”,则 *VLOOKUP* 将只查找精确匹配值,同时不需要对 *table_array* 第 1 列中的值进行排序。

如果 *table_array* 的第 1 列中有 2 个或更多值与 *lookup_value* 匹配,则使用第一个找到的值。如果找不到精确匹配值,则返回错误值“#N/A”。

【例 1-14】 如图 1-50 所示,在区域 A2:C10 中给出雇员 ID、雇员所在部门以及雇员姓名。请运用 *VLOOKUP* 函数查询雇员 ID 为“38”的雇员姓名。

例 1-14 微课

C11 fx =VLOOKUP(38, A2:C10, 3, FALSE)

	A	B	C
1	雇员ID	部门	姓名
2	35	销售	张颖
3	36	生产	王伟
4	37	销售	李芳
5	38	运营	郑伊健
6	39	销售	赵军
7	40	生产	孙林
8	41	销售	金世鹏
9	42	运营	刘英梅
10	43	生产	小沈阳
11	查询雇员Id是38的雇员姓名		郑伊健

图 1-50 雇员列表

本题在 Excel 中的操作如下:

在单元格 C11 中输入公式“=VLOOKUP(38, A2:C10, 3, FALSE)”,回车得到雇员 ID 为“38”的雇员姓名是“郑伊健”。

知道了雇员的 ID 号,则可以使用 *VLOOKUP* 函数返回该雇员所在的部门或者姓名。单元格 C11 的公式将搜索区域 A2:C10 第 1 列中的值“38”,然后返回该区域同一行中第 3 列包含的值作为查询值“郑伊健”。*VLOOKUP* 中的“*V*”表示垂直方向。当比较值位于所需查找的数据的左边一列时,可以使用 *HLOOKUP* 函数。

(4) 说明:

① 在 *table_array* 的第 1 列中搜索文本值时,请确保 *table_array* 第 1 列中的数据不包含前导空格、尾部空格、非打印字符或者未使用不一致的直引号与双引号,否则 *VLOOKUP* 可能返回不正确或意外的值。

② 在搜索数字或日期值时,请确保 *table_array* 第 1 列中的数据未存储为文本值,否则 *VLOOKUP* 可能返回不正确或意外的值。

③ 如果 *range_lookup* 为“FALSE”且 *lookup_value* 为文本,则可以在 *lookup_value* 中使用通配符——问号(?)和星号(*)。如果要查找实际的问号或星号,请在字符前键入波形符

(~)。

15. *INT* 函数

(1) 用途:将数字向下舍入到最接近的整数。

(2) 语法: = *INT* (*number*)。

(3) 参数: *number* 。

【例 1-15】 请对图 1-51 中列示的 A 列数据,运用 *INT* 函数计算这些数向下舍入到最接近的整数分别是多少。

例 1-15 微课

本题在 Excel 中的操作如下:

如在单元格 B2 中输入函数"=INT(5.9)",得到结果为"5",然后将单元格 B2 的公式套用到单元格 B3:B6 中,即得到 A 列数据向下舍入到最接近的整数,如图 1-51 所示。

B2 =INT(5.9)

	A	B
1	数据	最靠近向下的整数
2	5.9	5
3	204.5	204
4	3.2	3
5	90.65	90
6	87.25	87

图 1-51 *INT* 函数的计算

(4) 说明:如果参数 *number* 为负值,函数 *INT* 返回错误值"#NUM!"。

16. *SQRT* 函数

(1) 用途:返回正平方根。

(2) 语法: = *SQRT* (*number*)。

(3) 参数: *number* 。

【例 1-16】 请对图 1-52 中 A 列数据运用 *SQRT* 函数,计算平方根。

例 1-16 微课

本题在 Excel 中的操作如下:

在单元格 B2 中输入公式"=SQRT(5.9)",得到 5.9 的平方根为 2.43,然后将单元格 B2 的公式套用到单元格 B3:B6 中,即得到 A 列数据的平方根,如图 1-52 所示。

B2 =SQRT(5.9)

	A	B
1	数据	平方根
2	18	2.43
3	201.5	14.20
4	625	25.00
5	90.65	9.52
6	187	13.67

图 1-52 *SQRT* 函数的计算

(4) 说明:如果参数 *number* 为负值,函数 *SQRT* 返回错误值"#NUM!"。

17. *IF* 函数

（1）用途：如果指定条件的计算结果为“TRUE”，*IF* 函数将返回某个值；如果该条件的计算结果为“FALSE”，将返回另一个值。例如 A1 大于 10，则公式“=IF(A1>10,"大于 10","不大于 10")”将返回“大于 10”；如果 A1 小于或等于 10，则返回“不大于 10”。

（2）语法：= *IF*（*logical_test*，[*value_if_true*]，[*value_if_ false*]）。

（3）参数：

① *logical_test* 是指计算结果可能为“TRUE”或“FALSE”的任意值或表达式。例如“A10=100”就是一个逻辑表达式；如果单元格 A10 中的值等于 100，表达式的计算结果为“TRUE”；否则为“FALSE”。此参数可使用任何比较运算符。

② *value_if_true* 是指 *logical_test* 参数的计算结果为“TRUE”时所要返回的值。例如此参数的值为文本字符串“预算内”，并且 *logical_test* 参数的计算结果为“TRUE”，则 *IF* 函数返回文本“预算内”。如果 *logical_test* 的计算结果为“TRUE”，并且省略 *value_if_true* 参数（即 *logical_test* 参数后仅跟一个逗号），*IF* 函数将返回 0（零）。若要显示单词“TRUE”，请对 *value_if_true* 参数使用逻辑值“TRUE”。

③ *value_if_ false* 是指 *logical_test* 参数的计算结果为“FALSE”时所要返回的值。例如，如果此参数的值为文本字符串“超出预算”，并且 *logical_test* 参数的计算结果为“FALSE”，则 *IF* 函数返回文本“超出预算”。如果 *logical_test* 参数的计算结果为“FALSE”，并且省略 *value_if_ false* 参数（即 *value_if_true* 参数后没有逗号），则 *IF* 函数返回逻辑值“FALSE”。如果 *logical_test* 的计算结果为“FALSE”，并且省略 *value_if_ false* 参数的值（即在 *IF* 函数中，*value_if_true* 参数后没有逗号），则 *IF* 函数返回值 0（零）。

【例 1-17】 项目甲、乙、丙、丁、戊的净现值在图 1-53 中列示，请使用 *IF* 函数对列示的项目做出项目决策。

例 1-17 微课

本题在 Excel 中的操作如下：

输入公式“=IF(B2>=0,"接受","拒绝")”，并将 B2 公式下拉至 B6。如果项目甲的净现值≥0，则接受该项目；如果项目甲的净现值<0，则拒绝该项目。

C2 fx =IF(B2>=0,"接受","拒绝")

	A	B	C
1	项目	净现值（元）	项目决策
2	项目甲	8500	接受
3	项目乙	10.39	接受
4	项目丙	-541.45	拒绝
5	项目丁	-92.32	拒绝
6	项目戊	800.9	接受

图 1-53 *IF* 函数的计算

（4）说明：

① 最多可以使用 64 个 *IF* 函数作为 *value_if_true* 和 *value_if_ false* 参数的嵌套，以构造更详尽的测试。若要测试多个条件，请考虑使用 *LOOKUP*、*VLOOKUP*、*HLOOKUP* 或 *CHOOSE* 函数。

② 如果 *IF* 函数的任意参数为数组，则在执行 *IF* 语句时，将计算数组中的每一个元素。

第二章　Excel 在货币时间价值与风险报酬中的应用

知识导航

- Excel 在货币时间价值与风险报酬中的应用
  - 货币时间价值
    - 货币时间价值的概念
    - 单利终值及现值的计算
    - 复利终值及现值的计算
    - 年金终值和现值的计算
    - 货币时间价值的其他计算
  - 风险报酬
    - 风险与报酬的关系及计量
    - 风险衡量

本章简介

本章主要讲解利用 Excel 工具对货币时间价值与风险报酬的计算，主要包括运用 Excel 中的 *FV*、*PV*、*PMT*、*PPMT*、*RATE*、*NPER* 等函数对现金流的终值、现值、每期付款额、指定期间年金的本金、利率以及年金的总计息期数的计算。教会用户熟练应用 Excel 函数完成货币时间价值的相关计算，作为财务决策的主要依据。

学习目标

1. 掌握终值与现值函数 *FV*、*PV* 的应用。
2. 掌握年金、还款额中本金与利息函数 *PMT* 的应用。
3. 掌握利息与计息函数 *RATE*、*NPER* 的应用。
4. 掌握风险报酬各指标的应用。

第一节　货币时间价值

一、货币时间价值的概念

货币时间价值的原理，揭示了不同时点上资金的换算关系，是财务决策的基本依据。我们所计算的时间价值，通常都是在没有风险和没有通货膨胀的情况下，一定量货币在不同时点的价值差额。

货币时间价值有两种表示形式：一种是绝对数形式，即货币时间价值额；另一种是相对数形式，即货币时间价值率。计算货币时间价值时，有两种计息方法：单利和复利。

二、单利终值及现值的计算

单利是指对本金计算利息，利息部分不再计算利息。单利终值是指现在的一定量的资金在将来某一时点按照单利方式计算的本利和；根据终值来确定其现在的价值，即为现值。

【例 2-1】 某公司将一笔 50 000 元的现金存入银行，银行存款定期年利率为 5%。请计算第 1 年、第 2 年的利息和终值。

例 2-1 微课

本例题在 Excel 中的操作如下：

第一步，在 Excel 表格中输入已知条件，并选取 B5 单元格输入公式"= B3 * B4"（即现值 × 利率）并按下回车键，得到第 1 年的利息为 2 500 元，如图 2-1 所示。

B5   fx =B3*B4

	A	B	C
1	单利利息及终值的计算		
2	年数	第1年	第2年
3	现值（元）	50,000.00	50,000.00
4	利率	5.00%	5.00%
5	利息（元）	2,500.00	
6	终值（元）		

图 2-1　第 1 年的利息

第二步，将单元格 B5 的公式套用到 C5，可求出第 2 年的利息；也将光标移至单元格 B5 的右下角，出现"+"标识，点击鼠标左键将"+"标识拖至单元格 C5，即可得到结果为 2 500 元，如图 2-2 所示。

C5   fx =C3*C4

	A	B	C
1	单利利息及终值的计算		
2	年数	第1年	第2年
3	现值（元）	50,000.00	50,000.00
4	利率	5.00%	5.00%
5	利息（元）	2,500.00	2,500.00
6	终值（元）		

图 2-2　第 2 年的利息

第三步，将光标移至 B6 单元格，输入公式"=B3+B5"（即本金+第 1 年利息），在单元格 C6 中输入公式"=B3+B5+C5"（即本金+第 1 年利息+第 2 年利息），分别得第 1 年、第 2 年终值分别为 52 500 元、55 000 元，如图 2-3 所示。

C6   fx =B3+B5+C5

	A	B	C
1	单利利息及终值的计算		
2	年数	第1年	第2年
3	现值（元）	50,000.00	50,000.00
4	利率	5.00%	5.00%
5	利息（元）	2,500.00	2,500.00
6	终值（元）	52,500.00	55,000.00

图 2-3　第 1 年、第 2 年的终值

【例 2-2】 某公司希望 5 年后获得 10 000 元本利和，银行存款年利率 5%，要求计算现在需存入银行多少资金。

例 2-2 微课

本例题在 Excel 中的操作如下：

在 Excel 表格中输入已知条件，选定 B5 单元格，输入公式“=B3/(1+B4*B2)”并按下回车键，计算得单利现值为 8 000 元，如图 2-4 所示。

B5 =B3/(1+B4*B2)

	A	B
1	单利现值的计算	
2	期数（年）	5
3	单利终值（元）	10,000.00
4	利率	5.00%
5	单利现值(元)	8,000.00

图 2-4 单利现值的计算

三、复利终值及现值的计算

（一）复利终值的计算

复利是指不仅对本金要计算利息，而且对本金所产生的利息也要计算利息即“利滚利”。复利的终值是指一定量的本金按在复利条件下若干期后的本利和。复利终值的计算公式为：

$$FV=PV\cdot(1+i)^n=PV\cdot FVIF_{i,n}$$

在 Excel 中，可以利用 *FV* 函数计算复利终值。*FV* 函数基于固定利率及等额分期付款方式，计算出某项投资的未来值，表达式为 *FV*(*rate*, *nper*, *pmt*, *pv*, *type*)。

式中：*rate* 为利率；*nper* 为计息期数；*pmt* 为各期所应支付的金额，在计算年金时使用，在复利计算过程中可省略为 0；*pv* 为现值，如果省略现值，假设为 0 即可；*type* 可填数字 0 或 1，用以确定各期的付款时间是在期初还是期末，如果省略，则假设为 0 即可，*type* 若为 0 表示支付时间在期末，若为 1 则表示支付时间在期初，一般在计算年金时使用。

【例 2-3】 某公司将 5 000 元存入银行，年利率为 5%，要求计算第 1 年和第 2 年的本利和。

例 2-3 微课

本例题在 Excel 中的操作如下：

第一步，在 Excel 表格中输入已知条件，选定 B5 单元格，输入公式“=FV(B4, 1, 0, -B3)”（也可根据 Excel 表格工具栏—公式—插入函数，选择 *FV* 函数），并按下回车键得到第 1 年终值 5 250 元，如图 2-5 所示。

B5 =FV(B4, 1, 0, -B3)

	A	B	C
1	复利终值的计算		
2	年数	第1年	第2年
3	现值（元）	5,000.00	5,000.00
4	利率	5.00%	5.00%
5	终值（元）	5,250.00	

图 2-5 第 1 年的终值

第二步，选定 C5 单元格，输入公式“=FV(C4, 2, 0, -C3)”，按下回车键，得到第 2 年复利终值为 5 512.50 元，如图 2-6 所示。

C5 　 fx =FV(C4, 2, 0, -C3)

	A	B	C
1	复利终值的计算		
2	年数	第1年	第2年
3	现值（元）	5,000.00	5,000.00
4	利率	5.00%	5.00%
5	终值（元）	5,250.00	5,512.50

图 2-6　第 2 年的终值

（二）复利现值的计算

复利现值是指在将来某一特定时间取得或支出一定数额的资金，按复利折算到现在的价值。复利现值是和复利终值相对的概念，是复利终值的逆运算。复利现值的计算公式为：

$$PV=FV\cdot(1+i)^{-n}=FV\cdot PVIF_{i,n}$$

在 Excel 中，可以利用 *PV* 函数按给定利率、期数和每期收支的现金流量计算复利现值或年金现值，表达式为 *PV*(*rate*, *nper*, *pmt*, *fv*, *type*)。

式中：*rate* 为利率；*nper* 为计息期数；*pmt* 为各期所应支付的金额，在计算年金时使用，在复利计算过程中可省略为 0；*fv* 为未来值，或为最后一次支付后希望得到的金额，如果省略未来值，假设为 0 即可；*type* 用以指定各期的付款时间是在期初还是期末，一般在计算年金时使用。

【例 2-4】 某公司希望 5 年后获得 10 000 元本利和，年利率为 5%，要求计算现在应存入银行多少资金。

例 2-4 微课

本例题在 Excel 中的操作如下：

在 Excel 中输入已知条件，选取 B5 单元格，输入公式“=PV(B3, B2, 0, -B4)”，并按下回车键，得复利现值为 7 835.26 元，如图 2-7 所示。

B5 　 fx =PV(B3, B2, 0, -B4)

	A	B
1	复利现值的计算	
2	期数（年）	5
3	利率	5.00%
4	5年后终值（元）	10,000.00
5	现值（元）	7,835.26

图 2-7　复利现值的计算

四、年金终值和现值的计算

年金是指在一定时期内，每隔相同的时间，收入或支出相同金额的系列款项。年金根据每次收付发生的时点不同，可分为后付年金、先付年金、递延年金和永续年金 4 种。

（一）普通年金

普通年金是指在每期期末，间隔相等时间条件下收入或支出相等金额的系列款项。每一间隔期，有期初和期末两个时点，由于普通年金是在期末这个时点上发生收付，故又称为后付年金。

1. 普通年金终值的计算

普通年金终值是指每期期末收入或支出的相等款项，按复利计算，在最后一期所得的本利和，用 FVA 表示，每期期末收入或支出的款项用 A 表示，利率用 i 表示，期数用 n 表示，则普通年金终值的计算公式为：

$$FVA = A \cdot FVIFA_{i,n}$$

在 Excel 中，可以利用 FV 函数进行求解。在这里需要注意的是，FV 函数认定年金 PMT 和现值 PV 现金流量方向与计算出的终值现金流量方向是相反的，为了使计算出的终值能显示为正数，应在输入 PMT 或 PV 参数时添加上负号。

【例 2-5】 某公司每年年末存入银行 10 000 元，年利率为 5%，要求计算第 5 年年末的本利和。

例 2-5 微课

本例题在 Excel 中的操作如下：

在 Excel 中输入已知条件后，选定 B5 单元格，利用 FV 函数，输入公式“=FV(B4, B2, −B3, 0)”，按下回车键，得到普通年金在第 5 年年末的本利和为 55 256.31 元，如图 2-8 所示。

B5　=FV(B4, B2, -B3, 0)

	A	B
1	年金终值的计算	
2	期数（年）	5
3	每年支付的金额（元）	10,000.00
4	利率	5.00%
5	年金终值（元）	55,256.31

图 2-8　年金终值的计算

计算年金终值，一般是已知年金求终值，但在实际工作中经常会遇到已知年金终值，反过来求每年支付的年金数额的情况，这是年金终值的逆运算，我们称它为偿债基金的计算，其计算公式为：

$$A = \frac{FVA}{FVIFA_{i,n}}$$

在 Excel 中，可以利用 PMT 函数进行求解，按给定利率、期数以及年金类型，计算每期收支的现金流量，即 PMT(*rate*, *nper*, *pv*, *fv*, *type*)，各参数的详细说明参见函数 PV 和函数 FV。

【例 2-6】 某公司 5 年后要偿还一笔 50 000 元的债务，年利率为 5%，要按时归还这笔债务，每年年末应存入银行多少资金？

例 2-6 微课

本例题在 Excel 中的操作如下：

在 Excel 中输入已知条件后，选定 B5 单元格，利用 Excel 表格中的 PMT 函数，输入公式“=PMT(B4, B2, 0, −B3)”，按下回车键，得到每年年末应存入银行

9 048.74 元,如图 2-9 所示。

B5 fx =PMT(B4, B2, 0, -B3)

	A	B
1	偿债基金的计算	
2	期数（年）	5
3	年金终值（元）	50,000.00
4	利率	5.00%
5	每年支付的金额（元）	9,048.74

图 2-9　偿债基金的计算

2. 普通年金现值的计算

普通年金现值是指一定时期内每期期末等额收支款项的复利现值之和。实际上是指为了在每期期末取得或支出相等金额的款项,现在需要一次投入或借入多少金额,年金现值用 *PVA* 表示,其计算公式为:

$$PVA = A \cdot PVIFA_{i,n}$$

在 Excel 中,可以利用上述的 *PV* 函数进行求解。*PV* 函数与 *FV* 函数一样,认定年金 *PMT* 和终值 *FV* 现金流量的方向与计算出的现值现金流量方向相反,即如果年金 *PMT* 和终值 *FV* 是付款,计算出的现值则为收款;反之,如果年金 *PMT* 和终值 *FV* 是收款,计算出的现值则为付款。因此,当 *PMT* 和 *FV* 参数都以正数形式存放在 Excel 工作表的单元格时,为了使计算出的现值能显示为正数,应在输入 *PMT* 和 *FV* 参数时加上负号。

【例 2-7】 某公司计划连续 5 年、每年年末取得 10 000 元,利率为 5%,要求计算第 1 年年初应一次性存入多少资金。

例 2-7 微课

本例题在 Excel 中的操作如下:

在 Excel 中输入已知条件后,选定 B5 单元格,利用 Excel 表格中的 *PV* 函数,输入公式“= PV(B4, B2, - B3, 0)”并按下回车键,得到第 1 年年初应存入的金额为 43 294.77元,如图 2-10 所示。

B5 fx =PV(B4, B2, -B3, 0)

	A	B
1	年金现值的计算	
2	期限（年）	5
3	每年年末取得金额（元）	10,000.00
4	利率	5.00%
5	年金现值（元）	43,294.77

图 2-10　年金现值的计算

上题是在已知每年年金数额的条件下,计算年金的现值。利用 Excel 也可以在已知年金现值的条件下,求每年年金数额,这是年金现值的逆运算,计算公式为:

$$A = \frac{PVA}{PVIFA_{i,n}}$$

在 Excel 中,可以利用 *PMT* 函数进行求解。

【例 2-8】 某公司购入一套商品房，需向银行按揭贷款 100 万元。公司准备 20 年内于每年年末等额偿还贷款，银行贷款利率为 5%，计算每年应该偿还多少钱。

例 2-8 微课

本例题在 Excel 中的操作如下：

在 Excel 中输入已知条件后，选定 B5 单元格，利用 Excel 表格中的 *PMT* 函数，输入公式“= PMT (B4, B2, － B3, 0, 0)”，按下回车键，得到每年应偿还的金额为 80 242.59元，如图 2-11 所示。

B5 =PMT(B4, B2, -B3, 0, 0)

	A	B
1	年回收额的计算	
2	期限（年）	20
3	年金现值（元）	1,000,000.00
4	利率	5.00%
5	年回收额（元）	80,242.59

图 2-11　年回收额的计算

需要注意的是，在计算偿债基金和年回收额的时候使用的都是 *PMT* 函数，但偿债基金是在已知年金终值的基础上求每年支付的金额，而年回收额是在已知年金现值的基础上求每年的支付额。虽然同样使用 *PMT* 函数，但是根据 *PMT* (*rate*, *nper*, *pv*, *fv*, *type*) 的具体内容，计算偿债基金时，应该将现值假设为 0；计算年回收额时，应该将终值假设为 0。

（二）先付年金

先付年金是指每期收入或支出相等金额的款项发生在每期的期初，也称即付年金。

【例 2-9】 某公司连续 5 年、每年年初存入银行 10 000 元，年利率为 5%，要求计算第 5 年年末的本利和。

例 2-9 微课

本例题在 Excel 中的操作如下：

在 Excel 中输入已知条件后，选定 B5 单元格，利用 *FV* 函数，输入公式“= FV(B4, B2, -B3, 0, 1)”，并按下回车键，得到先付年金在第 5 年年末的本利和为 58 019.13 元，如图 2-12 所示。

B5 =FV(B4, B2, -B3, 0, 1)

	A	B
1	先付年金终值的计算	
2	期限（年）	5
3	每年年初存入银行金额（元）	10,000.00
4	利率	5.00%
5	第5年年末的本利和（元）	58,019.13

图 2-12　先付年金终值的计算

【例 2-10】 某公司计划连续 5 年、每年年初取得 10 000 元，银行存款年利率为 5%，要求计算第 1 年年初应一次性存入多少资金。

例 2-10 微课

本例题在 Excel 中的操作如下：

在 Excel 中输入已知条件后，选定 B5 单元格，利用 Excel 表格中的 *PV* 函数，输入公式“= PV(B4, B2, -B3, 0, 1)”，按下回车键，得到第 1 年年初应存入的金额为 45 459.51 元，如图 2-13 所示。

B5 =PV(B4, B2, -B3, 0, 1)

	A	B
1	先付年金现值的计算	
2	期数（年）	5
3	每年年初取得金额（元）	10, 000. 00
4	利率	5. 00%
5	第1年年初应存入金额（元）	45, 459. 51

图 2-13　先付年金现值的计算

（三）递延年金

递延年金是指在最初若干期没有收付款项的情况下，后面若干期有等额的系列收付款项的年金。

【例 2-11】 某企业于年初投资一项目，估计从第 5 年开始至第 10 年，每年年末可得收益 10 万元，假定年利率为 5%，要求计算该投资项目年收益的终值以及投资项目的最初投资额分别为多少。

例 2-11 微课

本例题在 Excel 中的操作如下：

第一步，在 Excel 中输入已知条件后，选定 B6 单元格，利用 Excel 表格中的 *FV* 函数，输入公式“= FV(B5, B3, -B2, 0)”，按下回车键，得到递延年金终值为 68.02 万元，如图 2-14 所示。

B6 =FV(B5, B3, -B2, 0)

	A	B
1	递延年金终值及现值的计算	
2	每年年末得到收益金额（万元）	10. 00
3	年金期限（年）	6
4	递延期限（年）	4
5	利率	5. 00%
6	递延年金终值（万元）	68. 02
7	递延年金现值（万元）	

图 2-14　递延年金终值的计算

第二步，选定 B7 单元格，利用 Excel 中的 *PV* 函数，输入公式“= PV(B5, B3+B4, -B2, 0) - PV(B5, B4, -B2, 0)”，按下回车键，得到递延年金现值（按照普通年金 10 年期的年金现值减去前面 4 年期的年金现值为 41.76 万元），如图 2-15 所示。

B7 =PV(B5, B3+B4, -B2, 0)-PV(B5, B4, -B2, 0)

	A	B
1	递延年金终值及现值的计算	
2	每年年末得到收益金额（万元）	10. 00
3	年金期限（年）	6
4	递延期限（年）	4
5	利率	5. 00%
6	递延年金终值（万元）	68. 02
7	递延年金现值（万元）	41. 76

图 2-15　递延年金现值的计算

（四）永续年金

永续年金是指无限期的收入或支出相等金额的年金，也称永久年金。它也是普通年金的一种特殊形式，由于永续年金的期限趋于无限，没有终止时间，因而也没有终值，只有现值，其计算公式为：

$$PVA = \frac{A}{i}$$

【例 2-12】 某企业要建立一项永久性帮困基金，计划每年拿出 5 万元帮助失学儿童，年利率为 5%，要求计算现在应该筹集多少资金。

例 2-12 微课

本例题在 Excel 中的操作如下：

在 Excel 中输入已知条件后，选定 B4 单元格，输入公式“=B2/B3”，按下回车键，得到年金现值金额为 100 万元，如图 2-16 所示。

B4 fx =B2/B3

	A	B
1	永续年金现值的计算	
2	每年支付的年金金额（万元）	5.00
3	利率	5.00%
4	年金现值（万元）	100.00

图 2-16 永续年金现值的计算

五、货币时间价值的其他计算

在学习了使用 Excel 计算单利的终值及现值计算、复利的终值及现值计算、各类型年金终值及现值的计算之外，还可以利用 *NPER* 函数、*RATE* 函数来计算本金、利率以及总计息期数。

NPER 函数是按给定利率、期数及年金类型等参数值，计算年金的总计息期数，表达式为 *NPER*（*rate, pmt, pv, fv, type*），其他各参数的说明与 *FV* 函数、*PV* 函数的参数一致。

RATE 函数主要是用于计算返回年金的利率，*RATE* 函数通过迭代法计算得出，可能无解或有多个解，表达式为 *RATE*（*nper, pmt, pv, fv, type, guess*）。

【例 2-13】 某企业现有资金 50 000 元，拟投资甲方案。甲方案的年投资报酬率为 12%，该企业投资甲方案几年后才能达到 100 000 元的终值？

例 2-13 微课

本例题在 Excel 中的操作如下：

在 Excel 中输入已知条件后，选定 B5 单元格，输入公式“=NPER(B3, 0, -B2, B4)”，并按下回车键，得到甲方案经过 6.12 年达到 100 000 元终值，如图 2-17 所示。

B5 fx =NPER(B3, 0, -B2, B4)

	A	B
1	期数的计算	
2	现值（元）	50,000.00
3	利率	12.00%
4	终值（元）	100,000.00
5	年数（年）	6.12

图 2-17 期数的计算

【例 2-14】 某公司拟投入资金 20 000 元购买一个理财产品,每年的回报资金均为 1 600 元,收益持续时间为 25 年,求该投资的实际收益率。

例 2-14 微课

本例题在 Excel 中的操作如下:

在 Excel 中输入已知条件后,选定 B5 单元格,输入公式"=RATE(B3,-B4,B2)",并按下回车键,得到投资的实际收益率为 6.24%,如图 2-18 所示。

B5 fx =RATE(B3,-B4,B2)

	A	B
1	利率的计算	
2	现值(元)	20,000.00
3	期数(年)	25
4	每年支付的金额(元)	1,600.00
5	收益率	6.24%

图 2-18 利率的计算

第二节 风险报酬

一、风险与报酬的关系及计量

风险报酬是指投资者因冒着风险进行投资而获得的超过货币时间价值的那部分额外收益,是对承受风险的一种价值补偿,也称风险价值。

如果不考虑通货膨胀,投资者冒着风险进行投资所希望得到的投资报酬率是无风险报酬率与风险报酬率之和,即:

投资报酬率 = 无风险报酬率 + 风险报酬率 = 货币时间价值 + 风险报酬率

二、风险衡量

由于风险具有普遍性和广泛性,正确地衡量风险就十分重要。风险是可能值对期望值的偏离,因此利用概率分布,用期望值和标准差来计算与衡量风险的大小,是一种最常用的方法。

期望值又称为均值,是随机变量各个可能取值以概率为权数的加权平均值。

标准差是用来衡量概率分布中各种可能值对期望值的偏离程度,反映风险大小。在 Excel 中,通常用 *STDEV.P*(*number*1,[*number*2],…) 函数进行计算。*STDEV.P*(*number*1,[*number*2],…)函数中,*number*1 为必需,对应于样本总体的第一数值参数,*number*2… 为可选,对应于样本总体的 2 至 254 个数值参数。也可以用单一数组或对某个数组的引用来代替用逗号分隔的参数。函数 *STDEV.P* 假设其参数为总体,如果数据代表总体中的样本,则应使用该函数来计算标准差。

标准差系数是指标准差与期望值的比值,也称离散系数,是一个相对数。在期望值不同的情况下,标准差系数越大,表明可能值与期望值偏离程度越大,结果的不确定性也越大,风险也就越大。

风险报酬率是指投资者冒着风险进行投资而获得的超过货币时间价值的额外收益对于

投资额的比率，风险价值通常用风险报酬率来计量。

例 2-15 微课

【例 2-15】 A 企业和 B 企业分别投资生产了一种新产品，在不同市场情况下，各种可能收益及概率如图 2-19 所示。

	A	B	C	D
1	风险衡量			
2	市场情况	报酬率		概率
3		A企业	B企业	
4	繁荣	40.00%	70.00%	0.30
5	正常	20.00%	20.00%	0.50
6	疲软	0	-30.00%	0.20
7				
8	项目	A企业	B企业	
9	期望值			
10	标准差			
11	标准差系数			
12	风险报酬斜率	0.10	0.10	
13	风险报酬率			

图 2-19 各企业在不同市场情况下的报酬率及概率

要求：根据已知条件分别计算 A 企业和 B 企业的期望值、标准差、离散系数及风险报酬率。

本例题在 Excel 中的操作如下：

第一步，在 Excel 中输入已知条件后，选定 B9 单元格，输入公式"=B4*$D$4+B5*$D$5+B6*$D$6"，按下回车键，得到 A 企业的期望值；同理将公式复制至 C9 单元格，得到 B 企业的期望值，如图 2-20 所示。

B9 fx =B4*$D$4+B5*$D$5+B6*$D$6

	A	B	C
8	项目	A企业	B企业
9	期望值	22.00%	25.00%
10	标准差		
11	标准差系数		
12	风险报酬斜率	0.10	0.10
13	风险报酬率		

图 2-20 A、B 企业的期望值

第二步，选定 B10 单元格，输入公式"=STDEV.P(B4:B9)"，按下回车键，得到 A 企业的标准差；同理将公式复制至 C10 单元格，得到 B 企业的标准差，如图 2-21 所示。

B10 fx =STDEV.P(B4:B9)

	A	B	C
8	项目	A企业	B企业
9	期望值	22.00%	25.00%
10	标准差	0.14	0.35
11	标准差系数		
12	风险报酬斜率	0.10	0.10
13	风险报酬率		

图 2-21 A、B 企业的标准差

第三步，选定B11单元格，输入公式"=B10/B9"，按下回车键，得到A企业的标准差系数；同理将公式复制至C11单元格，得到B企业的标准差系数如图2-22所示。

B11 fx =B10/B9

	A	B	C
8	项目	A企业	B企业
9	期望值	22.00%	25.00%
10	标准差	0.14	0.35
11	标准差系数	0.64	1.42
12	风险报酬斜率	0.10	0.10
13	风险报酬率		

图2-22 A、B企业的标准差系数

第四步，选定B13单元格，输入公式"=B11*B12"，按下回车键，得到A企业的风险报酬率；同理将公式复制至C13单元格，得到B企业的风险报酬率，如图2-23所示。

B13 fx =B11*B12

	A	B	C
8	项目	A企业	B企业
9	期望值	22.00%	25.00%
10	标准差	0.14	0.35
11	标准差系数	0.64	1.42
12	风险报酬斜率	0.10	0.10
13	风险报酬率	6.44%	14.17%

图2-23 A、B企业的风险报酬率

本章训练

1. 某公司计划5年后从银行一次性取出10 000元，年利率为6%，按复利计算，如图2-24所示。请问该公司现在应该存入银行的现金是多少？

	A	B
1	复利现值的计算	
2	期数（年）	5
3	利率	6.00%
4	终值（元）	10,000.00
5	现值（元）	

图2-24 复利现值的计算

2. 某公司现在存入银行10 000元，年利率为6%，按复利计算，如图2-25所示。请问5年后终值是多少？

	A	B
1	复利终值的计算	
2	期数（年）	5
3	利率	6.00%
4	现值（元）	10,000.00
5	终值（元）	

图 2-25　复利终值的计算

3. 某公司有一笔年金，分 5 期支付，每期支付 1 000 元，年利率为 6%，如图 2-26 所示。请问这笔年金的现值是多少？若一笔年金，分 5 期支付，每期支付 1 000 元，年利率 6%，请计算这笔年金在 5 年后的价值是多少？

	A	B
1	年金现值及终值的计算	
2	期数（年）	5
3	利率	6.00%
4	每年支付的金额（元）	1,000.00
5	年金现值（元）	
6	年金终值（元）	

图 2-26　年金现值及终值的计算

4. 某公司现在投入资金 20 000 元购买一个理财产品，每年的回报资金均为 1 600 元，收益率为 6%，如图 2-27 所示。请问这个理财产品至少要多少年才能够开始取得净收益？

	A	B
1	期数的计算	
2	现值（元）	20,000.00
3	每年支付的金额（元）	1,600.00
4	收益率	6.00%
5	期数（年）	

图 2-27　期数的计算

5. 某公司现在存款 20 000 元，希望 5 年后得到 50 000 元，假设每年年末复利计息一次，如图 2-28 所示。请问复利年利率是多少？

	A	B
1	利率的计算	
2	现值（元）	20,000.00
3	期数（年）	5
4	终值（元）	50,000.00
5	利率	

图 2-28　利率的计算

6. 如果你突然收到一张事先不知道的 1 267.18 亿美元的账单，你一定会大吃一惊。而这件事却发生在瑞士的田纳西镇的居民身上。1966 年，斯兰黑不动产公司在田纳西镇的一个银行存入 6 亿美元的存款。存款协议要求银行按 1%的周利率复利付息。1994 年，纽约布鲁克林法院做出判决：从存款日到田纳西镇对该银行进行清算的 7 年中，这笔存款应按每周 1%的复利计息，而在银行清算后的 21 年中，每年按 8.54%的复利计息，如图 2-29 所示。请说明 1 267.18 亿美元是如何计算出来的。

	A	B
1	货币时间价值综合应用	
2	现值（亿美元）	6.00
3	周利率	1.00%
4	期数（周）	
5	7年终值（亿美元）	
6	年利率	8.54%
7	期数（年）	21
8	最终值（亿美元）	

图 2-29　货币时间价值的综合应用

第三章　Excel 在筹资管理中的应用

知识导航

- Excel 在筹资管理中的应用
  - 筹资数量的预测
    - 营业收入比例法的原理
    - 营业收入比例法的运用
  - 资本成本
    - 资本成本概述
    - 个别资本成本的计算
    - 综合资本成本的计算
    - 边际资本成本的计算

本章简介

本章主要讲解运用 Excel 和营业收入比例法对资金需要量进行预测；运用 Excel 做出长期借款筹资决策；运用 Excel 计算债券资本成本；运用 Excel 计算股票资本成本；运用 Excel 计算综合资本成本与边际资本成本。

学习目标

1. 掌握 Excel 在营业收入比例法预测资金需要量中的应用。
2. 掌握 Excel 在长期借款中的应用。
3. 掌握 Excel 在债券资本成本计算中的应用。
4. 掌握 Excel 在股票资本成本计算中的应用。
5. 掌握 Excel 在综合资本成本与边际资本成本计算中的应用。

第一节　筹资数量的预测

一、营业收入比例法的原理

营业收入比例法是根据营业收入与资产负债表和利润表项目之间的比例关系，预测各项目资本需要额的方法。例如某企业每销售 100 元的货物，需备有 20 元的存货，即存货与营业收入的百分比是 20%（20÷100×100%）。若营业收入增至 200 元，那么，该企业需备有 40 元（200×20%）存货。以此类推，在某项目与营业收入的比率既定的前提下，便可预测未来一定销售额下该项目的资金需要量。

二、营业收入比例法的运用

营业收入比例法，一般需要借助预计利润表和预计资产负债表，通过预计利润表预测企业留存收益这种内部资本来源的增加额；通过预计资产负债表预测企业资本需要总额和外部筹资的增加额。

1. 编制预计利润表，预测留存收益

预计利润表是运用销售百分比法的原理预测留存收益的一种报表。预计利润表与实际利润表的内容、格式相同。通过提供预计利润表，可预测留存收益这种内部筹资方式的数额，也可为预计资产负债表预测外部筹资数额提供依据。

编制预计利润表的主要步骤归纳如下：

第一步，收集基年利润表资料，计算确定利润表各项目与销售额的百分比。

第二步，取得预测年度销售收入预计数，以此预计销售额和基年实际利润表各项目与实际销售额的比率，计算预测年度预计利润表各项目的预计数，并编制预测年度预计利润表。

第三步，利用预测年度税后利润预计数和预定的留用比例，测算留存收益的数额。

例 3-1 微课

【例 3-1】 某企业 2019 年实际利润表（简表）如表 3-1 所示，企业所得税税率为 25%。若该企业 2020 年预计营业收入为18 000 万元，该企业税后利润的留用比例为 50%，试编制该企业 2020 年预计利润表，并预测留存收益。

表 3-1　　2019 年实际利润表（简表）　　单位：万元

项　目	金　额
营业收入	15 000
减：营业成本	11 400
销售费用	900
管理费用	1 620
财务费用	600
营业利润	480
加：营业外收入	50
减：营业外支出	80
利润总额	450
减：所得税费用	112.5
净利润	337.5

第一步，确定 2019 年利润表各项目占营业收入的百分比。在单元格 C3 输入公式“=B3/ $B$3”，得到营业收入占营业收入的百分比为“100.0%”（注意设置单元格 C3 至 C13 的属性为百分比）将单元格 C3 的公式复制到 C4:C8，选中单元格 C3，将光标移至单元格右下角出现“+”光标，点击鼠标左键，将鼠标拖至单元格 C8，即得到 2019 年利润表各项目占营业收入的百分比，如图 3-1 所示。注意营业外收入、营业外支出等项目为非敏感项目，不需要计算非敏感项目占营业收入的百分比。

C4 =B4/$B$3

	A	B	C	D
1	2019年实际利润表与2020年预计利润表（简化）			金额单位：万元
2	项目	2019年实际数	占营业收入的比例	2020年预计数
3	营业收入	15,000.00	100.0%	18,000.00
4	减：营业成本	11,400.00	76.0%	
5	销售费用	900.00	6.0%	
6	管理费用	1,620.00	10.8%	
7	财务费用	600.00	4.0%	
8	营业利润	480.00	3.2%	
9	加：营业外收入	50.00	—	
10	减：营业外支出	80.00	—	
11	利润总额	450.00	—	
12	减：所得税费用	112.50	—	
13	净利润	337.50	—	

图 3-1 计算 2019 年利润表各敏感项目占营业收入比例

第二步，计算 2020 年预计利润表各项目的预计数。选中单元格 D4，输入公式“= $D$3＊C4”，得到 2020 年营业成本预计数为 13 680 万元。然后继续选中单元格 D4，将光标移至单元格右下角出现“+”光标，点击鼠标左键，将鼠标拖至单元格 D8，即得到 2020 年利润表各敏感项目预计数。营业外收入、营业外支出为非敏感项目，其 2020 年预计数等于 2019 年实际数。单元格 D12 输入公式“=D11＊0.25”。单元格 D13 输入公式“=D11-D12”，如图 3-2 所示。

D4 =$D$3*C4

	A	B	C	D
1	2019年实际利润表与2020年预计利润表（简化）			金额单位：万元
2	项目	2019年实际数	占营业收入的比例	2020年预计数
3	营业收入	15,000.00	100.0%	18,000.00
4	减：营业成本	11,400.00	76.0%	13,680.00
5	销售费用	900.00	6.0%	1,080.00
6	管理费用	1,620.00	10.8%	1,944.00
7	财务费用	600.00	4.0%	720.00
8	营业利润	480.00	3.2%	576.00
9	加：营业外收入	50.00	—	50.00
10	减：营业外支出	80.00	—	80.00
11	利润总额	450.00	—	546.00
12	减：所得税费用	112.50	—	136.50
13	净利润	337.50	—	409.50

图 3-2 计算 2020 年利润表各项目预计数

第三步，该企业税后利润的留用比例为 50%，则 2020 年预测留存收益额为 204.75 万元（409.5×50%）。

2. 编制预计资产负债表，预测外部筹资额

预计资产负债表是运用营业收入比例法的原理预测外部筹资额的一种报表。预计资产负债表与实际资产负债表的内容、格式相同，通过提供预计资产负债表，可预测资产负债表及留存收益有关项目的数额，进而预测企业需要外部筹资的数额。

运用营业收入比例法要选定与营业收入保持基本不变比例关系的项目，这种项目称为敏感项目。敏感资产项目一般包括货币资金、应收账款、存货等；敏感负债项目一般包括应付账款、应付费用等。应收票据、短期投资、固定资产、长期投资、递延资产、短期借款、应付

票据、非流动负债和投入资本通常不属于在短期内的敏感项目。留存收益也不宜列为敏感项目，因为它受企业所得税税率和分配政策的影响。

【例 3-2】 某企业 2019 年实际营业收入为 15 000 万元，2019 年实际资产负债表见表 3-2。2020 年预计营业收入为 18 000 万元。2020 年利润额为 546 万元，所得税税率为 25%，税后利润留用比例为 50%，试编制该企业 2020 年预计资产负债表（简表），并预测外部筹资额。

例 3-2 微课

表 3-2　　2019 年实际资产负债表（简表）　　单位：万元

项　目	金　额
资产：	
货币资金	75
应收票据	100
应收账款	2 400
存货	2 610
其他流动资产	10
固定资产	185
资产总计	5 380
负债及股东权益：	
应付票据	200
应付账款	2 640
其他流动负债	105
非流动负债	355
负债合计	3 300
股本	1 250
留存收益	830
股东权益合计	2 080
负债及股东权益总计	5 380

根据上述资料，该企业 2020 年预计资产负债表的编制过程如下：

第一步，取得 2019 年资产负债表资料，并计算其敏感项目与营业收入的百分比。敏感项目包括货币资金、应收账款、存货、应付账款、其他流动资产。设置单元格 C4、C6、C7、C13、C14 的属性为百分比，选中单元格 C4，输入公式“=B4/15000”，得到货币资金占营业收入的比例为 0.5%。将单元格 C4 的公式复制到其他敏感项目，单元格 C6、C7、C13、C14，得到所有敏感项目占营业收入的百分比，如图 3-3 所示。

可以看出，该企业营业收入每增长 100 元，资产将增加 33.9 元；每实现 100 元销售所需的资本量，可由敏感负债解决 18.3 元。增加的敏感负债是自动增加的，如应付账款会因存货增加而自动增加。

每 100 元营业收入所需的资本与敏感负债的差额为 15.6 元（33.9−18.3），表示营业收入

C4 =B4/15000

	A	B	C	D
1	2019年实际资产负债表与2020年预计资产负债表（简化）			金额单位：万元
2	项目	2019年实际数	占营业收入的比例	2020年预计数
3	资产：			
4	货币资金	75.00	0.5%	
5	应收票据	100.00	—	
6	应收账款	2,400.00	16.0%	
7	存货	2,610.00	17.4%	
8	其他流动资产	10.00	—	
9	固定资产	185.00	—	
10	资产总计	5,380.00	33.9%	
11	负债及股东权益：			
12	应付票据	200.00	—	
13	应付账款	2,640.00	17.6%	
14	其他流动负债	105.00	0.7%	
15	非流动负债	355.00	—	
16	负债合计	3,300.00	18.3%	
17	股本	1,250.00	—	
18	留存收益	830.00	—	
19	股东权益合计	2,080.00	—	
20	追加外部筹资额		—	
21	负债及股东权益总计	5,380.00	—	

图 3-3　计算 2019 年实际资产负债表敏感项目占营业收入的比例

每增长 100 元而需追加的资本净额，它需从企业内部和外部来筹措。在本例中，营业收入增长 3 000 万元（18 000−15 000），需净增资本 468 万元（3 000 ×0.156）。

第二步，用 2020 年预计营业收入 18 000 万元乘以敏感项目占营业收入的百分比，求得 2020 年预计资产负债表中的敏感项目金额。非敏感项目按 2019 年的实际数额填列。由此，确定了 2020 年预计资产负债表中除留存收益、追加外部筹资额以外的其他各个项目的数额，如图 3-4 所示。具体步骤如下：

D4 =C4*18000

	A	B	C	D
1	2019年实际资产负债表与2020年预计资产负债表（简化）			金额单位：万元
2	项目	2019年实际数	占营业收入的比例	2020年预计数
3	资产：			
4	货币资金	75.00	0.5%	90.00
5	应收票据	100.00	—	100.00
6	应收账款	2,400.00	16.0%	2,880.00
7	存货	2,610.00	17.4%	3,132.00
8	其他流动资产	10.00	—	10.00
9	固定资产	185.00	—	185.00
10	资产总计	5,380.00	33.9%	6,397.00
11	负债及股东权益：			
12	应付票据	200.00	—	200.00
13	应付账款	2,640.00	17.6%	3,168.00
14	其他流动负债	105.00	0.7%	126.00
15	非流动负债	355.00	—	355.00
16	负债合计	3,300.00	18.3%	3,849.00
17	股本	1,250.00	—	1,250.00
18	留存收益	830.00	—	
19	股东权益合计	2,080.00	—	
20	追加外部筹资额		—	
21	负债及股东权益总计	5,380.00	—	6,397.00

图 3-4　计算 2020 年预计资产负债表敏感项目与非敏感项目预计数

在单元格 D4 中输入公式“=C4*18000”，得到 2020 年预计货币资金为 90 万元，将单元格 D4 的公式复制到其他敏感项目，单元格 D6、D7、D13、D14，得到所有敏感项目占营业收入的百分比。

其他流动资产为非敏感项目，因此在单元格 D8 中输入公式“=B8”，单元格 D5、D13、D15 同理。

在单元格 D10 中输入公式“=SUM(D4:D9)”，得到 2020 年预计资产总计为 6 397 万元。同理，在单元格 D16 中输入公式“=SUM(D12:D15)”，得到 2020 年预计负债总计为 3 849 万元。

在单元格 D21 中输入公式“=D10”，使得“资产=负债+所有者权益”等式成立。

第三步，确定 2020 年留存收益增加额及资产负债表中的留存收益累计额，如图 3-5 所示。留存收益增加额可根据利润额、所得税税率和留存收益比例来确定。2020 年累计留存收益等于 2019 年累计留存收益加上 2020 年留存收益增加额。2020 年利润额为 546 万元，所得税税率为 25%，税后利润留用比例为 50%，则 2020 年留存收益增加额为 204.75 万元[546×(1-25%)×50%]。2020 年累计留存收益为 1 034.75 万元(830+204.75)。具体操作如下：

B27 　 f_x =B24*(1-B25)

	A	B
23	项目	2020年预计数
24	利润额（万元）	546.00
25	企业所得税税率	25%
26	留存收益率	50%
27	税后利润（万元）	409.50
28	留存收益（万元）	204.75

图 3-5　计算 2020 年预计留存收益增加额

在单元格 B27 中输入公式“=B24*(1-B25)”，得到 2020 年税后利润为 409.50 万元；在单元格 B28 中输入公式“=B27*B26”，得到 2020 年留存收益增加额为 204.75 万元，如图 3-5 所示。

第四步，计算 2020 年企业需要的外部筹资额，如图 3-6 所示。

具体步骤如下：

在单元格 D18 中输入公式“=B18+B28”，得到 2020 年预计留存收益为 1 034.75 万元；在单元格 D19 中输入公式“=SUM(D17:D18)”，得到股东权益合计为 2 284.75 万元；最后在单元格 D20 中输入公式“=D21-D16-D19”，得到需要追加外部筹资额为 263.25 万元。

2020 年预计资产总额为 6 397 万元，负债及所有者权益总额为 6 133.75 万元，其差额为 263.25 万元。它既是使资产负债表两方相等的平衡数，也是企业需要的外部筹资额。

以上介绍了如何运用预计资产负债表预测外部筹资额的过程。为简便起见，亦可改用预测公式预测追加的外部筹资额。预测公式列示如下：

$$
\begin{aligned}
\text{需要追加的外部筹资额} &= \Delta S\sum\frac{RA}{S} - \Delta S\sum\frac{RL}{S} - \Delta RE \\
&= \Delta S\left(\sum\frac{RA}{S} - \sum\frac{RL}{S}\right) - \Delta RE
\end{aligned}
$$

式中：ΔS 表示预计年度营业收入增加额；$\sum\frac{RA}{S}$ 表示基年敏感资产总额除以基年营业收入；$\sum\frac{RL}{S}$ 表示基年敏感负债总额除以基年营业收入；ΔRE 表示预计年度留存收益增加额。

根据公式预测例题中企业 2020 年需要追加的外部筹资额为：

$$3\ 000 \times (0.339 - 0.183) - 204.75 = 263.25(\text{万元})$$

D18 fx =B18+B30

	A	B	C	D
1	2019年实际资产负债表与2020年预计资产负债表（简化）			金额单位：万元
2	项目	2019年实际数	占营业收入的比例	2020年预计数
3	资产：			
4	货币资金	75.00	0.5%	90.00
5	应收票据	100.00	—	100.00
6	应收账款	2,400.00	16.0%	2,880.00
7	存货	2,610.00	17.4%	3,132.00
8	其他流动资产	10.00	—	10.00
9	固定资产	185.00	—	185.00
10	资产总计	5,380.00	33.9%	6,397.00
11	负债及股东权益：			
12	应付票据	200.00	—	200.00
13	应付账款	2,640.00	17.6%	3,168.00
14	其他流动负债	105.00	0.7%	126.00
15	非流动负债	355.00	—	355.00
16	负债合计	3,300.00	18.3%	3,849.00
17	股本	1,250.00	—	1,250.00
18	留存收益	830.00	—	1,034.75
19	股东权益合计	2,080.00	—	2,284.75
20	追加外部筹资额		—	263.25
21	负债及股东权益总计	5,380.00	—	6,397.00

图 3-6　计算 2020 年企业需要的外部筹资额

这种方法是根据预计资产负债表的原理，预测企业追加外部筹资额的简便方法。

上述营业收入比例法的介绍是基于预测年度非敏感项目、敏感项目及其与营业收入的百分比均与基年保持不变的假定。在实践中，非敏感项目、敏感项目及其与营业收入的百分比有可能发生变动，具体情况有：①非敏感资产、非敏感负债的项目构成以及数量的增减变动；②敏感资产、敏感负债的项目构成以及销售百分比的增减变动。这些变动对预测资金需要总量和追加外部筹资额都会产生一定的影响，必须相应地予以调整。

第二节　资 本 成 本

一、资本成本概述

资本成本是在商品经济条件下，资金所有权与资金使用权分离的产物。资本成本是资金使用者对资金所有者转让资金使用权利的价值补偿，我们有时也以如下思维方式考虑问题：投资者的期望报酬就是受资者的资本成本。

（一）资本成本的概念

资本成本是指企业为筹集和使用资金而付出的代价。资本成本包括筹集资金的费用和使用资金的费用两部分。

1. 筹资费用

筹资费用是指企业在筹集资金的过程中为取得资金而发生的各项费用，如银行借款手续费，发行股票、债券等有价证券而支付的印刷费、评估费、公证费、宣传费及承销费等。

2. 用资费用

用资费用是指企业在使用所筹资金的过程中向出资者支付的报酬，如银行借款和债券的利息、股票的股利等。

（二）资本成本的种类

（1）个别资本成本。

（2）综合资本成本。

（3）边际资本成本。

二、个别资本成本的计算

个别资本成本是指单一筹资方式的资本成本，包括银行借款资本成本、公司债券资本成本、融资租赁资本成本、普通股资本成本和留存收益成本等，其中前三类是债务资本成本，后两类是权益资本成本。个别资本成本可用于比较和评价各种筹资方式。

（一）资本成本计算的基本模式

为了便于分析比较，资本成本是不考虑货币时间价值的一般通用计算，用相对数即资本成本表达。计算时，将初期的筹资费用作为筹资额的一项扣除，扣除筹资费用后的筹资额称为筹资净额，通用的计算公式是：

$$K = \frac{D}{P - F} = \frac{D}{P(1 - f)}$$

式中：K 表示资本成本，以百分数表示；D 表示用资费用额；P 表示筹资总额；F 表示筹资费用额；f 表示筹资费用率，即筹资费用与筹资总额的比率。

（二）长期债务资本成本的计算

长期债务资本成本一般有长期借款资本成本和长期债券资本成本两种。根据《企业所得税法》的规定，企业债务的利息允许从税前利润中扣除，从而可以抵免企业所得税。因此，企业实际负担的债务资本成本应当考虑所得税的因素。

1. 长期借款资本成本的计算

长期借款资本成本包括借款利息和借款手续费用，利息费用税前支付，可以起抵税作用，一般计算税后资本成本。税后资本成本与股权资本成本具有可比性。银行借款的资本成本按一般模式计算为：

$$K_l = \frac{I_l(1 - T)}{L - F_l} = \frac{I_l(1 - T)}{L(1 - f_l)}$$

式中：K_l 为长期借款资本成本；L 为长期借款筹资额；I_l 为长期借款年利息；F_l 为长期借款筹资费用；f_l 为长期借款筹资费用率；T 为企业所得税税率。

长期借款的筹资费用主要是手续费，一般数额很小，有时可以忽略不计。长期借款年利息为长期借款筹资额乘以长期借款利率，即 $I_l = L \times i_l$ 。这时，长期借款成本可以按下列公式计算：

$$K_l = i_l(1 - T)$$

式中：i_l 表示长期借款利率。

【例 3-3】 某企业取得 5 年期长期借款 200 万元，年利率为 10%，每年付息一次，到期一次还本，借款费用率为 0.2%，企业所得税税率为 25%，计算该项借款的资本成本。

例 3-3 微课

具体步骤如下：

在单元格 B7 中输入公式"=B4*(1-B6)/(1-B5)"，其中 B4 为年利率，B5 为长期借款费用率，B6 为企业所得税税率，得到长期借款的资本成本为 7.52%，如图 3-7 所示。

B7 fx =B4*(1-B6)/(1-B5)

	A	B
1	长期借款的资本成本	
2	项目	数额
3	长期借款金额（万元）	200.00
4	年利率	10.00%
5	长期借款费用率	0.20%
6	企业所得税税率	25.00%
7	长期借款资本成本	7.52%

图 3-7 计算长期借款的资本成本

长期借款分析就是利用 Excel 提供的筹资函数和工具，对借款金额、借款期限和归还期等因素进行多种测算，在多种方案中选择一种比较合理的借款方案。

【例 3-4】 长江公司向银行申请 2 000 000 元的工业贷款，年利率为 8%，借款期限为 5 年。

要求：运用 Excel 确定长期借款在不同的还款期、不同的还款时点下每期偿还的金额。其中还款方式有 3 种，分别按年、季度、月还款；还款时点有 2 种，分别为期初还款、期末还款（如图 3-8 所示）。

例 3-4 微课

	A	B
1	长期借款分期偿还模型	
2	借款类型	工业贷款
3	借款金额（元）	2,000,000.00
4	借款利率	8.00%
5	借款年限（年）	5
6	还款时点	
7	还款方式	
8	总还款次数(次)	
9	每期偿还额（元）	
10	总还款额（元）	
11		
12	长期借款的还款时点与还款方式	
13	还款时点	还款方式
14	期初	年
15	期末	季度
16	-	月

图 3-8 Excel 分析长江公司长期借款分期偿还

具体操作如下：

第一步,建立还款时点与还款方式的组合框控件。首先添加“开发工具”选项卡、单击“文件”选项卡,单击“选项”,单击“自定义功能区”类别,在“主选项卡”列表中,选中“开发工具”复选框,然后单击“确定”按钮,如图3-9所示。

图3-9 添加“开发工具”选项卡

使用鼠标左键单击功能区中“开发工具”选项卡下的“控件”组中“插入”按钮下方的小箭头,在弹出的“表单控件”组中选择“组合框(窗体控件)”控件(表单控件组中的第2个),如图3-10所示。

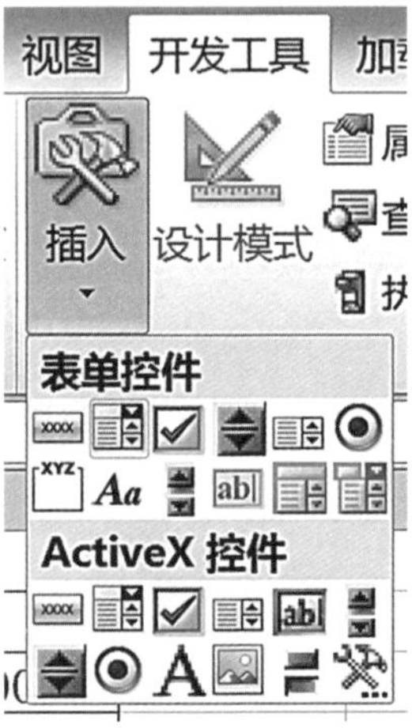

图3-10 表单控件工具栏

接着分别在单元格A6与单元格A7中按下鼠标左键并拖动至合适大小,松开鼠标左键,单元格A6与A7中出现两个组合框控件。选中单元格A6的组合框,单击鼠标右键,选择“设置控件格式”,如图3-11所示,出现“设置控件格式”对话框,在“数据源区域”输入“ $A$15:$A$16”,在“单元格链接”中输入“ $B$6”,在“下拉显示项数”中输入“2”,单击“确定”按钮,如图3-12所示,表示还款时点可选择“期初”与“期末”2种方式。同理,对单元格A7的组合框进行如下设置,在“数据源区域”输入“ $B$15:$B$17”,在“单元格链接”中输入“ $B$7”,在“下拉显示项数”中输入“3”,单击“确定”按钮,如图3-13所示,表示还款方式可选择按“年”“季度”“月”3种方式。

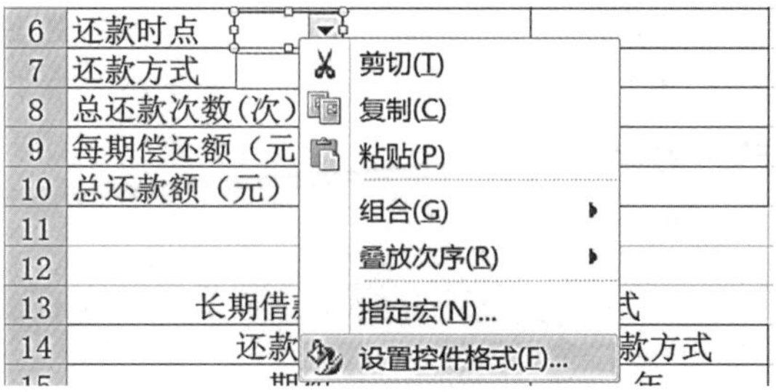

图 3-11 组合框的“设置控件格式”

图 3-12 单元格 A6 组合框的“设置控件格式”对话框

图 3-13 单元格 A7 组合框的“设置控件格式”对话框

第二步，在单元格 B8 中输入公式“=IF(B7=1, B5＊1, IF(B7=2, B5＊3, B5＊12))”，表示如果还款次数 B7=1，则表示按“年”还款，总还款次数=“借款年限”5＊1=5 次；如果“还款方式”为“季度”，B7=2，则总还款次数=借款年限 5＊3=15 次；如果“还款方式”为“月”，B7=3，则总还款次数=借款年限 5＊12=60 次，如图 3-14 所示。

B8 =IF(B7=1, B5*1, IF(B7=2, B5*3, B5*12))

	A	B
1	长期借款分期偿还模型	
2	借款类型	工业贷款
3	借款金额（元）	2,000,000.00
4	借款利率	8.00%
5	借款年限（年）	5
6	还款时点 期末	2
7	还款方式 月	3
8	总还款次数(次)	60
9	每期偿还额（元）	
10	总还款额（元）	

图 3-14　长江公司长期借款总还款次数的计算

第三步，计算长江公司长期借款每期还款额。在单元格 B9 中输入公式“=IF(INDEX($A$15:$A$16, B6)="期末", PMT(B4/(B8/B5), B8, -B3, 0), PMT(B4/(B8/B5), B8, -B3, 1))”，如果还款时点为“期末”，则 PMT(借款年利率/(总还款次数/借款年限)，总还款次数，-借款金额，0)，否则 PMT(借款年利率/(总还款次数/借款年限)，总还款次数，-借款金额，1)，得到还款时点为“期末”，还款方式为“月”时，每期偿还额为 40 552.79 元。

第四步，计算长江公司长期借款的总还款额。在单元格 B10 中输入公式“=B9＊B8”，得到长江公司还款时点为“期末”，还款方式为“月”时，总偿还额为 2 433 167.31 元，如图 3-15 所示。

B10 =B9*B8

	A	B
1	长期借款分期偿还模型	
2	借款类型	工业贷款
3	借款金额（元）	2,000,000.00
4	借款利率	8.00%
5	借款年限（年）	5
6	还款时点 期末	2
7	还款方式 月	3
8	总还款次数(次)	60
9	每期偿还额（元）	40,552.79
10	总还款额（元）	2,433,167.31

图 3-15　长江公司长期借款总还款额的计算

2. 公司债券资本成本的计算

公司债券资本成本包括债券利息和借款发行费用。债券可以溢价发行，也可以折价发行，其资本成本按一般模式计算为：

$$K_b = \frac{I_b(1 - T)}{B(1 - f_b)}$$

式中：K_b 为债券资本成本；B 为债券筹资额，按债券发行价格确定；I_b 为公司债券年利息；f_b 为债券筹资费用率；T 为企业所得税税率。

【例 3-5】 某企业以 1 100 元的价格,溢价发行面值为 1 000 元、期限 5 年、票面利率为 7%的公司债券一批。债券每年付息一次,到期一次还本,发行费用率为 3%,企业所得税税率为 25%。请计算该批债券的资本成本。

例 3-5 微课

具体步骤如下:

在单元格 B9 中输入公式“=B4*B6*(1-B8)/(B3*(1-B7))”,通过计算得到该批债券的资本成本为 4.92%,如图 3-16 所示。

B9 fx =B4*B6*(1-B8)/(B3*(1-B7))

	A	B
1	公司债券资本成本的计算	
2	项目	数额
3	债券价格(元)	1,100.00
4	债券面值(元)	1,000.00
5	期限	5
6	票面利率	7.00%
7	债券的发行费率	3.00%
8	企业所得税税率	25.00%
9	债券的资本成本	4.92%

图 3-16 债券的资本成本计算

(三) 股权资本成本的计算

按照公司股权资本的构成,股权资本成本主要分为普通股资本成本、优先股资本成本和留存收益资本成本等。根据《企业所得税法》的规定,公司须以税后利润向股东分派股利,故股权资本成本没有抵税利益。

1. 普通股资本成本的计算

普通股资本成本主要是向股东支付的各期股利。由于各期股利并不一定固定,随企业各期收益波动,因此普通股的资本成本只能按贴现模式计算,并假定各期股利的变化具有一定的规律性。普通股资本成本按股利折现模型的基本表达式是:

$$P_c = \sum_{t=1}^{\infty} \frac{D_t}{(1 + K_c)^t}$$

式中:P_c 表示普通股筹资净额,即发行价格扣除发行费用后的余额;D_t 表示普通股第 t 年的股利;K_c 表示普通股投资的必要报酬率,即普通股资本成本。

运用上述公式测算普通股资本成本,因具体的股利政策而有所不同。

如果公司采用固定股利政策,即每年分派现金股利 D 元,则:

$$K_c = \frac{D}{P_c}$$

【例 3-6】 某公司普通股市价 30 元,筹资费用率为 2%,每年发放现金股利为每股 0.6 元。请计算普通股的资本成本。

例 3-6 微课

具体步骤如下:

在单元格 B6 中输入公式“=B5/(B3*(1-B4))”,其中 B5 为现金股利,B3 为股票市价,B4 为筹资费用率,得到普通股的资本成本为 2.04%,如图 3-17 所示。

B6 =B5/(B3*(1-B4))

	A	B
1	股利固定的情况下普通股资本成本的计算	
2	项目	数额
3	普通股市价（元）	30.00
4	筹资费用率	2.00%
5	现金股利（元）	0.60
6	普通股的资本成本	2.04%

图 3-17　股利固定的情况下普通股资本成本的计算

假定某股票上期支付的股利为 D_0，未来各期股利按 g 速度增长。目前股票市场价格为 P_c，则普通股资本成本为：

$$K_c = \frac{D_0(1+g)}{P_c} + g = \frac{D_1}{P_c} + g$$

【例 3-7】　某公司普通股市价 30 元，筹资费用率为 2%，本年发放现金股利每股 0.6 元，预期股利年增长率为 10%。计算普通股的个别资本成本。

具体步骤如下：

在单元格 B7 中输入公式“=B5*(1+B6)/(B3*(1-B4))+B6”，其中“B5*(1+B6)”表示第 1 年发放的现金股利，B3 为股票市价，B4 为股票筹资费用率，B6 为股利年增长率，通过计算得到普通股的资本成本为 12.24%，如图 3-18 所示。

例 3-7 微课

B7 =B5*(1+B6)/(B3*(1-B4))+B6

	A	B
1	股利以固定增长率增长的情况下普通股资本成本的计算	
2	项目	数额
3	普通股市价（元）	30.00
4	筹资费用率	2.00%
5	本年发放现金股利（元）	0.60
6	股利年增长率	10.00%
7	普通股的资本成本	12.24%

图 3-18　股利以固定增长率增长的情况下普通股资本成本的计算

2. 优先股资本成本的计算

优先股的股利通常是固定的，公司利用优先股筹资需花费发行费用，因此，优先股资本成本的测算类似于普通股。其测算公式是：

$$K_p = \frac{D_p}{P_p}$$

式中：K_p 表示优先股资本成本；D_p 表示优先股每股年股利；P_p 表示优先股筹资净额，即发行价格扣除发行费用。

【例 3-8】　某公司准备发行一批优先股，每股发行价格为 5 元，每股发行费用为0.2 元，预计每股年股利 0.5 元。请计算该批优先股的资本成本。

具体步骤如下：

在单元格 B6 中输入公式“=B5/(B3-B4)”，其中 B5 表示优先股股利，B3 为优先股价格，B4 为优先股发行费用，通过计算得到优先股的资本成本为 10.42%，如图 3-19 所示。

例 3-8 微课

B6 f_x =B5/(B3-B4)

	A	B
1	优先股资本成本的计算	
2	项目	数额
3	优先股价格（元）	5.00
4	优先股发行费用（元）	0.20
5	优先股股利（元）	0.50
6	优先股的资本成本	10.42%

图 3-19　优先股资本成本的计算

3. 留存收益资本成本的计算

留存收益是企业税后净利形成的，是一种所有者权益，属于股权资本，其实质是所有者向企业的追加投资。企业利用留存收益筹资无需发生筹资费用。如果企业将留存收益用于再投资，所获得的收益率低于股东自己进行一项风险相似的投资项目的收益率，企业就应该将其分配给股东。留存收益的资本成本，表现为股东追加投资要求的报酬率，其计算与普通股成本基本相同，不同点在于留存收益资本成本不考虑筹资费用。

【例 3-9】　某公司留存收益 50 万元，其余条件与【例 3-6】相同。

要求：计算该留存收益资本成本。

具体步骤如下：

在单元格 B8 中输入公式“=B6*(1+B7)/B4+B7”，其中“B6*(1+B7)”表示第 1 年发放的现金股利，B4 为股票价格，B7 为股利年增长率，通过计算得到留存收益的资本成本为 12.20%，如图 3-20 所示。注意：计算留存收益资本成本不考虑筹资费用。

例 3-9 微课

B8 f_x =B6*(1+B7)/B4+B7

	A	B
1	留存收益资本成本的计算	
2	项目	数额
3	留存收益（万元）	50.00
4	普通股市价（元）	30.00
5	筹资费用率	2.00%
6	本年发放现金股利（元）	0.60
7	股利年增长率	10.00%
8	留存收益的资本成本	12.20%

图 3-20　留存收益资本成本的计算

三、综合资本成本的计算

在实际财务管理工作中，企业筹措资金往往同时采用几种不同的方式。综合资本成本是指多元化筹资方式下的平均资本成本，反映了企业资本成本整体水平的高低。综合资本成本是指一个企业各种不同筹资方式总的平均资本成本，它是以各种资本所占的比重为权数，对各种资本成本进行加权平均而得到的总资本成本，所以又称加权平均资本成本。计算公式为：

$$K_w = \sum_{j=1}^{n} K_j W_j$$

式中：K_w 为综合资本成本；K_j 为第 j 种个别资本成本；W_j 为第 j 种个别资本在全部资本中的比重。

综合资本成本的计算，存在着权数价值的选择问题，即各项个别资本按什么权数来确定资本比重。

【例 3-10】 泰达公司 2019 年通过多种筹资方式筹集资金，其中长期借款筹资数额为 1 000 万元，借款利率为 6%，筹资费率为 1%；长期债券筹资数额为 2 000 万元，债券票面利率为 9%，债券筹资费率为 2%；普通股筹资数额为 3 500 万元，普通股的价格为 21 元，第 1 年每股股利为 1.7 元，股利增长率为 4%，普通股的筹资费率为 6%；优先股筹资数额为 2 000 万元，优先股的价格为 25 元，每股股利为 1.95 元，优先股筹资费率 4%；留存收益筹资数额为 500 万元；企业所得税税率为 25%（如图 3-21 所示）。

例 3-10 微课

	A	B	C	D	E	F
1	筹资方式	长期借款	长期债券	普通股	优先股	留存收益
2	筹资数量（万元）	1,000.00	2,000.00	3,500.00	2,000.00	500.00
3	利率	6.00%	9.00%	-	-	-
4	每股价格（元）	-	-	21.00	25.00	21.00
5	预计每股股利（元）	-	-	1.70	1.95	1.70
6	股利增长率	-	-	4.00%	-	4.00%
7	筹资费率	1.00%	2.00%	6.00%	4.00%	-
8	企业所得税税率	25.00%	25.00%	-	-	-
9	个别资本成本					
10	筹资总额（万元）		-	-	-	-
11	资金比重					
12	综合资本成本		-	-	-	-

图 3-21 泰达公司 2019 年各筹资方式数据

要求：

（1）计算各筹资方式的个别资本成本。

（2）计算各筹资方式的资金所占总资本比重。

（3）计算该公司的综合资本成本。

具体操作步骤如下：

第一步，计算各筹资方式的个别资本成本。在单元格 B9 中输入公式“=B3*(1-B8)/(1-B7)”，得到长期借款的个别资本成本为 4.55%；在单元格 C9 中输入公式“=C3*(1-C8)/(1-C7)”，得到长期债券的个别资本成本为 6.89%；在单元格 D9 中输入公式“=D5/(D4*(1-D7))+D6”，得到普通股的个别资本成本为 12.61%；在单元格 E9 中输入公式“=E5/(E4*(1-E7))”，得到优先股的个别资本成本为 8.13%；在单元格 F9 中输入公式“=F5/F4+F6”，得到留存收益的个别资本成本为 12.10%，如图 3-22 所示。

B9 fx =B3*(1-B8)/(1-B7)

	A	B	C	D	E	F
1	筹资方式	长期借款	长期债券	普通股	优先股	留存收益
2	筹资数量（万元）	1,000.00	2,000.00	3,500.00	2,000.00	500.00
3	利率	6.00%	9.00%	-	-	-
4	每股价格（元）	-	-	21.00	25.00	21.00
5	预计每股股利（元）	-	-	1.70	1.95	1.70
6	股利增长率	-	-	4.00%	-	4.00%
7	筹资费率	1.00%	2.00%	6.00%	4.00%	-
8	企业所得税税率	25.00%	25.00%	-	-	-
9	个别资本成本	4.55%	6.89%	12.61%	8.13%	12.10%
10	筹资总额（万元）		-	-	-	-
11	资金比重					
12	综合资本成本		-	-	-	-

图 3-22 泰达公司 2019 年各筹资方式个别资本成本的计算

第二步，计算泰达公司筹资总额。在单元格 B10 中输入公式"=SUM(B2:F2)"，得到泰达公司在 2019 年筹资总额为 9 000 万元，如图 3-23 所示。

B10 =SUM(B2:F2)

	A	B	C	D	E	F
1	筹资方式	长期借款	长期债券	普通股	优先股	留存收益
2	筹资数量（万元）	1,000.00	2,000.00	3,500.00	2,000.00	500.00
3	利率	6.00%	9.00%	-	-	-
4	每股价格（元）	-	-	21.00	25.00	21.00
5	预计每股股利（元）	-	-	1.70	1.95	1.70
6	股利增长率	-	-	4.00%	-	4.00%
7	筹资费率	1.00%	2.00%	6.00%	4.00%	-
8	企业所得税税率	25.00%	25.00%	-	-	-
9	个别资本成本	4.55%	6.89%	12.61%	8.13%	12.10%
10	筹资总额（万元）	9,000.00	-	-	-	-
11	资金比重					
12	综合资本成本		-	-	-	-

图 3-23 泰达公司 2019 年筹资总额的计算

第三步，计算泰达公司各筹资方式的资金所占总资本比重。将单元格 B11、C11、D11、E11、F11 的格式设置为百分比，在单元格 B11 中输入公式"=B2/$B$10"，得到长期借款所占总资本比重为 11.11%。然后继续选中单元格 B11，将光标移至单元格右下角出现"+"光标，点击鼠标左键，将鼠标拖至单元格 F11，得到各筹资方式占总资本的比重，如图 3-24 所示。

B11 =B2/$B$10

	A	B	C	D	E	F
1	筹资方式	长期借款	长期债券	普通股	优先股	留存收益
2	筹资数量（万元）	1,000.00	2,000.00	3,500.00	2,000.00	500.00
3	利率	6.00%	9.00%	-	-	-
4	每股价格（元）	-	-	21.00	25.00	21.00
5	预计每股股利（元）	-	-	1.70	1.95	1.70
6	股利增长率	-	-	4.00%	-	4.00%
7	筹资费率	1.00%	2.00%	6.00%	4.00%	-
8	企业所得税税率	25.00%	25.00%	-	-	-
9	个别资本成本	4.55%	6.89%	12.61%	8.13%	12.10%
10	筹资总额（万元）	9,000.00	-	-	-	-
11	资金比重	11.11%	22.22%	38.89%	22.22%	5.56%
12	综合资本成本		-	-	-	-

图 3-24 泰达公司各筹资方式占总资本比重的计算

第四步，计算泰达公司的综合资本成本。在单元格 B12 中输入公式"=SUMPRODUCT(B9:F9,B11:F11)"，*SUMPRODUCT* 函数表示区域乘积之和，即各筹资方式的个别资本成本乘以其资金占总资本的比重之和，得到泰达公司的综合资本成本为 9.42%，如图 3-25 所示。

B12 =SUMPRODUCT(B9:F9, B11:F11)

	A	B	C	D	E	F
1	筹资方式	长期借款	长期债券	普通股	优先股	留存收益
2	筹资数量（万元）	1,000.00	2,000.00	3,500.00	2,000.00	500.00
3	利率	6.00%	9.00%	-	-	-
4	每股价格（元）	-	-	21.00	25.00	21.00
5	预计每股股利（元）	-	-	1.70	1.95	1.70
6	股利增长率	-	-	4.00%	-	4.00%
7	筹资费率	1.00%	2.00%	6.00%	4.00%	-
8	企业所得税税率	25.00%	25.00%	-	-	-
9	个别资本成本	4.55%	6.89%	12.61%	8.13%	12.10%
10	筹资总额（万元）	9,000.00	-	-	-	-
11	资金比重	11.11%	22.22%	38.89%	22.22%	5.56%
12	综合资本成本	9.42%	-	-	-	-

图 3-25 泰达公司综合资本成本的计算

四、边际资本成本的计算

边际资本成本是企业追加筹资的资本成本。企业的个别资本成本和综合资本成本是企业过去筹集的单项资本的成本和目前使用全部资本的成本。然而，企业在追加筹资时，不能仅仅考虑目前所使用资本的成本，还要考虑新筹集资金的成本，即边际资本成本。边际资本成本是企业进行追加筹资的决策依据。筹资方案组合时，边际资本成本的权数采用目标价值权数。

下面举例说明边际资本成本的计算和应用。

【例 3-11】 华东公司目前筹资总额为 1 000 万元，其中长期借款 100 万元，长期债券 200 万元，普通股 700 万元。公司考虑扩大经营规模，拟筹集新的资金。公司分析后认为目前的资本结构是最优的，希望筹集新资金后能保持目前的资本结构。经测算，随筹资额的增加，各种资本成本的变动情况见表 3-3。

例 3-11 微课

表 3-3　　华东公司筹资资料　　单位：元

资金种类	目标资本结构	新筹资的数量范围	资本成本
长期借款	10%	0～50 000 大于 50 000	6% 7%
长期债券	20%	0～140 000 大于 140 000	8% 9%
普通股	70%	0～210 000 210 001～630 000 大于 630 000	10% 11% 12%

第一步，计算筹资总额的分界点（突破点）。

根据目标资本结构和各种个别资本成本变化的分界点（突破点），计算筹资总额的分界点（突破点），计算公式为：

$$BP_j = \frac{TF_j}{W_j}$$

式中：BP_j 表示筹资总额的分界点；TF_j 表示第 j 种个别资本成本的分界点；W_j 表示目标资本结构中第 j 种资金的比重。

具体操作如下：

在单元格 E2 中输入公式“=D2/B2”，得到长期借款的筹资总额分界点为 500 000 元；同理，在单元格 E4 中输入公式“=D4/B4”，得到长期债券的筹资总额分界点为 700 000 元；在单元格 E6 中输入公式“=D6/B6”，在单元格 E7 中输入“=D7/B6”，得到普通股的筹资总额分界点分别为 300 000 元和 900 000 元，如图 3-26 所示。

在图 3-26 中，新筹资总额分界点是指引起某资金种类资本成本变化的分界点。如长期借款，筹资总额不超过 50 万元，资本成本为 6%；超过 50 万元，资本成本就要增加到 7%。

第二步，计算不同筹资方式的各筹资总额范围的个别资本成本。

根据图 3-26 的计算结果，可知有 4 个分界点、5 个筹资范围。

E2 f_x =D2/B2

	A	B	C	D	E
1	资金种类	资本结构	个别资本成本	筹资的数量范围（元）	筹资总额分界点（元）
2	长期借款	10.00%	6.00%	50,000.00	500,000.00
3			7.00%	—	—
4	长期债券	20.00%	8.00%	140,000.00	700,000.00
5			9.00%	—	—
6	普通股	70.00%	10.00%	210,000.00	300,000.00
7			11.00%	630,000.00	900,000.00
8			12.00%	—	—

图 3-26　华东公司筹资总额分界点的计算

先计算各筹资方式的资本结构，在单元格 D13、D16、D19、D22 以及 D25 中输入公式“= \$B\$2”，得到长期借款的资本结构为 10.00%；在单元格 D14、D17、D20、D23 以及 D26 中输入公式“= \$B\$4”，得到长期债券的资本结构为 20.00%；在单元格 D15、D18、D21、D24 以及 D27 中输入公式“= \$B\$6”，得到普通股的资本结构为 70.00%。

在单元格 E13 中输入公式“=IF(\$B\$13<=E2, C2, C3)”，表示“当筹资总额≤长期借款的筹资总额临界点 500 000 元”时，长期借款的个别资本成本为 6.00%，否则为 7.00%，从而得到筹资额在 0~300 000 元区间，长期借款的个别资本成本为 6.00%。同理，在单元格 E14 中输入公式“=IF(\$B\$13<=E4, C4, C5)”，得到筹资额在 0~300 000 元区间，长期债券的个别资本成本为 8.00%。在单元格 E15 中输入公式“=IF(\$B\$13<=E6, C6, IF(\$B\$13<=E7, C7, C8))”，表示“当筹资总额≤普通股的筹资总额临界点 300 000 元”时，普通股的个别资本成本为 10.00%；当“普通股的第 1 个筹资临界点 300 000 元≤筹资总额≤普通股的第 2 个筹资总额临界点 900 000 元”时，普通股的个别资本成本为 11.00%，否则为 12.00%，得到筹资额在 0~300 000 元区间，普通股的个别资本成本为 10.00%。单元格 E15 的公式是 *IF* 函数的嵌套使用。

同理，分别计算出其余在筹资总额范围下，各筹资方式的个别资本成本，如图 3-27 所示。

E13 f_x =IF(\$B\$13<=E2, C2, C3)

	A	B	C	D	E	F
12	筹资总额范围（元）	临界点（元）	资本种类	资本结构	个别资本成本	边际资本成本
13	0～300,000.00	300,000.00	长期借款	10.00%	6.00%	
14			长期债券	20.00%	8.00%	
15			普通股	70.00%	10.00%	
16	300,000.00～500,000.00	500,000.00	长期借款	10.00%	6.00%	
17			长期债券	20.00%	8.00%	
18			普通股	70.00%	11.00%	
19	500,000.00～700,000.00	700,000.00	长期借款	10.00%	7.00%	
20			长期债券	20.00%	8.00%	
21			普通股	70.00%	11.00%	
22	700,000.00～900,000.00	900,000.00	长期借款	10.00%	7.00%	
23			长期债券	20.00%	9.00%	
24			普通股	70.00%	11.00%	
25	900,000.00以上	900,001.00	长期借款	10.00%	7.00%	
26			长期债券	20.00%	9.00%	
27			普通股	70.00%	12.00%	

图 3-27　各筹资方式下不同筹资总额范围的个别资本成本的计算

第三步，计算各筹资总额范围的边际资本成本。在单元格 F13 中输入公式“=SUMPRODUCT(D13:D15, E13:E15)”，表示各筹资方式的个别资本成本乘以其资金占总资本的比重之和，得到筹资额在 0~300 000 的范围内的边际资本成本为 9.20%；同理，在单元格 F16 中输入公式“=SUMPRODUCT(D16:D18, E16:E18)”；在单元格 F19 中输入公式“=SUMPRODUCT(D19:D21, E19:E21)”；在单元格 F22 中输入公式“=SUMPRODUCT(D22:D24, E22:E24)”；在单元格 F25 中输入公式“=SUMPRODUCT(D25:D27, E25:E27)”，分别得到华东公司在其他不同筹资总额范围内的边际资本成本，如图 3-28 所示。

F13 | =SUMPRODUCT(D13:D15, E13:E15)

	A	B	C	D	E	F
12	筹资总额范围（元）	临界点（元）	资本种类	资本结构	个别资本成本	边际资本成本
13	0～300,000.00	300,000.00	长期借款	10.00%	6.00%	9.20%
14			长期债券	20.00%	8.00%	
15			普通股	70.00%	10.00%	
16	300,000.00～500,000.00	500,000.00	长期借款	10.00%	6.00%	9.90%
17			长期债券	20.00%	8.00%	
18			普通股	70.00%	11.00%	
19	500,000.00～700,000.00	700,000.00	长期借款	10.00%	7.00%	10.00%
20			长期债券	20.00%	8.00%	
21			普通股	70.00%	11.00%	
22	700,000.00～900,000.00	900,000.00	长期借款	10.00%	7.00%	10.20%
23			长期债券	20.00%	9.00%	
24			普通股	70.00%	11.00%	
25	900,000.00以上	900,001.00	长期借款	10.00%	7.00%	10.90%
26			长期债券	20.00%	9.00%	
27			普通股	70.00%	12.00%	

图 3-28　华东公司不同筹资总额范围边际资本成本的计算

本 章 训 练

1. 某公司通过长期借款方式筹资 100 万元，年利率为 10%，借款期限为 3 年，每年付息一次，到期一次性还本。该公司适用的企业所得税税率为 25%，如图 3-29 所示。

要求：计算长期借款的筹资成本。

	A	B
1	长期借款的资本成本	
2	项目	数额
3	长期借款金额（万元）	1,000,000.00
4	年利率	10.00%
5	借款期限（年）	3
6	企业所得税税率	25.00%
7	长期借款的资本成本	

图 3-29　长期借款资本成本的计算

2. 三通公司发行期限为 5 年、利率为 12%的债券一批,发行总价格为 250 万元,发行费率为 3.25%;该公司适用的企业所得税税率为 25%,如图 3-30 所示。

要求:计算该批债券的筹资成本。

	A	B
1	三通公司债券资本成本的计算	
2	项目	数额
3	债券总价格(万元)	250.00
4	期限(年)	5
5	债券利率	12.00%
6	筹集费率	3.25%
7	企业所得税税率	25.00%
8	债券的资本成本	

图 3-30 三通公司债券资本成本的计算

3. 某公司发行优先股 100 万元,筹集费率为 2%,每年向优先股股东支付 10%的固定股利,如图 3-31 所示。

要求:计算优先股筹资成本。

	A	B
1	优先股资本成本的计算	
2	项目	数额
3	优先股发行额(万元)	100.00
4	筹集费率	2.00%
5	优先股股利支付率	10.00%
6	优先股的资本成本	

图 3-31 公司优先股资本成本的计算

4. 某公司普通股的现行市价每股为 30 元,第 1 年支付的股利为每股 2 元,预计每年股利增长率为 10%,如图 3-32 所示。

要求:计算普通股筹资成本。

	A	B
1	普通股资本成本的计算	
2	项目	数额
3	普通股市价(元)	30.00
4	第1年支付的股利(元)	2.00
5	股利年增长率	10.00%
6	普通股的资本成本	

图 3-32 公司普通股资本成本的计算

5. 同济公司目前筹资总额为 100 万元,其中债券 30 万元,优先股 10 万元,普通股 40 万元,留存收益 20 万元,各种资本的成本分别为 5%、8%、12%、10%,如图 3-33 所示。

要求:计算同济公司的综合资本成本。

	A	B	C	D	E
1	同济公司加权平均成本的计算				
2	筹资方式	长期债券	优先股	普通股	留存收益
3	筹资数量（万元）	30.00	10.00	40.00	20.00
4	个别资本成本	5.00%	8.00%	12.00%	10.00%
5	筹资总额（万元）	100.00	—	—	—
6	资金比重				
7	综合资本成本		—	—	—

图 3-33　同济公司综合资本成本的计算

6. 嘉德公司取得 4 年期长期借款为 80 万元，年利率为 10%，每季度期初付息一次，到期一次性还本，如图 3-34 所示。

要求：

（1）计算嘉德公司该项长期借款的每期偿还额。

（2）计算嘉德公司该项长期借款的总还款额。

	A	B
1	嘉德公司长期借款分期偿还模型	
2	借款类型	工业贷款
3	借款金额（元）	800,000.00
4	借款利率	10.00%
5	借款年限（年）	4
6	每年还款次数（次）	3
7	总还款次数(次）	
8	每期偿还额（元）	
9	总还款额（元）	

图 3-34　Excel 分析嘉德公司长期借款分期偿还

第四章　Excel 在资本结构决策中的应用

知识导航

- Excel 在资本结构决策中的应用
  - 本量利分析
    - 成本习性、边际贡献和息税前利润
    - 边际贡献
    - 息税前利润
  - 杠杆利益与风险
    - 经营杠杆效应
    - 财务杠杆效应
    - 总杠杆效应
  - 资本结构决策
    - 资本结构的概念
    - 资本结构决策方法

本章简介

本章主要讲解利用 Excel 工具进行资本结构决策，包括运用 Excel 进行本量利分析；运用 Excel 计算财务杠杆、经营杠杆以及总杠杆；运用 Excel 进行资本结构决策。

学习目标

1. 掌握 Excel 在本量利分析中的应用。
2. 掌握 Excel 在财务杠杆、经营杠杆以及总杠杆中的应用。
3. 掌握 Excel 在资本结构决策中的应用。

第一节　本量利分析

一、成本习性、边际贡献和息税前利润

（一）成本习性

成本习性是指成本总额与特定的业务量之间在数量方面的依存关系，其目的是要反映成本与生产量、销售量等业务量之间的内在联系，分析当业务量变动时，与之相应的成本是否相应变动，最终从数量上掌握产品成本与生产能力之间的规律性关系。

业务量是指企业在一定的生产经营期内投入或完成的经营工作量的统称。有绝对量和相对量两大类，绝对量用实物量和价值量表示，相对量用百分比或比率表示。在财务管理

中,一般用绝对量表示。业务量可以是生产量、销售量,也可以是直接人工工时、机器工作小时。

成本总额是指为取得营业收入而发生的全部生产成本和销售费用、管理费用等非生产成本。

成本按习性可划分为固定成本、变动成本和混合成本三类。

1. 固定成本

固定成本是指成本总额在一定时期和一定业务量范围内,不直接受业务量变动影响的成本。固定成本一般包括固定性制造费用,如按直线法计提的固定资产折旧费、劳动保护费、办公费等;固定性销售费用,如销售人员工资、广告费等;固定性管理费用,如租赁费、管理人员的工资、财产保险费等。

固定成本的基本特征是:固定成本总额的不变性和单位固定成本的反比例变动性。固定成本总额不受业务量变动的影响,单位固定成本随着业务量的变动而发生反方向变动。

固定成本按其支出的数额是否受管理当局短期决策的影响,可进一步分为约束性固定成本和酌量性固定成本。

约束性固定成本是指管理当局的决策行动不能改变具体数额的固定成本,其特点是在短时间内不能轻易改变,具有较大程度的约束性,可在较长时间内存在和发挥作用,如固定资产折旧费、保险费、管理人员工资等。约束性固定成本是企业经营活动中必须负担的最低成本。企业要降低约束性固定成本,应合理利用现有生产经营能力,提高生产效率。

酌量性固定成本是指管理当局的决策行动能够改变其数额的固定成本,其特点是支出数额可以改变(一般随某一会计期间生产经营的实际需要与财务负担能力的变化而变化),只在某一会计期间内存在和发挥作用,例如企业的开发研究费、广告费、职工培训费等。企业要想降低酌量性固定成本,只有厉行节约,精打细算,利用编制预算进行严格控制,防止浪费。

2. 变动成本

变动成本是指成本总额在一定时期和一定业务量范围内随着业务量的变动而发生正比例变动的成本。变动成本一般包括企业生产过程中发生的直接材料、直接人工,制造费用中的产品包装费、燃料费、动力费等,按销售量多少支付的销售佣金、装运费等。

变动成本的基本特征是:单位变动成本的不变性和总额的正比例变动性。单位变动成本不受业务量变动的影响,总的变动成本随着业务量的变动而发生正比例变动。

变动成本按其支出的数额是否受管理当局短期决策的影响,可进一步分为技术性变动成本和酌量性变动成本。

技术性变动成本是指与产量有明确的技术或实物关系的变动成本,例如生产单位产品需配备的零部件等。

酌量性变动成本是指通过管理当局的决策行动可以改变的变动成本,例如按销售收入的一定比例支付的销售佣金等。

3. 混合成本

混合成本是指成本总额随着业务量的变动而变动,但不与其成正比例变动,基本特点是:有一个初始量保持固定不变,在初始量的基础上,随业务量的变动而变动。

混合成本按其与业务量的关系可分为半变动成本和半固定成本两种，如图 4-1 和图 4-2 所示。

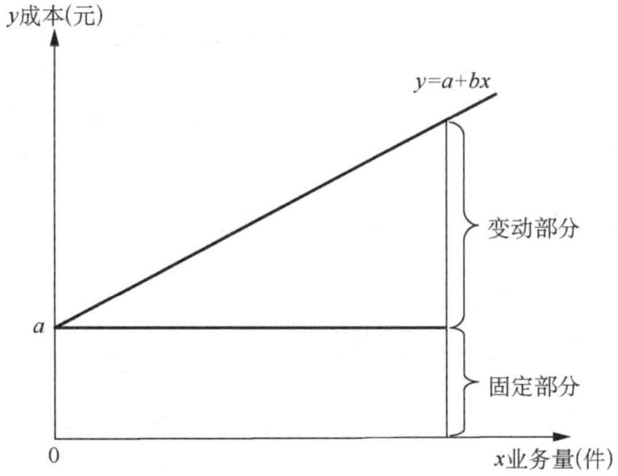

图 4-1　半变动成本

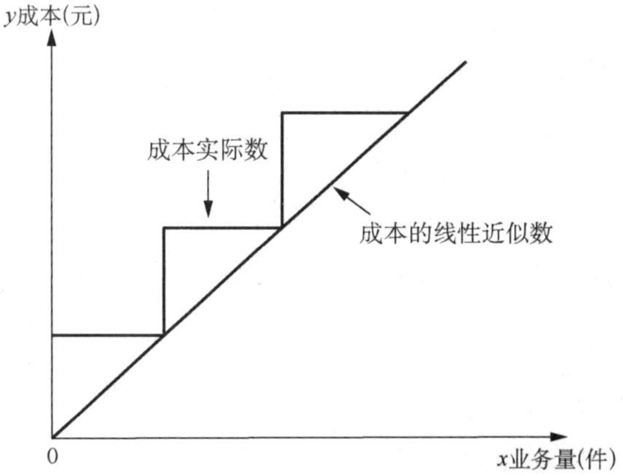

图 4-2　半固定成本

半变动成本通常有一个初始量，类似于固定成本，在这个初始量的基础上随业务量的增长而增长，又类似于变动成本，例如企业的电话费、水电费、煤气费等属于这类成本。

半固定成本是成本总额随着业务量的变动呈阶梯式的变化，即在一定的业务量范围内成本总额不随着业务量的变动而变动，当业务量超过这一范围，成本总额会跳跃式上升，在新的业务量范围内又不变，直到业务量再次突破，成本再次跳跃，如此不断循环重复，例如企业的检验员、化验员、货运员的工资。

在实际经济业务中，企业大量的费用项目属于混合成本，由于经营管理的需要，必须通过一定的方法将混合成本分解为固定成本和变动成本两部分。这也是计算边际贡献、分析杠杆效应的基本前提。

二、边际贡献

边际贡献是指销售收入总额和变动成本总额之间的差额，也称贡献毛益、边际利润，记作 Tcm，其计算公式为：

$$\begin{aligned} Tcm &= S - V = P \times Q - V_c \times Q \\ &= (P - V_c) \times Q \end{aligned}$$

式中：Tcm 为边际贡献；S 为销售收入；V 为变动成本；P 为单价；V_c 为单位变动成本；Q 为产销量。

三、息税前利润

息税前利润是指企业支付利息和缴纳企业所得税之前的利润，记作 $EBIT$，其计算公式为：

$$EBIT = S - V - F = (P - V_c) \times Q - F = Tcm - F$$

【例 4-1】 某公司只生产和销售一种产品，单价为 500 元/件，单位变动成本为 300 元/件。该公司没有负债，每月销售额为 75 万元，税后净利润为 4.8 万元，公司的所得税税率为 25%。

要求：计算公司每月的固定经营成本，每月的保本点销售量和销售额；在每月的销售量分别为 300 件、600 件、900 件、1 200 件、1 500 件、1 800 件、2 100 件、2 400 件时的边际贡献和息税前利润。

例 4-1 微课

本例题在 Excel 中操作如下：

第一步，计算公司每月的固定经营成本。在单元格 B8 中输入公式"=B4-(B5/(1-B6)+B4/B2*B3)"，如图 4-3 所示。

B8 fx =B4-(B5/(1-B6)+B4/B2*B3)

	A	B	C	D	E	F	G	H
1	已知条件		本量利分析					
2	单价（元/件）	500.00	月销售量（件）	销售收入（元）	变动成本（元）	固定成本（元）	边际贡献（元）	息税前利润（元）
3	单位变动成本（元）	300.00	300					
4	月销售额（元）	750,000.00	600					
5	净利润（元）	48,000.00	900					
6	所得税税率	25%	1200					
7	保本点计算		1500					
8	月固定成本（元）	236,000.00	1800					
9	保本点销售量（件）		2100					
10	保本点销售额（元）		2400					

图 4-3 公司每月的固定经营成本

第二步，计算公司每月的保本点销售量和销售额。在单元格 B9 中输入公式"=B8/(B2-B3)"，得到每月的保本点销售量；在单元格 B10 中输入公式"=B9*B2"，得到每月的保本点销售额，如图 4-4 所示。

B10 fx =B9*B2

	A	B	C	D	E	F	G	H
1	已知条件		本量利分析					
2	单价（元/件）	500.00	月销售量（件）	销售收入（元）	变动成本（元）	固定成本（元）	边际贡献（元）	息税前利润（元）
3	单位变动成本（元）	300.00	300					
4	月销售额（元）	750,000.00	600					
5	净利润（元）	48,000.00	900					
6	所得税税率	25%	1200					
7	保本点计算		1500					
8	月固定成本（元）	236,000.00	1800					
9	保本点销售量（件）	1180	2100					
10	保本点销售额（元）	590,000.00	2400					

图 4-4 公司每月的保本点销售量和销售额

第三步，计算各销售量下的边际贡献。在单元格 D3 中输入公式"=C3*$B$2"，将光标移至单元格 D3 的右下角，出现"+"标识，点击鼠标左键将"+"标识拖至单元格 D10；在单元格 E3 中输入公式"=C3*$B$3"，将光标移至单元格 E3 的右下角，出现"+"标识，点击鼠标左键将"+"标识拖至单元格 E10；在单元格 F3-F10 中输入数值 236 000；在单元格 G3 中输入公式"=D3-E3"，将光标移至单元格 G3 的右下角，出现"+"标识，点击鼠标左键将"+"标识拖至单元格 G10；在单元格 H3 中输入公式"=D3-E3-$B$8"，将光标移至单元格 H3 的右下角，出现"+"标识，点击鼠标左键将"+"标识拖至单元格 H10；结果如图 4-5 所示。

	A	B	C	D	E	F	G	H
1	已知条件		本量利分析					
2	单价（元/件）	500.00	月销售量（件）	销售收入（元）	变动成本（元）	固定成本（元）	边际贡献（元）	息税前利润（元）
3	单位变动成本（元）	300.00	300	150,000.00	90,000.00	236,000.00	60,000.00	-176,000.00
4	月销售额（元）	750,000.00	600	300,000.00	180,000.00	236,000.00	120,000.00	-116,000.00
5	净利润（元）	48,000.00	900	450,000.00	270,000.00	236,000.00	180,000.00	-56,000.00
6	所得税税率	25%	1200	600,000.00	360,000.00	236,000.00	240,000.00	4,000.00
7	保本点计算		1500	750,000.00	450,000.00	236,000.00	300,000.00	64,000.00
8	月固定成本（元）	236,000.00	1800	900,000.00	540,000.00	236,000.00	360,000.00	124,000.00
9	保本点销售量（件）	1180	2100	1,050,000.00	630,000.00	236,000.00	420,000.00	184,000.00
10	保本点销售额（元）	590,000.00	2400	1,200,000.00	720,000.00	236,000.00	480,000.00	244,000.00

图 4-5 公司各销售量下的边际贡献

第二节 杠杆利益与风险

一、经营杠杆效应

（一）经营杠杆原理

经营杠杆(Operating Leverage)是指由于固定性经营成本的存在，而使得企业的资产报酬(息税前利润)变动率大于业务量变动率的现象。经营杠杆反映了资产报酬的波动性，可用以评价企业的经营风险。用息税前利润($EBIT$)表示资产总报酬，公式如下：

$$EBIT = S - V - F = (P - V_c) \times Q - F$$

式中：$EBIT$ 为息税前利润；S 为销售额；V 为变动成本；F 为固定成本；Q 为产销量；P 为销售单价；V_c 为单位变动成本。

在一定的经营规模条件下，当其他条件不变时，固定成本总额是一个固定不变的数值，当产销业务量增加时，单位产品分摊的固定成本会随之下降；反之，当产销量下降时，单位产品分摊的固定成本会随之上升，这一切都会导致息税前利润以更大幅度随业务量的变动而变动，这就是经营杠杆效应。当不存在经营性固定成本时，息税前利润变动率与产销业务的变动率一致。

（二）经营杠杆的衡量

只要企业存在固定性经营成本，就存在经营杠杆效应。但不同的产销业务量，其相应杠杆效应的大小程度是不一致的。测算经营杠杆效应程度，常用指标为经营杠杆系数。经营杠杆系数(DOL)是息税前利润变动率相当于产销量变动率的倍数。它反映了经营杠杆的作用程度即产销量变动引起息税前利润变动的程度，其计算公式为：

$$DOL = \frac{\text{息税前利润变动率}}{\text{产销量变动率}} = \frac{\Delta EBIT/EBIT}{\Delta Q/Q}$$

式中：DOL 为经营杠杆系数；$\Delta EBIT$ 为息税前利润变动额；ΔQ 为产销业务量变动值。

为了便于计算，可将上式经整理变换如下：

根据 $EBIT = Q \times (P - V_c) - F$ 与 $\Delta EBIT = \Delta Q \times (P - V_c)$ 可得：

$$DOL = \frac{Q \times (P - V_c)}{Q \times (P - V_c) - F} = \frac{S - V}{S - V - F} = \frac{EBIT + F}{EBIT}$$

【例 4-2】 某企业生产 A 产品，固定成本为 100 万元，变动成本率为 60%。

要求：当销售收入分别为 300 万元、500 万元、1 000 万元时，计算经营杠杆系数分别为多少。

例 4-2 微课

本例题在 Excel 中的操作如下：

第一步，计算销售收入为 300 万元时的经营杠杆系数。在单元格 B4 中输入公式“=(B3-B3*$B$2)/(B3-B3*$B$2-$B$1)”，如图 4-6 所示。

B4 fx =(B3-B3*$B$2)/(B3-B3*$B$2-$B$1)

	A	B	C	D
1	固定成本（元）	1,000,000.00		
2	变动成本率	60%		
3	销售收入（元）	3,000,000.00	5,000,000.00	10,000,000.00
4	经营杠杆系数	6		

图 4-6 销售收入为 300 万元时的经营杠杆系数

第二步，计算销售收入为 500 万元时的经营杠杆系数。在单元格 C4 中输入公式“=(C3-C3*$B$2)/(C3-C3*$B$2-$B$1)”，如图 4-7 所示。

C4 fx =(C3-C3*$B$2)/(C3-C3*$B$2-$B$1)

	A	B	C	D
1	固定成本（元）	1,000,000.00		
2	变动成本率	60%		
3	销售收入（元）	3,000,000.00	5,000,000.00	10,000,000.00
4	经营杠杆系数	6	2	

图 4-7 销售收入为 500 万元时的经营杠杆系数

第三步，计算销售收入为 1 000 万元时的经营杠杆系数。在单元格 D4 中输入公式“=(D3-D3*$B$2)/(D3-D3*$B$2-$B$1)”，如图 4-8 所示。

D4 fx =(D3-D3*$B$2)/(D3-D3*$B$2-$B$1)

	A	B	C	D
1	固定成本（元）	1,000,000.00		
2	变动成本率	60%		
3	销售收入（元）	3,000,000.00	5,000,000.00	10,000,000.00
4	经营杠杆系数	6	2	1.33

图 4-8 销售收入为 1 000 万元时的经营杠杆系数

二、财务杠杆效应

（一）财务杠杆原理

财务杠杆是指由于债务利息、优先股股息等固定性融资成本的存在，使得企业的普通股每股收益变动率大于息税前利润变动率的现象。财务杠杆反映了股权资本报酬的波动性，用以评价企业的财务风险。用普通股收益或每股收益表示普通股权益资本报酬，本章假设不存在优先股，公式如下：

$$EAT = (EBIT - I) \times (1 - T)$$

$$EPS = \frac{(EBIT - I) \times (1 - T)}{N}$$

式中：EAT 为税后利润；EPS 为每股收益；I 为债务资本利息；T 为所得税税率；N 为普通股股数。

在其他条件不变的情况下，企业支付的债务利息、优先股股息等融资成本是相对固定的，因而当息税前利润增长时，每 1 元息税前利润所负担的固定性资本成本就会减少；当息税前利润减少时，每 1 元息税前利润所负担的固定性资本成本就会相应增加，这都会导致普通股每股收益以更大幅度随息税前利润的变动而变动，这就是财务杠杆效应。当不存在固定债务利息、优先股股息等固定性融资成本时，息税前利润就是利润总额，此时利润总额变动率与息税前利润变动率完全一致。如果企业所得税税率和普通股股数保持不变，每股收益的变动率与利润总额变动率也完全一致，进而与息税前利润变动率一致。

（二）财务杠杆的衡量

只要企业融资方式中存在固定性资本成本，就存在财务杠杆效应。固定利息、固定融资租赁费等的存在，都会产生财务杠杆效应。在同一固定的资本成本支付水平上，不同的息税前利润水平，对固定的资本成本的承受负担是不一样的，其财务杠杆效应的大小程度是不一致的。测算财务杠杆效应程度，常用指标为财务杠杆系数。财务杠杆系数（DFL）是每股收益变动率与息税前利润变动率的比值，计算公式为：

$$DFL = \frac{\text{每股收益变动率}}{\text{息税前利润变动率}} = \frac{\Delta EPS/EPS}{\Delta EBIT/EBIT}$$

为了便于计算，可将上式变化如下：

$$EPS = \frac{(EBIT - I) \times (1 - T)}{N}$$

$$\Delta EPS = \frac{\Delta EBIT \times (1 - T)}{N}$$

所以，财务杠杆系数的计算也可以简化为：

$$DFL = \frac{S - V - F}{S - V - F - I} = \frac{EBIT}{EBIT - I}$$

【例 4-3】 某公司现有普通股 200 万股，资金总额为 500 万元，负债比率为 40%，利率为 8%，当年息税前利润为 60 万元，企业所得税税率为 25%。

例 4-3 微课

要求：

(1) 计算当年的普通股每股收益。

(2) 当年的财务杠杆系数。

(3) 预计下一年度息税前利润增长 20%，则普通股每股收益增长率是多少。

(4) 预计下一年度息税前利润增长 20%，则普通股每股收益增长额是多少。

本例题在 Excel 中的操作如下：

第一步，计算当年的普通股每股收益。在单元格 B7 中输入公式“=((D2-B3*B4*B5)*

(1-D3))/B2”,如图 4-9 所示。

B7 =((D2-B3*B4*B5)*(1-D3))/B2

	A	B	C	D
1	已知条件			
2	普通股股数	2,000,000.00	息税前利润（元）	600,000.00
3	资金总额（元）	5,000,000.00	所得税税率	25%
4	负债比率	40%	预计息税前利润增长率	20%
5	负债利率	8%		
6	每股收益和财务杠杆系数的计算			
7	普通股每股收益（元/股）	0.165	普通股每股收益增长率	
8	财务杠杆系数		普通股每股收益增长额（元/股）	

图 4-9　当年的普通股每股收益

第二步,计算当年的财务杠杆系数。在单元格 B8 中输入公式“=D2/(D2-B3*B4*B5)”,如图 4-10 所示。

B8 =D2/(D2-B3*B4*B5)

	A	B	C	D
1	已知条件			
2	普通股股数	2,000,000.00	息税前利润（元）	600,000.00
3	资金总额（元）	5,000,000.00	所得税税率	25%
4	负债比率	40%	预计息税前利润增长率	20%
5	负债利率	8%		
6	每股收益和财务杠杆系数的计算			
7	普通股每股收益（元/股）	0.165	普通股每股收益增长率	
8	财务杠杆系数	1.36	普通股每股收益增长额（元/股）	

图 4-10　当年的财务杠杆系数

第三步,预计下一年度息税前利润将增长 20%,计算普通股每股收益的增长率。在单元格 D7 中输入公式“=D4*B8”,如图 4-11 所示。

D7 =D4*B8

	A	B	C	D
1	已知条件			
2	普通股股数	2,000,000.00	息税前利润（元）	600,000.00
3	资金总额（元）	5,000,000.00	所得税税率	25%
4	负债比率	40%	预计息税前利润增长率	20%
5	负债利率	8%		
6	每股收益和财务杠杆系数的计算			
7	普通股每股收益（元/股）	0.165	普通股每股收益增长率	27.27%
8	财务杠杆系数	1.36	普通股每股收益增长额（元/股）	

图 4-11　普通股每股收益的增长率

第四步,预计下一年度息税前利润将增长 20%,计算普通股每股收益的增长额。在单元格 D8 中输入公式“=B7*D7”,如图 4-12 所示。

D8 =B7*D7

	A	B	C	D
1	已知条件			
2	普通股股数	2,000,000.00	息税前利润（元）	600,000.00
3	资金总额（元）	5,000,000.00	所得税税率	25%
4	负债比率	40%	预计息税前利润增长率	20%
5	负债利率	8%		
6	每股收益和财务杠杆系数的计算			
7	普通股每股收益（元/股）	0.165	普通股每股收益增长率	27.27%
8	财务杠杆系数	1.36	普通股每股收益增长额（元/股）	0.045

图 4-12　普通股每股收益的增长额

三、总杠杆效应

(一) 总杠杆原理

总杠杆又称联合杠杆或复合杠杆,是指由于固定性经营成本和固定性融资成本的存在,导致普通股每股收益变动率大于产销业务量的变动率的现象。总杠杆反映经营杠杆和财务杠杆两者共同作用的结果。

由于固定性经营成本的存在,产生经营杠杆效应,导致产销业务量变动对息税前利润变动有放大作用;同样,由于固定性融资成本的存在,产生财务杠杆效应,导致息税前利润变动对普通股收益有放大作用。两种杠杆共同作用,将导致产销业务量的变动引起普通股每股收益更大的变动,即总杠杆效应。

(二) 总杠杆的衡量

总杠杆系数是测算总杠杆效应程度常用的指标,总杠杆系数是经营杠杆系数和财务杠杆系数的乘积,是普通股每股收益变动率相当于产销量变动率的倍数,用总杠杆系数(*DTL*)表示总杠杆效应程度。其计算公式为:

$$\text{总杠杆系数}(DTL) = \frac{\text{普通股每股收益变动率}}{\text{产销量变动率}}$$

总杠杆系数与经营杠杆系数、财务杠杆系数之间的关系可用下式表示:

$$DTL = DOL \times DFL = \frac{EBIT + F}{EBIT - I}$$

【例 4-4】 某公司 2019 年产品销量为 100 万件,2020 年产品销量为 120 万件,产品单价为 10 元/件,固定成本为 200 万元,单位变动成本为6 元/件,普通股 200 万股,利息为 50 万元,企业所得税税率为 25%。

例 4-4 微课

要求:计算其 2019 年经营杠杆系数、财务杠杆系数和总杠杆系数。

本例题在 Excel 中的操作如下:

第一步,计算 2019—2020 年的边际贡献、息税前利润、利润总额、净利润以及每股收益。在单元格 B7 中输入公式"=B2*D3";在单元格 C7 中输入公式"=B2*E3";在单元格 B8 中输入公式"=D3*(B2-B3)";在单元格 C8 中输入公式"=E3*(B2-B3)";在单元格 B9 和 C9 中输入数值"2000000";在单元格 B10 中输入公式"=B8-B9";在单元格 C10 中输入公式"=C8-C9";在单元格 B11 中输入公式"=B10-D4";在单元格 C11 中输入公式"=C10-D4";在单元格 B12 中输入公式"=B11*(1-B5)";在单元格 C12 中输入公式"=C11*(1-B5)";在单元格 B13 中输入公式"=B12/D5";在单元格 C13 中输入公式"=C12/D5",如图 4-13 所示。

第二步,计算各指标的变动率。将单元格 D7、D8、D10 至 D13 的格式设置为百分比,在单元格 D7 中输入公式"=(C7-B7)/B7",将光标移至单元格 D7 的右下角,出现"+"标识,点击鼠标左键将"+"标识拖至单元格 D13,如图 4-14 所示。

第三步,计算 2019 年经营杠杆系数、财务杠杆系数和总杠杆系数。在单元格 D14 中输入公式"=D10/D7";在单元格 D15 中输入公式"=D13/D10";在单元格 D16 中输入公式"=D13/D7",如图 4-15 所示。

	A	B	C	D	E
1	已知条件				
2	单价（元/件）	10	销售量（件）	2019年	2020年
3	单位变动成本（元/件）	6		1000000	1200000
4	固定成本（元）	2,000,000.00	利息（元）	500,000.00	—
5	所得税税率	25%	普通股股数	2000000	—
6	项目	2019年	2020年	变动率	—
7	销售收入（元）	10,000,000.00	12,000,000.00		—
8	边际贡献（元）	4,000,000.00	4,800,000.00		—
9	固定成本（元）	2,000,000.00	2,000,000.00	—	—
10	息税前利润（元）	2,000,000.00	2,800,000.00		—
11	利润总额（元）	1,500,000.00	2,300,000.00		—
12	净利润（元）	1,125,000.00	1,725,000.00		—
13	每股收益（元）	0.5625	0.8625		—
14	经营杠杆	—	—		—
15	财务杠杆	—	—		—
16	总杠杆	—	—		—

图 4-13　2019—2020 年的边际贡献、息税前利润、利润总额、净利润以及每股收益

	A	B	C	D	E
1	已知条件				
2	单价（元/件）	10	销售量（件）	2019年	2020年
3	单位变动成本（元/件）	6		1000000	1200000
4	固定成本（元）	2,000,000.00	利息（元）	500,000.00	—
5	所得税税率	25%	普通股股数	2000000	—
6	项目	2019年	2020年	变动率	—
7	销售收入（元）	10,000,000.00	12,000,000.00	20.00%	—
8	边际贡献（元）	4,000,000.00	4,800,000.00	20.00%	—
9	固定成本（元）	2,000,000.00	2,000,000.00	—	—
10	息税前利润（元）	2,000,000.00	2,800,000.00	40.00%	—
11	利润总额（元）	1,500,000.00	2,300,000.00	53.33%	—
12	净利润（元）	1,125,000.00	1,725,000.00	53.33%	—
13	每股收益（元）	0.5625	0.8625	53.33%	—
14	经营杠杆	—	—		—
15	财务杠杆	—	—		—
16	总杠杆	—	—		—

图 4-14　边际贡献、息税前利润、利润总额、净利润以及每股收益的变动率

	A	B	C	D	E
1	已知条件				
2	单价（元/件）	10	销售量（件）	2019年	2020年
3	单位变动成本（元/件）	6		1000000	1200000
4	固定成本（元）	2,000,000.00	利息（元）	500,000.00	—
5	所得税税率	25%	普通股股数	2000000	—
6	项目	2019年	2020年	变动率	—
7	销售收入（元）	10,000,000.00	12,000,000.00	20.00%	—
8	边际贡献（元）	4,000,000.00	4,800,000.00	20.00%	—
9	固定成本（元）	2,000,000.00	2,000,000.00	—	—
10	息税前利润（元）	2,000,000.00	2,800,000.00	40.00%	—
11	利润总额（元）	1,500,000.00	2,300,000.00	53.33%	—
12	净利润（元）	1,125,000.00	1,725,000.00	53.33%	—
13	每股收益（元）	0.5625	0.8625	53.33%	—
14	经营杠杆	—	—	2	—
15	财务杠杆	—	—	1.33	—
16	总杠杆	—	—	2.67	—

图 4-15　计算 2019 年经营杠杆系数、财务杠杆系数和总杠杆系数

第三节 资本结构决策

一、资本结构的概念

资本结构是指企业各种来源的资本构成及其比例关系。资本结构是企业筹资决策的核心问题。

在企业筹资管理活动中,资本结构有广义和狭义之分。广义的资本结构是指企业全部资本的构成及其比例关系,即企业全部债权资本与股权资本之间的构成及其比例关系。狭义的资本结构是指企业各种长期资本的构成及其比例关系,即长期债权资本与股权资本的构成及其比例关系。狭义的资本结构下,短期债权资本应作为营运资本来管理。本节讨论的资本结构是指狭义的资本结构。

二、资本结构决策方法

(一) 资本成本比较法

资本成本比较法是通过计算、比较各备选筹资方案不同资本结构的加权平均资本成本(综合资本成本)的高低以做出资本结构决策的方法。决策的基本原理是:加权平均资本成本越低,方案越优。决策步骤如下:

第一步,计算各备选方案的个别资本成本。

第二步,计算各备选方案的加权平均资本成本。

第三步,比较各备选方案的加权平均资本成本,选择加权平均资本成本最低的资本结构为最优资本结构。

【例 4-5】 长达公司在初创时需要的资本总额为 5 000 万元,有如下 3 个筹资组合方案可供选择,有关资料经测算见表 4-1。

例 4-5 微课

表 4-1 **长达公司初始筹资组合方案资料测算表** 单位:万元

筹资方式	方案 A		方案 B		方案 C	
	初始筹资额	资本成本	初始筹资额	资本成本	初始筹资额	资本成本
长期借款	400	6%	500	6.5%	800	7%
长期债券	1 000	7%	1 500	8%	1 200	7.5%
优先股	600	12%	1 000	12%	500	12%
普通股	3 000	15%	2 000	15%	2 500	15%
合　计	5 000	—	5 000	—	5 000	—

假定长达公司的 A、B、C 3 个筹资组合方案的财务风险相当,都是可以承受的。

要求:运用资本成本比较法进行决策,确定最佳资本结构。

本例题在 Excel 中的操作如下:

第一步,计算方案 A、方案 B 以及方案 C 的加权平均资本成本。在单元格 C8 中输入公式"=B3/B7*C3+B4/B7*C4+B5/B7*C5+B6/B7*C6";在单元格 E8 中输入公式"=D3/D7*

E3+D4/D7＊E4+D5/D7＊E5+D6/D7＊E6”；在单元格 G8 中输入公式“＝F3/F7＊G3+F4/F7＊G4+F5/F7＊G5+F6/F7＊G6”，如图 4-16 所示。

C8 fx =B3/B7*C3+B4/B7*C4+B5/B7*C5+B6/B7*C6

	A	B	C	D	E	F	G
1	筹资方式	方案A		方案B		方案C	
2		初始筹资额（元）	资本成本	初始筹资额（元）	资本成本	初始筹资额（元）	资本成本
3	长期借款	4,000,000.00	6%	5,000,000.00	6.50%	8,000,000.00	7%
4	长期债券	10,000,000.00	7%	15,000,000.00	8%	12,000,000.00	7.50%
5	优先股	6,000,000.00	12%	10,000,000.00	12%	5,000,000.00	12%
6	普通股	30,000,000.00	15%	20,000,000.00	15%	25,000,000.00	15%
7	合计	50,000,000.00	-	50,000,000.00	-	50,000,000.00	-
8	综合资本成本		12.32%		11.45%		11.62%

图 4-16　方案 A、方案 B 以及方案 C 的综合资本成本

第二步，运用资本成本比较法进行决策，确定最佳资本结构。比较 3 个方案的综合资本成本，显然方案 B 的综合资本成本最低，应选择方案 B 为最佳资本结构。

例 4-6 微课

【例 4-6】　承【例 4-5】，长达公司拟追加筹资金额为 1 000 万元，现有 2 个追加筹资方案可供选择，有关资料经测算整理后列入表 4-2。

表 4-2　长达公司计划年初的资本结构　单位：万元

筹资方式	追加筹资额	筹资方案 1 资本成本	追加筹资额	筹资方案 2 资本成本
长期借款	500	7%	600	7.5%
优先股	200	13%	200	13%
普通股	300	16%	200	16%
合　计	1 000	—	1 000	—

要求：运用资本成本比较法，选择追加筹资方案。

本例题在 Excel 中操作如下：

(1) 追加筹资方案的边际资本成本比较法。

第一步，测算追加筹资方案 1 的边际资本成本。在单元格 C5 中输入公式“＝B2/B5＊C2+B3/B5＊C3+B4/B5＊C4”，如图 4-17 所示。

C5 fx =B2/B5*C2+B3/B5*C3+B4/B5*C4

	A	B	C	D	E
1	筹资方式	追加筹资额（元）	筹资方案1资本成本	追加筹资额（元）	筹资方案2资本成本
2	长期借款	5,000,000.00	7%	6,000,000.00	7.50%
3	优先股	2,000,000.00	13%	2,000,000.00	13%
4	普通股	3,000,000.00	16%	2,000,000.00	16%
5	合计	10,000,000.00	10.9%	10,000,000.00	

图 4-17　追加筹资方案 1 的边际资本成本

第二步，测算追加筹资方案 2 的边际资本成本。在单元格 E5 中输入公式“＝D2/D5＊E2+D3/D5＊E3+D4/D5＊E4”，如图 4-18 所示。

E5 fx =D2/D5*E2+D3/D5*E3+D4/D5*E4

	A	B	C	D	E
1	筹资方式	追加筹资额（元）	筹资方案1资本成本	追加筹资额（元）	筹资方案2资本成本
2	长期借款	5,000,000.00	7%	6,000,000.00	7.50%
3	优先股	2,000,000.00	13%	2,000,000.00	13%
4	普通股	3,000,000.00	16%	2,000,000.00	16%
5	合计	10,000,000.00	10.9%	10,000,000.00	10.3%

图 4-18　追加筹资方案 2 的边际资本成本

第三步，比较两个追加筹资方案。方案 2 的边际资本成本为 10.3%，低于方案 1 的边际资本成本。因此，在适度财务风险的情况下，方案 2 优于方案 1，应选追加筹资方案 2，由此形成长达公司新的资本结构。

(2) 备选追加筹资方案与原有资本结构汇总后的综合资本成本比较法。

第一步，汇总追加筹资方案和原有资本结构，形成备选追加筹资后的资本结构，如图 4-19 所示。

	A	B	C	D	E	F	G
8	筹资方式	原有资本结构（元）	资本成本	追加筹资额（元）	筹资方案1资本成本	追加筹资额（元）	筹资方案2资本成本
9	长期借款	5,000,000.00	6.50%	5,000,000.00	7%	6,000,000.00	7.50%
10	长期债券	15,000,000.00	8%				
11	优先股	10,000,000.00	12%	2,000,000.00	13%	2,000,000.00	13%
12	普通股	20,000,000.00	15%	3,000,000.00	16%	2,000,000.00	16%
13	合计	50,000,000.00	—	10,000,000.00		10,000,000.00	

图 4-19　汇总追加筹资方案和原有资本结构，形成备选追加筹资后的资本结构

第二步，测算追加筹资方案 1 与原资本结构汇总后的综合资本成本。在单元格 E13 中输入公式“=B9/(B13+D13)*C9+D9/(B13+D13)*E9+B10/(B13+D13)*C10+B11/(B13+D13)*C11+D11/(B13+D13)*E11+(B12+D12)/(B13+D13)*E12”，如图 4-20。

	A	B	C	D	E	F	G
8	筹资方式	原有资本结构（元）	资本成本	追加筹资额（元）	筹资方案1资本成本	追加筹资额（元）	筹资方案2资本成本
9	长期借款	5,000,000.00	6.50%	5,000,000.00	7%	6,000,000.00	7.50%
10	长期债券	15,000,000.00	8%				
11	优先股	10,000,000.00	12%	2,000,000.00	13%	2,000,000.00	13%
12	普通股	20,000,000.00	15%	3,000,000.00	16%	2,000,000.00	16%
13	合计	50,000,000.00	—	10,000,000.00	11.69%	10,000,000.00	

图 4-20　追加筹资方案 1 和原有资本结构汇总后的资本成本

第三步，测算追加筹资方案 2 与原资本结构汇总后的综合资本成本。在单元格 G13 中输入公式“=B9/(B13+F13)*C9+F9/(B13+F13)*G9+B10/(B13+F13)*C10+B11/(B13+F13)*C11+F11/(B13+F13)*G11+(B12+F12)/(B13+F13)*G12”，如图 4-21 所示。

	A	B	C	D	E	F	G
8	筹资方式	原有资本结构（元）	资本成本	追加筹资额（元）	筹资方案1资本成本	追加筹资额（元）	筹资方案2资本成本
9	长期借款	5,000,000.00	6.50%	5,000,000.00	7%	6,000,000.00	7.50%
10	长期债券	15,000,000.00	8%				
11	优先股	10,000,000.00	12%	2,000,000.00	13%	2,000,000.00	13%
12	普通股	20,000,000.00	15%	3,000,000.00	16%	2,000,000.00	16%
13	合计	50,000,000.00	—	10,000,000.00	11.69%	10,000,000.00	11.59%

图 4-21　追加筹资方案 2 和原有资本结构汇总后的资本成本

由以上计算结果可知，根据股票的同股同利原则，原有普通股应按新发行股票的资本成本计算，即全部股票按新发行股票的资本成本计算其综合资本成本。

第四步，比较两个追加筹资方案与原资本结构汇总后的综合资本成本。方案2与原资本结构汇总后的综合资本成本为11.59%，低于方案1与原资本结构汇总后的综合资本成本为11.69%。因此，在适度财务风险的前提下，追加筹资方案2优于方案1，由此形成长达公司新的资本结构。

由此可见，长达公司在追加筹资后，虽然改变了资本结构，但经过分析测算，做出正确的筹资决策，公司仍可保持资本结构的最优化。

（二）每股收益分析法

1. 每股收益无差别点法的决策原理

实务中，企业常常选用可以提高普通股每股收益的方法来制定合理资本结构。在资本结构管理中，利用债务资本的目的之一，就在于债务资本能够提供财务杠杆效应，利用负债筹资的财务杠杆作用来增加股东财富。

每股收益受到经营利润水平、债务资本以及成本水平等因素的影响，分析每股收益与资本结构的关系，可以找到每股收益无差别点。每股收益无差别点是指不同筹资方式下每股收益都相等时的息税前利润和业务量水平。根据每股收益无差别点，可以分析判断在什么样的息税前利润水平或产销业务量水平前提下，适于采用何种筹资组合方式，进而确定企业的资本结构，决策的基本原理如下：

（1）当实际或预计息税前利润大于每股收益无差别点的息税前利润时，运用债务资本筹资方式可获得较高的每股收益。

（2）当实际或预计息税前利润小于每股收益无差别点的息税前利润时，运用权益资本筹资方式可获得较高的每股收益。

（3）当实际或预计息税前利润等于每股收益无差别点的息税前利润时，运用债务资本或权益资本筹资方式获得的每股收益一致时，选择两种方式均可。

2. 每股收益无差别点法的决策步骤

第一步，列出不同筹资方案下每股收益的计算公式：

$$EPS = \frac{(EBIT - I) \times (1 - T) - D}{N}$$

式中：EPS表示每股收益；$EBIT$表示息税前利润；I表示债务利息；D表示优先股股利；T表示企业所得税税率；N表示普通股股数。

第二步，令两个筹资方案的每股收益相等，式中息税前利润设为未知数，其计算公式为：

$$\frac{(\overline{EBIT} - I_1) \times (1 - T) - D_1}{N_1} = \frac{(\overline{EBIT} - I_2) \times (1 - T) - D_2}{N_2}$$

式中：$\overline{EBIT}$表示每股收益无差别点息税前利润；I_1和I_2表示两个筹资方案下的利息；D_1和D_2表示两个筹资方案下的优先股股利；N_1和N_2表示两个筹资方案下的普通股股数。

解出上式中的息税前利润，即为每股收益无差别点的息税前利润。

第三步,比较实际或预计 *EBIT* 与 $\overline{EBIT}$ 的大小,做出筹资方案的选择。

【例 4-7】 光华公司目前筹资总额为 1 000 万元,其中债务筹资额为 400 万元(年利息 40 万元);普通股筹资额为 600 万元(600 万股)。企业有一个较好的新投资项目,需要追加筹资 300 万元,有两种筹资方案可供选择。

例 4-7 微课

甲方案:向银行取得长期借款 300 万元,年利息率为 16%。

乙方案:增发普通股 100 万股,每股发行价为 3 元。

根据财务人员测算,追加筹资后销售额可望达到 1 200 万元,变动成本率 60%,固定成本为 200 万元,企业所得税税率为 25%,不考虑筹资费用因素。

要求:运用每股收益法选择合适的筹资方案。

本例题在 Excel 中的操作如下:

第一步,确定目标函数。在单元格 B6 中输入公式"=(B7-D2-F3*H3)*(1-B5)/D3-(B7-D2)*(1-B5)/(D3+F5)",如图 4-22 所示。

B6 fx =(B7-D2-F3*H3)*(1-B5)/D3-(B7-D2)*(1-B5)/(D3+F5)

	A	B	C	D	E	F	G	H
1		现有资本结构				追加筹资方案		
2	债务资本(元)	4,000,000.00	年利息(元)	400,000.00		甲方案		
3	股东权益(元)	6,000,000.00	普通股股数(股)	6000000	长期借款(元)	3,000,000.00	年利率	16%
4	现有资本(元)	10,000,000.00				乙方案		
5	所得税税率	25%			增发普通股股数	1000000	发行价格(元/股)	3.00
6	目标函数:方案A-方案B	-0.067142857						
7	无差别点的息税前利润(元)							
8	预计息税前利润(元)							
9	选择筹资方案							

图 4-22 目标函数

第二步,计算无差别点的息税前利润。选中单元格 \$B\$6,然后选择"单变量求解",在对话框中的目标值中输入"0",可变单元格中输入 \$B\$7,最后单击确定,如图 4-23 和图 4-24 所示。

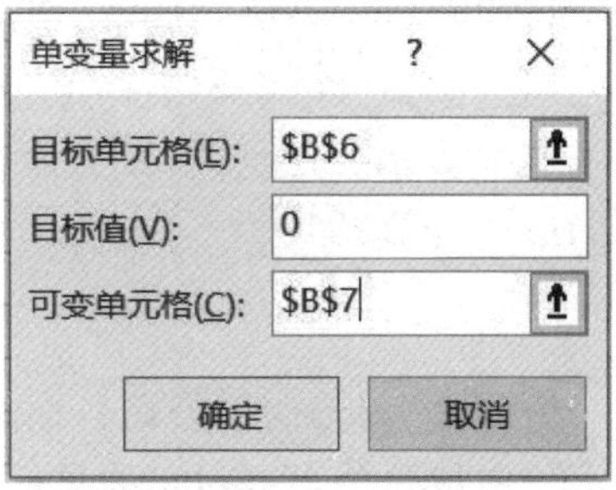

图 4-23 "单变量求解"对话框

第三步,计算预计息税前利润。在单元格 B8 中输入公式"=12000000*(1-60%)-2000000",如图 4-25 所示。

第四步,选择筹资方案。在单元格 B9 中输入公式"=IF(B8<B7,"乙方案","甲方案")",通过计算最终选择乙方案为最优方案,如图 4-26 所示。

	A	B	C	D	E	F	G	H
1		现有资本结构				追加筹资方案		
2	债务资本(元)	4,000,000.00	年利息(元)	400,000.00		甲方案		
3	股东权益(元)	6,000,000.00	普通股股数(股)	6000000	长期借款(元)	3,000,000.00	年利率	16%
4	现有资本	10,000,000.00				乙方案		
5	所得税税率	25%			增发普通股股数	1000000	发行价格(元/股)	3.00
6	目标函数:方案A-方案B	0						
7	无差别点的息税前利润(元)	3,760,000.00						
8	预计息税前利润(元)							
9	选择筹资方案							

图 4-24 无差别点的息税前利润

B8 f_x =12000000*(1-60%)-2000000

	A	B	C	D	E	F	G	H
1	现有资本结构				追加筹资方案			
2	债务资本（元）	4,000,000.00	年利息（元）	400,000.00	甲方案			
3	股东权益（元）	6,000,000.00	普通股股数（股）	6000000	长期借款（元）	3,000,000.00	年利率	16%
4	现有资本	10,000,000.00			乙方案			
5	所得税税率	25%			增发普通股股数	1000000	发行价格（元/股）	3.00
6	目标函数：方案A-方案B	0						
7	无差别点的息税前利润（元）	3,760,000.00						
8	预计息税前利润（元）	2,800,000.00						
9	选择筹资方案							

图 4-25　预计息税前利润

B9 f_x =IF(B8<B7,"乙方案","甲方案")

	A	B	C	D	E	F	G	H
1	现有资本结构				追加筹资方案			
2	债务资本（元）	4,000,000.00	年利息（元）	400,000.00	甲方案			
3	股东权益（元）	6,000,000.00	普通股股数（股）	6000000	长期借款（元）	3,000,000.00	年利率	16%
4	现有资本	10,000,000.00			乙方案			
5	所得税税率	25%			增发普通股股数	1000000	发行价格（元/股）	3.00
6	目标函数：方案A-方案B	0						
7	无差别点的息税前利润（元）	3,760,000.00						
8	预计息税前利润（元）	2,800,000.00						
9	选择筹资方案	乙方案						

图 4-26　选择筹资方案

（三）公司价值分析法

1. 公司价值比较法的决策原理

以上两种方法都是从账面价值的角度进行资本结构优化分析，没有考虑市场反应，也没有考虑风险因素。公司价值比较法是在考虑市场风险的基础上，以公司市场价值为标准，完成资本结构的优化。能够提升公司价值的资本结构，就是合理的资本结构。这种方法主要用于对现有资本结构的调整，适用于资本规模较大的上市公司的资本结构优化分析。同时，在公司价值最大的资本结构下，公司的加权平均资本成本也是最低的。

若 V 表示公司价值，B 表示债务资本价值，S 表示权益资本价值。公司价值应该等于资本的市场价值，即：

$$V = B + S$$

为简化分析，假设公司各期的 EBIT 保持不变，债务资本的市场价值等于债券面值，权益资本的市场价值可通过下式计算：

$$S = \frac{(EBIT - I)(1 - T)}{K_s}$$

$$K_s = R_f + \beta(R_m - R_f)$$

$$K_w = K_b \times \frac{B}{V} \times (1 - T) + K_s \times \frac{S}{V}$$

式中：V 表示公司总价值，即公司总的折现价值；B 表示长期债务的折现价值；S 表示公司股票的折现价值；K_s 表示公司股票的资本成本；K_b 表示公司债务的资本成本；K_w 表示公司的综合资本成本。

2. 公司价值比较法的决策步骤

第一步，利用资本资产定价模型测算公司股票的资本成本 K_s。

第二步，测算在不同债务规模下的公司价值和公司资本成本 K_w 。

第三步，比较不同债务规模下的公司价值和公司资本成本 K_w 的大小，做出筹资方案的选择。

【例 4-8】 某公司息税前利润为 500 万元，资本总额账面价值 2 000 万元。目前全部资本均为普通股资本，无长期债务资本和优先股资本。公司认为这种资本结构不合理，没有发挥财务杠杆的作用，准备举借长期债务回购部分普通股予以调整。假设无风险报酬率为 6%，证券市场平均报酬率为 10%，企业所得税税率为 25%。经测算，不同债务水平下债务资本成本见表 4-3。

例 4-8 微课

表 4-3　　不同债务水平下的债务资本成本　　单位：万元

债务市场价值 B	债务资本成本 K_b	股票 β 系数
0	—	1.20
200	5%	1.22
400	6%	1.25
600	7%	1.30
800	8%	1.80
1 000	9%	2.10

要求：该公司举借长期债务回购普通股，调整规模是多少为最佳决策？

本例题在 Excel 中操作如下：

第一步，计算不同债务水平下的权益资本成本。根据资本资产定价模型，在单元格 D2 中输入公式"=6%+C2*(10%-6%)"，将光标移至单元格 D2 的右下角，出现"+"标识，点击鼠标左键将"+"标识拖至单元格 D7，如图 4-27 所示。

D2　fx　=6%+C2*(10%-6%)

	A	B	C	D	E	F	G
1	债务市场价值B	税前债务资本成本率K_b	股票β系数	权益资本成本率K_S	股票价值S	公司价值V	综合资本成本K_w
2	0.00	0%	1.20	10.80%			
3	2,000,000.00	5%	1.22	10.88%			
4	4,000,000.00	6%	1.25	11.00%			
5	6,000,000.00	7%	1.30	11.20%			
6	8,000,000.00	8%	1.80	13.20%			
7	10,000,000.00	9%	2.10	14.40%			

图 4-27　不同债务水平下的权益资本成本

第二步，计算不同债务水平下的公司股票价值。在单元格 E2 中输入公式"=(5000000-A2*B2)*(1-25%)/D2"，将光标移至单元格 E2 的右下角，出现"+"标识，点击鼠标左键将"+"标识拖至单元格 E7，如图 4-28 所示。

E2　fx　=(5000000-A2*B2)*(1-25%)/D2

	A	B	C	D	E	F	G
1	债务市场价值B	税前债务资本成本率K_b	股票β系数	权益资本成本率K_S	股票价值S	公司价值V	综合资本成本K_w
2	0.00	0%	1.20	10.80%	34,722,222.22		
3	2,000,000.00	5%	1.22	10.88%	33,777,573.53		
4	4,000,000.00	6%	1.25	11.00%	32,454,545.45		
5	6,000,000.00	7%	1.30	11.20%	30,669,642.86		
6	8,000,000.00	8%	1.80	13.20%	24,772,727.27		
7	10,000,000.00	9%	2.10	14.40%	21,354,166.67		

图 4-28　不同债务水平下的公司股票价值

第三步，计算不同债务水平下的公司总的折现价值。在单元格 F2 中输入公式“=A2+E2”，将光标移至单元格 F2 的右下角，出现“+”标识，点击鼠标左键将“+”标识拖至单元格 F7，如图 4-29 所示。

F2 =A2+E2

	A	B	C	D	E	F	G
1	债务市场价值B	税前债务资本成本率K_b	股票β系数	权益资本成本率K_S	股票价值S	公司价值V	综合资本成本K_w
2	0.00	0%	1.20	10.80%	34,722,222.22	34,722,222.22	
3	2,000,000.00	5%	1.22	10.88%	33,777,573.53	35,777,573.53	
4	4,000,000.00	6%	1.25	11.00%	32,454,545.45	36,454,545.45	
5	6,000,000.00	7%	1.30	11.20%	30,669,642.86	36,669,642.86	
6	8,000,000.00	8%	1.80	13.20%	24,772,727.27	32,772,727.27	
7	10,000,000.00	9%	2.10	14.40%	21,354,166.67	31,354,166.67	

图 4-29　不同债务水平下的公司总的折现价值

第四步，计算不同债务水平下的综合资本成本。在单元格 G2 中输入公式“=B2 * A2/F2 * (1-25%) +D2 * E2/F2”，将光标移至单元格 G2 的右下角，出现“+”标识，点击鼠标左键将“+”标识拖至单元格 G7，如图 4-30 所示。

G2 =B2*A2/F2*(1-25%)+D2*E2/F2

	A	B	C	D	E	F	G
1	债务市场价值B	税前债务资本成本率K_b	股票β系数	权益资本成本率K_S	股票价值S	公司价值V	综合资本成本K_w
2	0.00	0%	1.20	10.80%	34,722,222.22	34,722,222.22	10.80%
3	2,000,000.00	5%	1.22	10.88%	33,777,573.53	35,777,573.53	10.48%
4	4,000,000.00	6%	1.25	11.00%	32,454,545.45	36,454,545.45	10.29%
5	6,000,000.00	7%	1.30	11.20%	30,669,642.86	36,669,642.86	10.23%
6	8,000,000.00	8%	1.80	13.20%	24,772,727.27	32,772,727.27	11.44%
7	10,000,000.00	9%	2.10	14.40%	21,354,166.67	31,354,166.67	11.96%

图 4-30　不同债务水平下的综合资本成本

可以看出，在没有债务资本的情况下，公司的总价值等于股票的账面价值。当公司增加一部分债务时，财务杠杆开始发挥作用，股票市场价值大于其账面价值，公司总价值上升，综合资本成本下降。在债务达到 600 万元时，公司总价值最高，综合资本成本最低。债务超过 600 万元后，随着利息率的不断上升，财务杠杆作用逐步减弱甚至呈现负作用，公司总价值下降，综合资本成本上升。因此，该公司应举借债务为 600 万元回购普通股，此时的资本结构是该公司的最佳资本结构。

本 章 训 练

1. 华盛公司现有普通股 200 万股，资金总额为 500 万元，负债比率为 40%，负债利率为 8%，优先股年股息为 4 万元，当年息税前利润为 60 万元，企业所得税税率为 25%，如图 4-31 所示。

要求：

（1）计算当年的普通股每股收益。

	A	B	C	D
1	普通股股数	2000000	优先股年股息（元）	40,000.00
2	资金总额（元）	5,000,000.00	息税前利润（元）	600,000.00
3	负债比率	40%	所得税税率	25%
4	负债利率	8%	预计息税前利润增长率	20%
5	每股收益和财务杠杆系数的计算			
6	普通股每股收益（元）		普通每股收益增长率	
7	财务杠杆系数		普通每股收益增长额（元）	

图 4-31　每股收益和财务杠杆系数的计算

（2）计算当年的财务杠杆系数。

（3）预计下一年度息税前利润增长 20%，计算普通股每股收益的增长率。

（4）预计下一年度息税前利润增长 20%，计算普通股每股收益增长额。

2. 兴达公司初创时需要资金 1 000 万元，有 3 个备选筹资方案，有关资料如图 4-32 所示。

要求：选择最佳筹资方案。

	A	B	C	D	E	F	G	H	I	J
1	筹资方式	方案A			方案B			方案C		
2		筹资额（元）	比重	资本成本	筹资额（元）	比重	资本成本	筹资额（元）	比重	资本成本
3	长期借款	2,000,000.00		6%	3,000,000.00		6.5%	4,000,000.00		7%
4	长期债券	2,000,000.00		7%	1,000,000.00		7%	0.00		0
5	优先股	2,000,000.00		15%	1,000,000.00		15%	2,000,000.00		15%
6	普通股	4,000,000.00		12%	5,000,000.00		12%	4,000,000.00		12%
7	合计									

图 4-32　三个筹资方案的相关资料

3. 宏图公司目前筹措资金 2 000 万元，其中：长期借款 800 万元，年利率 10%；普通股 1 200 万元。上年支付的每股股利为 2 元，预计股利增长率为 5%，发行价格为 20 元，目前股票价格也为 20 元，如图 4-33 所示。该公司计划新筹集资金 100 万元，企业所得税税率为 25%，现有两种筹资方案可供选择：

方案 1：增加长期借款 100 万元，借款利率上升到 12%，假设公司其他条件不变。

方案 2：增发普通股 40 000 股，普通股市价增加到每股 25 元。

	A	B	C	D
1	现有资本结构		追加筹资方案	
2	普通股	12,000,000.00	追加筹资方案1	
3	上年每股股利（元）	2	增加长期借款（元）	1,000,000.00
4	预计股利增长率	5%	增加长期借款的利率	12%
5	普通股票价格（元/股）	20	追加筹资方案2	
6	长期借款（元）	8,000,000.00	增发普通股股数	40000
7	利率	10%	增发普通股的价格（元/股）	25
8	所得税税率	25%		
9	普通股资本成本			
10	公司筹资前加权平均资本成本			
11	追加筹资方案1和原有资本结构汇总后的资本成本			
12	追加筹资方案2和原有资本结构汇总后的资本成本			

图 4-33　追加筹资方案的比较

要求：

（1）根据以上资料计算该公司筹资前加权平均资本成本。

（2）用比较资本成本法确定该公司最佳的资本结构（不能单纯比较追加方案的成本大小，要结合原方案综合考虑）。

4. 润达公司现有资本 800 万元，其中，债务 200 万元，股东权益 600 万元。公司准备实施一项投资计划，为此需要追加筹资 200 万元，现有 A、B 两个备选筹资方案，有关资料如图 4-34 所示。公司适用的企业所得税税率为 25%。

要求：

（1）若投资计划实施后预计的息税前利润分别为 40 万元、60 万元、80 万元、100 万元、120 万元、140 万元、160 万元时，计算两筹资方案的普通股每股收益。

（2）若投资计划实施后预计的息税前利润分别为 40 万元、60 万元、80 万元、100 万元、120 万元、140 万元、160 万元时，计算两筹资方案的普通股每股收益无差别点。

（3）根据（1）绘制普通股每股收益与息税前利润之间的关系图，并做出决策。

	A	B	C	D	E	F	G	H
1	现有资本结构				追加筹资方案			
2	股东权益（元）	6,000,000.00	普通股股数	600000	方案A			
3	负债（元）	2,000,000.00	负债利率	8%	股票筹资额（元）	2,000,000.00	新增股数	200000
4	现有资本（元）	8,000,000.00			方案B			
5	所得税税率	25%			债务筹资额（元）	2,000,000.00	新增利率	10%
6	预计息税前利润（元）	400,000.00	600,000.00	800,000.00	1,000,000.00	1,200,000.00	1,400,000.00	1,600,000.00
7	方案A每股收益（元）							
8	方案B每股收益(元)							
9	最佳筹资方案							
10	目标函数：方案A-方案B							
11	无差别点息税前利润（元）							
12	无差别点每股收益（元）							

图 4-34　追加筹资方案的比较

第五章 Excel 在证券投资管理中的应用

知识导航

- Excel 在证券投资管理中的应用
  - 债券投资
    - 债券投资概述
    - 债券的估价
  - 股票投资
    - 股票投资概述
    - 股票估价
  - 证券投资组合
    - 证券投资组合的目的
    - 证券投资组合的风险与收益率
    - 证券投资组合的策略

本章简介

本章主要讲解运用 Excel 工具测算一般情况下债券的估价;运用 Excel 测算还本付息不计复利情况下债券的估价;运用 Excel 测算折价发行时债券的估价;运用 Excel 测算股利固定时的股票估价;运用 Excel 测算股利以固定增长率增长情况下的股票估价;运用 Excel 计算证券组合的风险与收益率。

学习目标

1. 掌握 Excel 在一般情况下债券估价中的应用。
2. 掌握 Excel 在期末一次还本付息且不计复利时债券估价中的应用。
3. 掌握 Excel 在折价发行时债券估价中的应用。
4. 掌握 Excel 在各种情况下股票估价中的应用。
5. 掌握 Excel 在证券组合风险与收益率中的应用。

第一节 债券投资

一、债券投资概述

债券投资是指企业通过证券市场购买各种债券(如国债、金融债券、公司债券及短期融资券等)进行的投资。

(一) 债券投资的要素

1. 市场利率

市场利率又称为贴现率,是影响债券发行价格的最主要因素。

2. 债券面值

债券面值是指设定的债券票面金额,代表发行人借入并且承诺于未来某一特定日期偿付给债券持有人的金额。

3. 债券的票面利率

债券的票面利率是指债券发行者预计 1 年内向投资者支付的利息占票面金额的比率。

4. 偿债的到期日

偿债的到期日是指偿还债券本金的日期。债券一般都规定到期日,以约定到期时归还本金。

二、债券的估价

企业进行债券投资,必须知道债券价格的计算方法,现介绍几个最常见的估价方式。

(一) 一般情况下的债券估价

一般情况下的债券估价是指按复利方式计算债券各期利息的现值及债券到期收回本金的现值,以此来确定债券价格的估价方式,计算公式为:

$$V = \sum_{t=1}^{n} \frac{I}{(1+i)^t} + \frac{M}{(1+i)^n}$$
$$= I \times PVIFA_{i,\,n} + M \times PVIF_{i,\,n}$$

式中:V 为债券价值;M 为债券面值;I 为每年利息;i 为市场利率或投资人要求的必要报酬率。

【例 5-1】 某债券面值为 1 000 元,票面利率为 10%,期限为 5 年,某企业要对这种债券进行投资,要求必须获得 12%的报酬率,如图 5-1 所示。

例 5-1 微课

	A	B
1	一般情况下的债券估价模型	
2	债券面值(元)	1,000.00
3	票面利率	10.00%
4	期限(年)	5
5	市场利率	12.00%
6	债券价格(元)	

图 5-1 一般情况下的债券估价

要求:计算债券价格为多少时才能符合企业投资要求?

Excel 具体操作步骤:

一般情况下的债券估价用到 *PV* 函数,其表达式为 *PV*(*rate*, *nper*, *pmt*, *fv*, *type*)。*rate* 表示利率,*nper* 表示期限,*pmt* 表示每期等额支付的金额,*fv* 表示未来值,*type* 是可选参数 0 或 1,0 表示期末,1 表示期初。如果希望计算结果为正数,参数 *pmt* 与 *fv* 应该用负数表示。

因此,在单元格 B6 中输入公式"=PV(B5, B4, -B2*B3, -B2, 0)",公式中 B5 表示市

场利率为 12%，B4 表示期限为 5 年，“-B2＊B3”是每期的债券利息金额，“-B2”表示到期后债券支付的面值，0 表示期末支付。输入公式后得到该债券的价格为 927.90 元，如图 5-2 所示。

B6 fx =PV(B5, B4, -B2*B3, -B2, 0)

	A	B
1	一般情况下的债券估价模型	
2	债券面值（元）	1,000.00
3	票面利率	10.00%
4	期限（年）	5
5	市场利率	12.00%
6	债券价格（元）	927.90

图 5-2 一般情况下债券价格的计算

该债券的价格必须低于 927.90 元时，才符合企业的投资要求，否则得不到 12%的报酬率。

【例 5-2】 某公司发行两种期限不同的债券：甲债券的期限为 5 年，乙债券的期限为 10 年。两种债券的面值均为 1 000 元，票面利率均为 8.5%，年末付息 1 次，到期一次性还本。在市场利率分别为 4%、7%、9%、12%和 14%的情况下进行计算，如图 5-3 所示。

例 5-2 微课

	A	B	C	D	E	F
1	债券资料					
2	项目	甲债券	乙债券			
3	债券面值（元）	1,000.00	1,000.00			
4	票面利率	8.50%	8.50%			
5	期限（年）	5	10			
6						
7	债券价格的计算					
8	市场利率	4%	7%	9%	12%	14%
9	甲债券的价格（元）					
10	乙债券的价格（元）					

图 5-3 甲、乙债券的相关资料

要求：

(1) 计算甲、乙两种债券的销售价格。

(2) 插入图表，显示甲、乙两种债券的价格与市场利率之间的关系。

Excel 具体操作步骤如下：

第一步，计算在不同利率水平下甲债券的价格。在单元格 B9 中输入公式“=PV(B8, \$B\$5, -\$B\$3*\$B\$4, -\$B\$3, 0)”，公式中 B8 表示市场利率为 4%，B5 表示期限为 5 年，“-\$B\$3＊\$B\$4”为每期的债券利息额，“-\$B\$3”表示到期后债券支付的面值，0 表示期末支付。输入公式后得到当市场利率为 4%时，甲债券的价格为 1 200.33 元。然后将单元格 B9 的公式复制到 C9 至 F9，得到不同市场利率水平下甲债券的价格，如图 5-4 所示。

第二步，计算在不同利率水平下乙债券的价格。在单元格 B10 中输入公式“=PV(B8, \$C\$5, -\$C\$3＊\$C\$4, -\$C\$3, 0)”，公式中 B8 表示市场利率为 4%，“\$C\$5”表示期限为 5 年，“-\$C\$3*\$C\$4”为每期的债券利息额，“-\$C\$3”表示到期后债券支付的面值，0 表示期末支付。输入公式后得到当市场利率为 4%时，乙债券的价格为 1 364.99 元。然后将单元格 B10 的公式复制到 C10 至 F10，得到不同市场利率水平下乙债券的价格，如图 5-5 所示。

B9 　 f_x =PV(B8, $B$5, -$B$3*$B$4, -$B$3, 0)

	A	B	C	D	E	F
1	债券资料					
2	项目	甲债券	乙债券			
3	债券面值（元）	1,000.00	1,000.00			
4	票面利率	8.50%	8.50%			
5	期限（年）	5	10			
6						
7	债券价格的计算					
8	市场利率	4%	7%	9%	12%	14%
9	甲债券的价格（元）	1,200.33	1,061.50	980.55	873.83	811.18
10	乙债券的价格（元）					

图 5-4　不同利率水平下甲债券的价格

B10 　 f_x =PV(B8, $C$5, -$C$3*$C$4, -$C$3, 0)

	A	B	C	D	E	F
1	债券资料					
2	项目	甲债券	乙债券			
3	债券面值（元）	1,000.00	1,000.00			
4	票面利率	8.50%	8.50%			
5	期限（年）	5	10			
6						
7	债券价格的计算					
8	市场利率	4%	7%	9%	12%	14%
9	甲债券的价格（元）	1,200.33	1,061.50	980.55	873.83	811.18
10	乙债券的价格（元）	1,364.99	1,105.35	967.91	802.24	713.11

图 5-5　不同利率水平下乙债券的价格

第三步，插入图表，显示甲、乙两种债券的价格与市场利率之间的关系。选中单元格区域“A8:F10”，单击功能区“插入”选项卡中“散点图”下的小箭头，然后点击“所有图表类型”，弹出“更改图标类型”对话框，如图 5-6 所示，选择“XY 散点图”的“带平滑线和数据标记的散点图”，点击确定按钮，得到甲、乙两种债券的价格与市场利率之间的关系图，如图 5-7 所示。

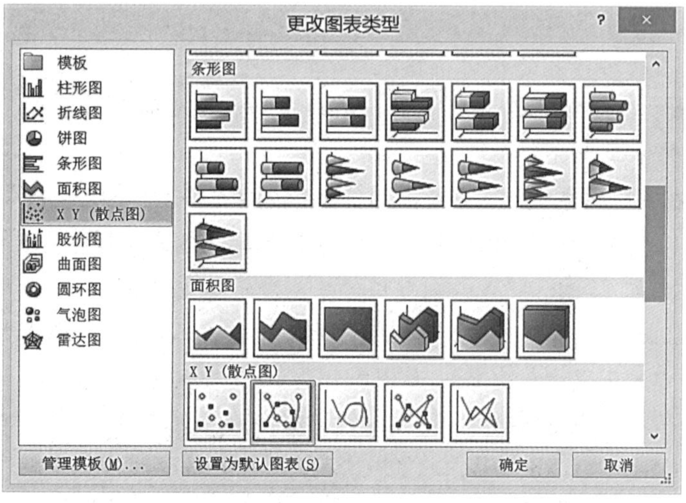

图 5-6　“更改图标类型”对话框

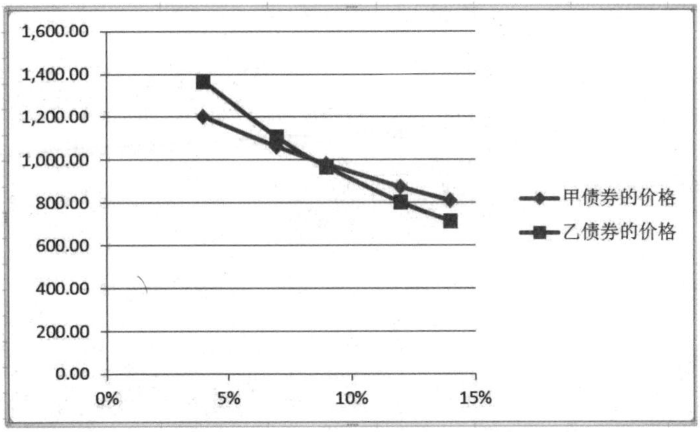

图 5-7　甲、乙两种债券的价格与市场利率之间的关系图

【例 5-3】　某公司准备发行丙债券和丁债券，两种债券的面值均为 1 000 元，期限均为 5 年，均为每半年付息一次、到期一次性还本。丙债券的票面利率为 10%，丁债券的票面利率为 14%；市场利率为 12%，如图 5-8 所示。

例 5-3 微课

	A	B	C
1	债券资料		
2	项目	丙债券	丁债券
3	债券面值（元）	1,000.00	1,000.00
4	票面利率	10.00%	14.00%
5	期限（年）	5	5
6	每年付息次数（次）	2	2
7	市场利率	12.00%	12.00%

图 5-8　债券相关资料

要求：

(1) 计算两种债券的发行价格应该是多少？

(2) 债券发行后，随着时间的推移，这两种债券的价格将会怎样变化？

Excel 具体操作步骤如下：

第一步，计算距离债券不同到期时间下丙债券的价格。在单元格 B11 中输入表达式“=PV($B$7/ $B$6, B10*$B$6, - $B$3*$B$4/ $B$6, - $B$3, 0)”。表达式中，“ $B$7/ $B$6”表示每期市场利率，“B10*$B$6”表示期数，“- $B$3*$B$4/ $B$6”表示每期的债券利息额，“- $B$3”表示到期后债券支付的面值，0 表示期末支付。输入公式后得到当距离债券到期日 5 年时，丙债券的价格为 926.40 元。然后将单元格 B11 的公式复制到 C11 至 G11，得到距离债券不同到期时间下丙债券的价格，如图 5-9 所示。

第二步，计算距离债券不同到期时间下丙债券的价格。在单元格 B12 中输入公式“=PV($C$7/ $C$6, B10*$C$6, - $C$3*$C$4/ $C$6, - $C$3, 0)”。表达式中，“ $C$7/ $C$6”表示每期市场利率，“B10*$C$6”表示期数，“- $C$3*$C$4/ $C$6”表示每期的债券利息额，“- $C$3”表示到期后债券支付的面值，0 表示期末支付。输入公式后得到当距离债券到期日 5 年时，丁债券的价格为 1 073.60 元。然后将单元格 B12 的公式复制到 C12 至 G12，得到距离债券不同到期时间下丁债券的价格，如图 5-10 所示。

B11　　f_x　=PV($B$7/$B$6, B10*$B$6, -$B$3*$B$4/$B$6, -$B$3, 0)

	A	B	C	D	E	F	G
1	债券资料						
2	项目	丙债券	丁债券				
3	债券面值（元）	1,000.00	1,000.00				
4	票面利率	10.00%	14.00%				
5	期限（年）	5	5				
6	每年付息次数（次）	2	2				
7	市场利率	12.00%	12.00%				
8							
9	债券价格的计算						
10	距离债券到期时间（年）	5	4	3	2	1	0
11	丙债券的价格（元）	926.40	937.90	950.83	965.35	981.67	1,000.00
12	丁债券的价格（元）						

图 5-9　距离债券不同到期时间下丙债券价格的计算

B12　　f_x　=PV($C$7/$C$6, B10*$C$6, -$C$3*$C$4/$C$6, -$C$3, 0)

	A	B	C	D	E	F	G
1	债券资料						
2	项目	丙债券	丁债券				
3	债券面值（元）	1,000.00	1,000.00				
4	票面利率	10.00%	14.00%				
5	期限（年）	5	5				
6	每年付息次数（次）	2	2				
7	市场利率	12.00%	12.00%				
8							
9	债券价格的计算						
10	距离债券到期时间（年）	5	4	3	2	1	0
11	丙债券的价格（元）	926.40	937.90	950.83	965.35	981.67	1,000.00
12	丁债券的价格（元）	1,073.60	1,062.10	1,049.17	1,034.65	1,018.33	1,000.00

图 5-10　距离债券不同到期时间下丁债券价格的计算

第三步，插入图表，显示甲、乙两种债券的价格与市场利率之间的关系。选中单元格区域“A10:G12”，单击功能区“插入”选项卡中“散点图”下的小箭头，然后点击“所有图表类型”，弹出“更改图标类型”对话框，选择“XY 散点图”的“带平滑线和数据标记的散点图”，点击确定按钮，得到丙、丁两种债券的价格与到期时间之间的关系图，如图 5-11 所示。

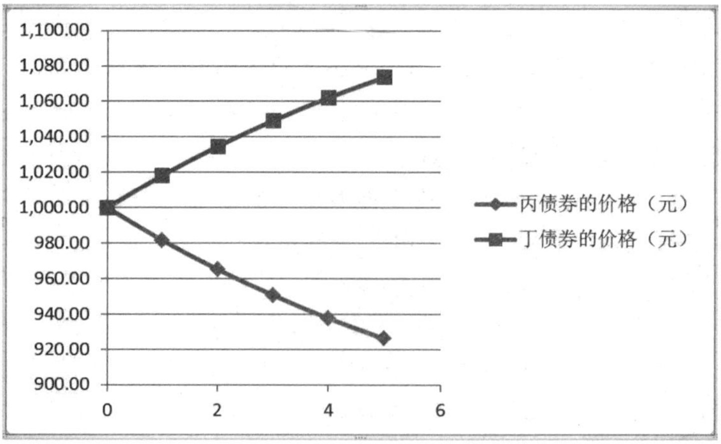

图 5-11　丙、丁两种债券的价格与到期时间之间的关系图

从计算结果可以看出,若该公司选择发行丙债券,则应按926.40元的价格折价发行。随着时间的推移,该折价债券的价格会逐步升高,在该债券到期时,其价格与面值相等。若该公司选择发行丁债券,则应按1 073.60元的价格溢价发行。随着时间的推移,该溢价债券的价格会逐步降低,在该债券到期时,其价格也与面值相等。可见,随着时间的推移,无论是溢价债券还是折价债券的价格,都有向其面额回归的趋势。

(二) 期末一次还本付息且不计复利时的债券估价

我国目前发行的债券大多属于一次还本付息且不计复利的债券,计算公式为:

$$V = \frac{M + M \times i_b \times n}{(1+i)^n} = (F + F \times i_b \times n) \times PVIF_{i,n}$$

式中:V 为债券价值;M 为债券面值;i_b 为债券票面利率;i 为市场利率或投资人要求的必要报酬率。

【例 5-4】 某企业拟购买另一家企业发行的利随本清的企业债券,该债券面值为1 000元,期限为5年,票面利率为10%,不计复利,当前市场利率为8%,如图5-12所示。

例 5-4 微课

	A	B
1	期末一次还本付息且不计复利时债券估价模型	
2	债券面值(元)	1,000.00
3	期限(年)	5
4	票面利率	10.00%
5	市场利率	8.00%
6	债券价格(元)	

图 5-12 期末一次还本付息且不计复利时债券估价

要求:计算该债券发行价格为多少时,企业才适合购买?

Excel 具体操作步骤如下:

在单元格B6中输入公式"=PV(B5,B3,0,-(B2*B4*B3+B2),0)",其中B5表示市场利率8%,B3表示期限5年,"B2*B4*B3"表示期末应支付的利息总额,B2表示到期后债券支付的面值,0表示期末支付。输入公式后得到该债券的价格为1 020.87元,如图5-13所示。

B6 fx =PV(B5, B3, 0, -(B2*B4*B3+B2), 0)

	A	B
1	期末一次还本付息且不计复利时债券估价模型	
2	债券面值(元)	1,000.00
3	期限(年)	5
4	票面利率	10.00%
5	市场利率	8.00%
6	债券价格(元)	1,020.87

图 5-13 期末一次还本付息且不计复利时债券价格的计算

债券价格低于1 020.87元时,企业才能购买。

（三）折现发行时的债券估价

有些债券以折现方式发行，没有票面利率，到期按面值偿还，估价公式为：

$$V = \frac{M}{(1+i)^n} = M \times PVIF_{i,\ n}$$

公式中的符号含义同前式。

【例 5-5】 某债券面值为 1 000 元，期限为 5 年，以折现方式发行，期内不计利息，到期按面值偿还，当时市场利率为 8%，如图 5-14 所示。

例 5-5 微课

	A	B
1	折现发行时债券估价模型	
2	债券面值（元）	1,000.00
3	期限（年）	5
4	市场利率	8.00%
5	债券价格（元）	

图 5-14　折价发行时债券估价

要求：计算其价格为多少时，企业才能购买？

Excel 具体操作步骤如下：

在单元格 B5 中输入公式“=PV(B4, B3, 0, -B2, 0)”，其中 B4 表示市场利率 8%，B3 表示期限 5 年，*pmt* 参数为 0 表示不支付利息，“-B2”表示到期后债券支付的面值，0 表示期末支付。输入公式后得到该债券的价格为 680.58 元，如图 5-15 所示。

B5　　fx　=PV(B4, B3, 0, -B2, 0)

	A	B
1	折现发行时债券估价模型	
2	债券面值（元）	1,000.00
3	期限（年）	5
4	市场利率	8.00%
5	债券价格（元）	680.58

图 5-15　折价发行时债券价格的计算

该债券的价格只有低于 680.58 元时，企业才能购买。

第二节　股票投资

一、股票投资概述

（一）股票投资的定义

股票投资是股份制公司为了筹集自有资金而发行的代表所有权的有价证券，购买股票是企业投资的一种重要形式。

（二）股票投资的优缺点

1. 股票投资的优点

股票投资是一种最具挑战性的投资，其报酬和风险都比较高，股票投资的优点主要有：

(1) 能获得比较高的报酬。普通股的价格虽然变动频繁,但从长期看,优质股票的价格总是上涨的居多,只要选择得当,一般都能获得优厚的投资报酬。

(2) 能适当降低购买力风险。普通股的股利不固定,在通货膨胀率比较高时,由于物价普遍上涨,股份制公司盈利增加,股利的支付也随之增加。因此,与固定报酬证券相比,普通股能有效地降低购买力风险。

(3) 拥有一定的经营控制权。普通股股东属于股份制公司的所有者,有权监督和控制公司的生产经营情况,因此,欲控制一家公司,最好的途径就是收购这家公司的股票。

2. 股票投资的缺点

股票投资的缺点主要是风险大,这是因为:

(1) 普通股对公司资产和盈利的求偿权均居最后。公司破产时,股东原来的投资可能得不到全数补偿,甚至可能血本无归。

(2) 普通股的价格受众多因素影响,很不稳定。政治因素、经济因素、投资人心理因素、企业的盈利情况、风险情况等,都会影响股票价格,这也使得股票投资具有较高的风险。

(3) 普通股的收入不稳定。普通股股利的多少,视企业经营状况和财务状况而定,其有无、多寡均无法律上的保证,其收入的风险也远远大于固定收益证券。

二、股票估价

同进行债券投资一样,企业进行股票投资,也必须知道股票价格的计算方法。

(一) 股票估价的基本原理

一项金融资产的价格是由其未来现金流的现值决定的。如果投资者打算永久持有股票,则股票的未来现金流就是各期的股利收入,股票估价可用计算公式表示为:

$$V = \sum_{t=1}^{\infty} \frac{D_t}{(1+i)^t} \tag{1}$$

式中:V为股票现在的估价;i为股票的必要报酬率;D_t为第t期的预期股利。

如果投资者打算在未来出售股票,则股票可以为投资者提供两种形式的现金流入:股利收入和未来出售股票的收入,这种情况下的股票估价可用计算公式表示为:

$$V = \sum_{t=1}^{n} \frac{D_t}{(1+i)^t} + \frac{P_n}{(1+i)^n} \tag{2}$$

式中:P_n为未来出售时预计的股票价格;n为预计持有股票的期数;V为股票现在的估价;i为股票的必要报酬率;D_t为第t期的预期股利。

在第n期期末购买股票的投资者可能打算永久持有股票,也可能打算在未来出售股票。如果第n期期末购买股票的投资者打算永久持有股票,则P_n等于未来所有期间股利的折现值,将其代入公式(2),就得到公式(1)。如果第n期期末购买股票的投资者打算在未来出售股票,则P_n等于未来股利收入和出售股票收入的现值,以此类推,不断迭代,最终也会得到公式(1)。因此,公式(1)是股票估价的基本模型,无论投资者打算持有股票的期限如何,均适用。

根据不同的股利特征,可以由基本模型推导出相应的股票估价模型。

（二）长期持有、股利稳定不变的股票的估价

股票价格的高低，同债券价格一样，取决于股票持有期间的现金流的现值。因此，股票的价格就是永续股利年金的现值之和。于是，股票价格的估价公式可表述为：

$$V = \frac{D}{i}$$

式中：V为股票的现在价格；D为每年固定股利；i为投资者要求的报酬率。

【例5-6】 某企业购入一种股票准备长期持有，预计每年股利为4元，预期收益率为10%，如图5-16所示。

例5-6微课

	A	B
1	股利固定时股票估价模型	
2	每年股利（元）	4.00
3	预期收益率	10.00%
4	股票价格（元）	

图5-16　股利固定时股票估价

要求：计算股票价格为多少？

Excel具体操作步骤如下：

在单元格B4中输入公式"=B2/B3"，得到股票价格为40.00元，如图5-17所示。

B4　fx　=B2/B3

	A	B
1	股利固定时股票估价模型	
2	每年股利（元）	4.00
3	预期收益率	10.00%
4	股票价格（元）	40.00

图5-17　股利固定时股票价格的计算

如果股票价格低于40元，价值就被低估；反之，就被高估。

（三）长期持有、股利固定增长的股票的估价

发行公司如果经营状况很好，其股利分派一般呈现逐年增长的状态。这种股票的估价就比较困难，只能计算近似数。

假设某公司最近一年的股利为D_0，D_1为第1年的股利，预期股利增长率为g，则股票价格的估价公式如下：

$$V = \frac{D_0(1+g)}{i-g} = \frac{D_1}{i-g}$$

【例5-7】 甲公司准备投资购买乙公司的股票，该股票去年每股股利为2元，预计以后每年以4%的增长率增长，甲公司经分析后，认为必须得到10%的报酬率，才能购买乙公司的股票，如图5-18所示。

例5-7微课

	A	B
1	股利以固定增长率增长时股票估价模型	
2	去年股利（元）	2.00
3	股利增长率	4.00%
4	公司必要报酬率	10.00%
5	股票价格（元）	

图5-18　股利以固定增长率增长时股票估价

要求：请计算该股票的价格应为多少时，甲公司才能购买？

Excel 具体操作步骤如下：

在单元格 B5 中输入公式“=B2*(1+B3)/(B4-B3)”，得到股票价格为 34.67 元，如图 5-19 所示。

B5 fx =B2*(1+B3)/(B4-B3)

	A	B
1	股利以固定增长率增长时股票估价模型	
2	去年股利（元）	2.00
3	股利增长率	4.00%
4	公司必要报酬率	10.00%
5	股票价格（元）	34.67

图 5-19 股利以固定增长率增长时股票价格的计算

乙公司的股票价格在 34.67 元以下时，甲公司才能购买。

(四) 短期持有、未来准备出售的股票的估价

在现实生活中，大部分投资者并不准备永久持有某种股票，而是准备在持有一段时期后再转让，他们不仅希望得到股利收入，还希望在未来出售股票时从股票价格的上涨中获得收益。于是，投资者获得的未来现金流量就包括两个部分：股利和股票转让收入，这时，股票价格的计算公式为：

$$V = \sum_{t=1}^{n} \frac{D_t}{(1+i)^t} + \frac{P_n}{(1+i)^n}$$

式中：V 为股票现在的价格；P_n 为未来出售时预计的股票价格；i 为投资者要求的必要报酬率；D_t 为第 t 期的预期股利；n 为预计持有股票的期数。

从以上的计算可以看出，股票估价的关键在于确定一个能把风险因素考虑在内的、合适的收益率。为此，必须对股票投资的风险有足够的估量。

【例 5-8】 某公司股票预期未来 3 年每年每股可获得现金股利为 3 元，3 年后该股票预期售价为每股 20 元，要求的回报率为 18%，如图 5-20 所示。

例 5-8 微课

	A	B	C	D
1	股票价值的计算			
2	项目	第1年	第2年	第3年
3	每年股利（元）	3.00	3.00	3.00
4				
5	第3年股票预计价格（元）			20.00
6	公司要求的回报率			18.00%
7	股票目前的价值（元）			

图 5-20 计算股票价值的相关条件

要求：计算该股票目前的价值。

Excel 具体操作步骤如下：

在单元格 B7 中输入公式“=PV(B6, B3, -B3, -B5, 0)”，其中 B6 表示 *rate* 为 18.00%，3 表示 *nper* 为 3 期，“-B3”表示 *pmt* 为 3.00 元，-B5 表示第 3 年股票预计价格为 20.00 元，0 表示期末支付。输入公式后得到该股票目前的价值为 18.70 元，如图 5-21 所示。

B7 =PV(B6, 3, -B3, -B5, 0)

	A	B	C	D
1	股票价值的计算			
2	项目	第1年	第2年	第3年
3	每年股利（元）	3.00	3.00	3.00
4				
5	第3年股票预计价格（元）			20.00
6	公司要求的回报率			18.00%
7	股票目前的价值（元）			18.70

图 5-21　股票价值的计算

第三节　证券投资组合

投资者在投资时，一般并不会把其所有资金都投资于一种证券，而是同时持有多种证券。这种同时投资的多种证券叫证券的投资组合，简称为证券组合或投资组合。投资银行、基金、保险公司和其他金融机构一般都持有多种有价证券，即使是个人投资者，一般也持有证券组合，而不是只投资一家公司的股票或债券。

一、证券投资组合的目的

证券投资是一种高风险与高收益并存的投资方式。获取较高的投资收益，避免风险损失是投资者良好的投资愿望。然而，证券市场各种不确定因素的客观存在，决定了收益和风险往往达到统一。因此，如何在获得理想收益的同时，尽可能降低风险损失的发生，是投资者进行证券投资时必须慎重考虑的事情。

降低证券投资风险的途径多种多样，其中最为有效的是进行投资组合。“不要把所有的鸡蛋放在同一个篮子里”就揭示了证券投资组合的一般规律和基本目的，投资者应当将资金分散投资于不同的证券之中，通过不同证券风险与收益的互补关系，达到分散和降低风险、稳定收益的目的。

二、证券投资组合的风险与收益率

由于证券投资组合能够降低风险，因此，大多数企业投资者都同时投资于多种证券。

（一）证券投资组合的风险

虽然证券投资组合无法消除全部风险，但如果股票种类较多，则能分散掉大部分风险。证券投资组合理论旨在探索如何通过有效的方法来消除投资风险。证券投资组合的风险可以分为两种性质完全不同的风险。

1. 非系统性风险

非系统性风险又叫可分散风险或公司特别风险，是指某些因素对单个证券造成经济损失的可能性，是可以分散的风险。例如个别公司工人的罢工、公司在市场竞争中的失败等，这种风险可通过证券持有的多样化来抵消，即多买几家公司的股票，其中某些公司股票的报酬下降，而另一些公司股票的报酬上升，从而降低了风险。因而，这种风险也称为可分散风险。

2. 系统性风险

系统性风险又称不可分散风险或市场风险,指的是由于某些因素给市场上所有的证券都带来经济损失的可能性。例如宏观经济状况的变化、国家税法的变化、国家财政政策和货币政策的变化、世界能源状况的改变等都会使股票收益发生变动。这些风险影响所有的证券,因此,不能通过证券投资组合分散掉。换句话说,即使投资者持有的是经过适当分散的证券投资组合,也将遭受这种风险。因此,对投资者来说,这种风险是无法消除的,故称不可分散风险。不可分散风险的程度,通常用 β 系数来计量。

证券投资组合的 β 系数是单个证券 β 系数的加权平均数,权数为各股票在证券投资组合中所占的比重,其计算公式为:

$$\beta_P = \sum_{j=1}^{n} W_j \beta_j$$

式中: β_P 为证券投资组合的 β 系数; W_j 为证券投资组合中第 j 种股票所占的比重; β_j 为第 j 种股票的 β 系数; n 为证券投资组合中包含的股票数量。

一些标准的 β 系数如下:

(1) $\beta = 0.5$,说明该股票的风险只有整个市场股票风险的一半。

(2) $\beta = 1.0$,说明该股票的风险等于整个市场股票的风险。

(3) $\beta = 2.0$,说明该股票的风险等于整个市场股票风险的两倍。

(二) 证券投资组合的风险收益

投资者进行证券组合投资与进行单项投资一样,都要求对承担的风险进行补偿,股票的风险越大,要求的报酬就越高。但是,与单项投资不同,证券组合投资要求补偿的风险只是不可分散风险,而不要求对可分散风险进行补偿。如果可分散风险的补偿存在,那么,善于科学地进行投资组合的投资者将购买这部分股票,并抬高其价格,其最后的报酬率只反映不能分散的风险。因此,证券组合的风险收益是投资者因承担不可分散风险而要求的补偿,超过时间价值的那部分额外收益。证券组合的风险收益率可用下列公式计算:

$$R_P = \beta_P \times (R_m - R_f)$$

式中: R_P 为证券投资组合的风险收益率; β_P 为证券投资组合的 β 系数; R_m 为所有股票的平均收益率,简称市场收益率; R_f 为无风险收益率,一般用国债的利率来衡量。

(三) 风险和收益率的关系

在西方金融学和财务管理中,有许多模型论述风险和收益率的关系,其中一个最重要的模型为资本资产定价模型(CAPM),这一模型为:

$$R_i = R_f + \beta_i \times (R_m - R_f)$$

式中: R_i 为第 i 种股票或第 i 种证券投资组合的必要报酬率; R_f 为无风险收益率; β_i 为第 i 种股票或第 i 种证券投资组合的 β 系数; R_m 为所有股票或所有证券的平均收益率。

资本资产定价模型通常可以用图形来表示,证券市场线用于说明必要报酬率 R_i 与不可分散风险 β 系数之间的关系,如图 5-22 所示。

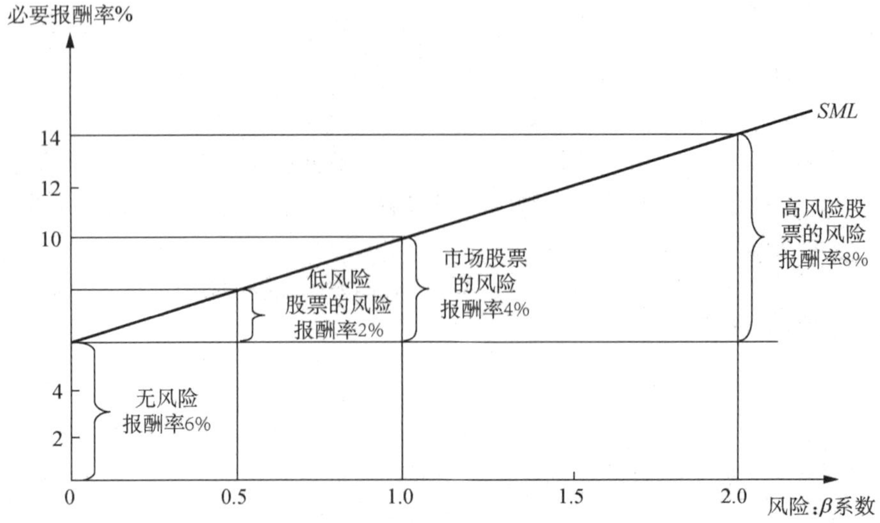

图 5-22 证券报酬与 β 系数的关系

证券投资组合的风险收益率计算的关键在于,组合中各种证券 β 系数和所占比重的确定,同时,要掌握投资组合的投资收益率与风险收益率的关系。

【例 5-9】 新华公司持有甲、乙、丙三种股票构成的证券投资组合,他们的 β 系数分别是 2.0、1.0 和 0.5,它们在证券投资组合中所占的比重分别为 60%、30%和 10%,股票的市场收益率为 14%,无风险收益率为 10%,试确定这种证券投资组合的风险收益率,如图 5-23 所示。

例 5-9 微课

	A	B	C	D
1	证券投资组合模型			
2		甲股票	乙股票	丙股票
3	β 系数	2.00	1.00	1.50
4	各股票在证券投资组合的占比	60.00%	30.00%	10.00%
5				
6	股票市场收益率			14.00%
7	无风险报酬率			10.00%
8	证券投资组合的 β 系数			
9	证券投资组合的风险收益率			
10	证券投资组合的报酬率			

图 5-23 证券投资组合模型

要求:

(1) 确定证券投资组合的 β 系数。

(2) 计算证券投资组合的风险收益率。

(3) 计算证券投资组合的报酬率。

Excel 具体操作步骤如下:

第一步,计算证券投资组合的 β 系数。在单元格 B8 中输入公式"=SUMPRODUCT(B3:D3, B4:D4)",表示计算出各股票 β 系数与其在证券投资组合中资金占比的加权平均。输入公式后得到该证券投资组合的 β 系数为 1.65,如图 5-24 所示。

B8 =SUMPRODUCT(B3:D3, B4:D4)

	A	B	C	D
1	证券投资组合模型			
2		甲股票	乙股票	丙股票
3	β 系数	2.00	1.00	1.50
4	各股票在证券投资组合的占比	60.00%	30.00%	10.00%
5				
6	股票市场收益率			14.00%
7	无风险报酬率			10.00%
8	证券投资组合的 β 系数			1.65
9	证券投资组合的风险收益率			
10	证券投资组合的报酬率			

图 5-24 证券投资组合 β 系数的计算

第二步，计算证券投资组合的风险收益率。在单元格 B9 中输入公式“=B8*(B6-B7)”，得到该证券投资组合的风险收益率为 6.60%，如图 5-25 所示。

B9 =B8*(B6-B7)

	A	B	C	D
1	证券投资组合模型			
2		甲股票	乙股票	丙股票
3	β 系数	2.00	1.00	1.50
4	各股票在证券投资组合的占比	60.00%	30.00%	10.00%
5				
6	股票市场收益率			14.00%
7	无风险报酬率			10.00%
8	证券投资组合的 β 系数			1.65
9	证券投资组合的风险收益率			6.60%
10	证券投资组合的报酬率			

图 5-25 证券投资组合的风险收益率的计算

第三步，计算证券投资组合的报酬率。在单元格 B10 中输入公式“=B7+B9”，表示证券投资组合的报酬率=无风险报酬率+证券投资组合的风险报酬率，得到该证券投资组合的报酬率为 16.60%，如图 5-26 所示。

B10 =B7+B9

	A	B	C	D
1	证券投资组合模型			
2		甲股票	乙股票	丙股票
3	β 系数	2.00	1.00	1.50
4	各股票在证券投资组合的占比	60.00%	30.00%	10.00%
5				
6	股票市场收益率			14.00%
7	无风险报酬率			10.00%
8	证券投资组合的 β 系数			1.65
9	证券投资组合的风险收益率			6.60%
10	证券投资组合的报酬率			16.60%

图 5-26 证券投资组合的报酬率的计算

当然，计算出风险收益率后，便可根据投资额和风险收益率计算出风险收益的数额。从以上计算中可以看出，在其他因素不变的情况下，风险收益的大小取决于证券投资组合的β系数的大小，β系数越大，风险收益就越大，反之亦然。或者说，β系数反映了股票收益对于系统风险的反映程度。

三、证券投资组合的策略

证券投资组合策略是投资者根据市场上各种证券的具体情况以及投资者对风险的偏好与承担能力，选择相应证券进行组合时所采用的方针。

常见的证券投资组合策略有以下几种：

（1）保守的投资组合策略，该组合策略要求尽量模拟证券市场现状（无论是证券种类还是各证券的比重），将尽可能多的证券包括进来，以便分散掉全部可避免风险，从而得到与市场平均报酬率相同的投资报酬率。

（2）冒险的投资组合策略，该组合策略要求尽可能多选择一些成长性较好的股票，而少选择低风险低报酬的股票，这样就可以使投资组合的收益高于证券市场的平均收益。

（3）适中的投资组合策略，该组合策略认为，股票的价格主要由企业的经营业绩决定，只要企业的经济效益好，股票的价格终究会体现其优良的业绩。

本 章 训 练

1. 某公司发行面额为100元，票面利率为10%，期限10年的债券，每年年末付息一次。债券发行价格可分为下列3种情况来分析测算，如图5-27所示。

	A	B	C	D
1	债券价格的计算			
2	债券面额（元）	100.00		
3	票面利率	10.00%		
4	债券期限（年）	10		
5				
6	市场利率	10.00%	8.00%	12.00%
7	债券价格（元）			

图5-27 债券价格的计算

要求：

（1）如果市场利率为10%，与票面利率一致，计算债券的价格。

（2）如果市场利率为8%，低于票面利率，计算债券的价格。

（3）如果市场利率为12%，高于票面利率，计算债券的价格。

2. 长江公司准备发行一批债券，债券的面值为100元，期限为4年，每半年付息一次、到期一次性还本；债券的票面利率为8%，市场利率为10%，如图5-28所示。

	A	B	C	D	E	F
1	债券资料					
2	项目	债券				
3	债券面值（元）	100.00				
4	票面利率	8.00%				
5	期限（年）	4				
6	每年付息次数（次）	2				
7	市场利率	10.00%				
8						
9	债券价格的计算					
10	距离债券到期时间（年）	4	3	2	1	0
11	债券的价格（元）					

图 5-28　债券相关资料

要求：

（1）计算债券目前的发行价格应该是多少？

（2）债券发行后，随着时间的推移，债券的价格将会怎样变化？

3. 从和公司准备投资购买长江公司的股票，长江公司的股票上一年每股股利为 1.5 元，预计以后每年以 5%的速度增长，从和公司经分析后，认为必须得到 9%报酬率，才能购买长江公司的股票，如图 5-29 所示。

	A	B
1	长江公司的股票估价模型	
2	去年股利（元）	1.50
3	股利增长率	5.00%
4	公司必要报酬率	9.00%
5	长江公司股票价格（元）	

图 5-29　长江公司股票估价

要求：计算长江公司股票的价格应为多少时，从和公司才会购买？

4. 甲公司股票的 β 系数为 2.0，无风险利率为 6%，市场上所有股票的平均收益率为 10%，如图 5-30 所示。

	A	B
1	甲公司股票的收益率模型	
2	市场上所有股票的平均收益率	10.00%
3	无风险报酬率	6.00%
4	β 系数	2.00
5	甲公司股票的风险收益率	
6	甲公司股票的收益率	

图 5-30　甲公司股票的收益率

要求：

（1）计算甲公司股票的风险收益率。

（2）计算甲公司股票的收益率。

第六章 Excel 在项目投资决策中的应用

知识导航

- Excel 在项目投资决策中的应用
  - 投资项目现金流量
    - 现金流量的含义
    - 投资现金流量的构成
  - 投资决策指标
    - 非贴现现金流量指标
    - 贴现现金流量指标
  - 项目投资决策
    - 固定资产更新决策
    - 资本限额投资决策
    - 投资时机选择决策
    - 投资期选择决策

本章简介

本章主要讲解利用 Excel 工具进行投资决策，包括运用 Excel 计算项目现金流量；运用 Excel 计算项目决策评价指标；运用 Excel 做出投资决策。

学习目标

1. 掌握运用 Excel 计算项目现金流量。
2. 掌握运用 Excel 计算项目决策评价指标。
3. 掌握运用 Excel 做出投资决策。

第一节 投资项目现金流量

一、现金流量的含义

现金流量在投资决策中是指一个项目引起的企业现金支出和现金收入的数量。这里的"现金"是广义的现金，不仅包括各种货币资金，而且包括项目需要投入的企业现有的非货币资源的变现价值。例如一个项目需要使用原有的厂房、设备和材料等，则相关的现金流量是指它们的变现价值，而不是其账面成本，它是评价投资方案经济效益的重要资料。评价一个投资方案的经济效益，先应该测定该方案的现金流入量和流出量。现金流入量和现金流出量的差额称为净现金流量。

二、投资现金流量的构成

（一）初始现金流量

初始现金流量一般由以下几个部分构成：

(1) 投资前费用。投资前费用是指在正式投资之前为做好各项准备工作而花费的费用主要包括市场调查研究费、勘察设计费、技术资料费、土地购入费和其他费用。投资前费用的总额要在综合考虑以上费用的基础上，合理加以预测。

(2) 设备购置费用。设备购置费用是指为购买投资项目所需各项设备而花费的费用。企业财务人员要根据所需设备的数量、规格、型号、性能、价格水平、运输费用等来预测设备购置费的多少。

(3) 设备安装费用。设备安装费用是指为安装各种设备所需的费用。这部分费用主要根据安装设备的多少、安装的难度、安装的工作量、当地安装的收费标准等因素来进行预测。

(4) 建筑工程费。建筑工程费是指进行土建工程所花费的费用。这部分费用要根据建筑类型、建筑面积的大小、建筑质量的要求、当地的建筑造价标准来进行预测。

(5) 营运资金的垫支。投资项目建成后，必须垫支一定的营运资金才能投入运营。这部分营运资金的垫支一般要到项目寿命终结时才能收回。

(6) 原有固定资产的变价收入扣除相关税金后的净收益。变价收入主要是指固定资产更新时变卖原有固定资产所得的现金收入。

(7) 不可预见费。不可预见费是指在投资项目正式建设之前不能完全估计到的，但又很可能发生的一系列费用，如设备价格的上涨、出现自然灾害等。这些因素也要合理预测，以便留有余地。

（二）营业现金流量

营业现金流量是指投资项目投入使用后，在其寿命周期内由于生产经营所带来的现金流入和流出的数量，包括年营业净利润和年折旧费等。

营业现金流量一般按年度进行计算。这里的现金流入一般是指营业现金收入，现金流出是指营业现金支出和缴纳的税金。如果一个投资项目的年销售收入等于营业现金收入，付现成本（指不包括折旧的成本）等于营业现金支出，则年营业净现金流量可用下列公式计算：

$$\text{年营业净现金流量} = \text{年营业收入} - \text{年付现成本} - \text{企业所得税}$$

$$\text{年营业净现金流量} = \text{年税后净利} + \text{折旧及摊销}$$

$$\text{企业所得税} = (\text{年营业收入} - \text{年付现成本} - \text{折旧及摊销}) \times (1 - \text{所得税税率})$$

折旧的计算方法一般有 4 种：

(1) 平均年限法。平均年限法又称直线法，是指按固定资产使用年限平均计算折旧的一种方法。按照这种方法计算提取的折旧额，在各个使用年份或月份都是相等的，折旧的积累额呈直线上升趋势，计算公式如下：

$$\text{年折旧率} = (1 - \text{预计净残值率}) \div \text{预计使用寿命(年)} \times 100\%$$

$$\text{月折旧率} = \text{年折旧率} \div 12$$

$$\text{月折旧额} = \text{固定资产原价} \times \text{月折旧率}$$

（2）工作量法。工作量法是根据实际工作量计算每期应提折旧额的一种方法，计算公式如下：

$$单位工作量折旧额=\frac{固定资产原价\times(1-预计净残值率)}{预计总工作量}$$

某项固定资产月折旧额 = 该项固定资产当月工作量 × 单位工作量折旧额

（3）双倍余额递减法。双倍余额递减法是指在不考虑固定资产预计净残值的情况下，根据每期期初固定资产原价减去累计折旧后的余额的双倍的直线法折旧率计算固定资产折旧的一种方法，计算公式如下：

年折旧率 = 2 ÷ 预计使用寿命（年）× 100%

月折旧率 = 年折旧率 ÷ 12

月折旧额 = 固定资产账面净值 × 月折旧率

（4）年数总和法。年数总和法又称合计年限法，是将固定资产的原价减去净残值后的净额乘以一个逐年递减的分数来计算每年折旧额的一种方法。这个分数的分子代表固定资产尚可使用的年数，分母代表使用年数的逐年数字总和，计算公式如下：

年折旧率 = 尚可使用年数 ÷ 预计使用寿命的年数总和 × 100%

月折旧率 = 年折旧率 ÷ 12

月折旧额 =（固定资产原价 － 预计净残值）× 月折旧率

（三）终结现金流量

终结现金流量主要包括：①固定资产的残值收入或变价收入（指扣除了需要上缴的税金等支出后的净收入）；②原有垫支在各种流动资产上的资金的收回；③停止使用的资产的变价收入等。

【例 6-1】 天然公司投资一个项目，需要购置一台设备，价格为 100 000 元，预计使用 5 年，预计净残值率为 5%。

例 6-1 微课

要求：

（1）按平均年限法计算每年的折旧额。

（2）如果该设备在预计使用年限内可以运转 12 000 机器工时，第 1 年至第 5 年预计使用的机器工时数分别为 4 000、2 000、2 500、2 500、1 000，按工作量法计算每年的折旧额。

（3）按双倍余额递减法计算每年的折旧额。

（4）按年数总和法计算每年的折旧额。

本例题在 Excel 中的操作如下：

（1）平均年限法。

第一步，按平均年限法计算第 1 年的折旧额，选取单元格 B9，输入公式“=SLN($B$1,$B$1*$B$3,$B$2)”。

第二步，将单元格 B9 的公式套用到“C9:F9”，可求出第 2 年至第 5 年的折旧额；也可将光标移至单元格 B9 的右下角，出现“+”标识，点击鼠标左键将“+”标识拖至单元格 F9，即可得到结果，如图 6-1 所示。

B9 =SLN($B$1, $B$1*$B$3, $B$2)

	A	B	C	D	E	F
1	原值（元）	100,000.00				
2	使用年限（年）	5				
3	净残值率	5%				
4	总工作量（小时）	12000				
5	年份	第1年	第2年	第3年	第4年	第5年
6	工作量（小时）	4000	2000	2500	2500	1000
7	平均年限法					
8	年份	1	2	3	4	5
9	折旧额(元)	19,000.00	19,000.00	19,000.00	19,000.00	19,000.00
10	工作量法					
11	工作量	4000	2000	2500	2500	1000
12	折旧额（元）					
13	双倍余额递减法					
14	年份	1	2	3	4	5
15	折旧额（元）					
16	年数总和法					
17	年份	1	2	3	4	5
18	折旧额（元）					

图 6-1　平均年限法下第 1 年至第 5 年的折旧额

（2）工作量法。

第一步，按工作量法计算第 1 年的折旧额，选取单元格 B12，输入公式“=SLN($B$1, $B$1*$B$3, $B$4)*B11”，如图 6-2 所示。

B12 =SLN($B$1, $B$1*$B$3, $B$4)*B11

	A	B	C	D	E	F
1	原值（元）	100,000.00				
2	使用年限（年）	5				
3	净残值率	5%				
4	总工作量（小时）	12000				
5	年份	第1年	第2年	第3年	第4年	第5年
6	工作量（小时）	4000	2000	2500	2500	1000
7	平均年限法					
8	年份	1	2	3	4	5
9	折旧额(元)	19,000.00	19,000.00	19,000.00	19,000.00	19,000.00
10	工作量法					
11	工作量	4000	2000	2500	2500	1000
12	折旧额（元）	31,666.67	15,833.33	19,791.67	19,791.67	7,916.67
13	双倍余额递减法					
14	年份	1	2	3	4	5
15	折旧额（元）					
16	年数总和法					
17	年份	1	2	3	4	5
18	折旧额（元）					

图 6-2　工作量法下第 1 年至第 5 年的折旧额

第二步，将单元格 B12 的公式套用到“C12:F12”，可求出第 2 年至第 5 年的折旧额；也可将光标移至单元格 B12 的右下角，出现“+”标识，点击鼠标左键将“+”标识拖至单元格 F12，即可得到结果，如图 6-2 所示。

(3) 双倍余额递减法

第一步,按双倍余额递减法计算第 1 年的折旧额,选取单元格 B15,输入公式“ = DDB ($B$1, $B$1*$B$3, $B$2, B14)”,如图 6-3 所示。

B15   fx =DDB($B$1, $B$1*$B$3, $B$2, B14)

	A	B	C	D	E	F
1	原值(元)	100,000.00				
2	使用年限(年)	5				
3	净残值率	5%				
4	总工作量(小时)	12000				
5	年份	第1年	第2年	第3年	第4年	第5年
6	工作量(小时)	4000	2000	2500	2500	1000
7				平均年限法		
8	年份	1	2	3	4	5
9	折旧额(元)	19,000.00	19,000.00	19,000.00	19,000.00	19,000.00
10				工作量法		
11	工作量	4000	2000	2500	2500	1000
12	折旧额(元)	31,666.67	15,833.33	19,791.67	19,791.67	7,916.67
13				双倍余额递减法		
14	年份	1	2	3	4	5
15	折旧额(元)	40,000.00	24,000.00	14,400.00		
16				年数总和法		
17	年份	1	2	3	4	5
18	折旧额(元)					

图 6-3 双倍余额递减法下第 1 年至第 3 年的折旧额

第二步,将单元格 B15 的公式套用到“C15:D15”,可求出第 2 年至第 3 年的折旧额;也可将光标移至单元格 B15 的右下角,出现“+”标识,点击鼠标左键将“+”标识拖至单元格 D15,即可得到结果,如图 6-3 所示。

第三步,选取单元格 E15,输入公式“=($B$1-SUM($B$15: $D$15) - $B$1*$B$3)/2”,得出第 4 年的折旧额,如图 6-4 所示。

E15   fx =($B$1-SUM($B$15:$D$15)-$B$1*$B$3)/2

	A	B	C	D	E	F
1	原值(元)	100,000.00				
2	使用年限(年)	5				
3	净残值率	5%				
4	总工作量(小时)	12000				
5	年份	第1年	第2年	第3年	第4年	第5年
6	工作量(小时)	4000	2000	2500	2500	1000
7				平均年限法		
8	年份	1	2	3	4	5
9	折旧额(元)	19,000.00	19,000.00	19,000.00	19,000.00	19,000.00
10				工作量法		
11	工作量	4000	2000	2500	2500	1000
12	折旧额(元)	31,666.67	15,833.33	19,791.67	19,791.67	7,916.67
13				双倍余额递减法		
14	年份	1	2	3	4	5
15	折旧额(元)	40,000.00	24,000.00	14,400.00	8,300.00	8,300.00
16				年数总和法		
17	年份	1	2	3	4	5
18	折旧额(元)					

图 6-4 双倍余额递减法下第 4 年至第 5 年的折旧额

第四步，将单元格 E15 的公式套用到 F15，可求出第 5 年的折旧额；也可将光标移至单元格 E15 的右下角，出现"+"标识，点击鼠标左键将"+"标识拖至单元格 F15，即可得到结果，如图 6-4 所示。

(4) 年数总和法

第一步，按年数总和法计算第 1 年的折旧额，选取单元格 B18，输入公式"=SYD($B$1, $B$1*$B$3, $B$2, B17)"，如图 6-5 所示。

B18 fx =SYD($B$1, $B$1*$B$3, $B$2, B17)

	A	B	C	D	E	F
1	原值（元）	100,000.00				
2	使用年限（年）	5				
3	净残值率	5%				
4	总工作量（小时）	12000				
5	年份	第1年	第2年	第3年	第4年	第5年
6	工作量（小时）	4000	2000	2500	2500	1000
7	平均年限法					
8	年份	1	2	3	4	5
9	折旧额(元)	19,000.00	19,000.00	19,000.00	19,000.00	19,000.00
10	工作量法					
11	工作量	4000	2000	2500	2500	1000
12	折旧额（元）	31,666.67	15,833.33	19,791.67	19,791.67	7,916.67
13	双倍余额递减法					
14	年份	1	2	3	4	5
15	折旧额（元）	40,000.00	24,000.00	14,400.00	8,300.00	8,300.00
16	年数总和法					
17	年份	1	2	3	4	5
18	折旧额（元）	31,666.67	25,333.33	19,000.00	12,666.67	6,333.33

图 6-5 年数总和法下第 1 年至第 5 年的折旧额

第二步，将单元格 B18 的公式套用到"C18:F18"，可求出第 2 年至第 5 年的折旧额；也可将光标移至单元格 B18 的右下角，出现"+"标识，点击鼠标左键将"+"标识拖至单元格 F18，即可得到结果，如图 6-5 所示。

【例 6-2】 大华公司准备购入一台设备以扩充生产能力。现有甲、乙两个方案可供选择，甲方案需投资 10 000 元，使用寿命为 5 年，采用直线法计提折旧，5 年后设备无残值。5 年中每年销售收入为 6 000 元，每年的付现成本为 2 000 元。乙方案需投资 12 000 元，采用直线法计提折旧，使用寿命也为 5 年，5 年后有残值收入 2 000 元。5 年中每年的销售收入为 8 000 元，付现成本第 1 年为 3 000 元，以后随着设备陈旧，逐年将增加修理费 400 元，另需垫支营运资金 3 000 元，企业所得税税率为 25%。

例 6-2 微课

要求：计算两个方案的现金流量。

本例题在 Excel 中的操作如下：

1. 甲方案现金流量

第一步，计算甲方案折旧额。在单元格 B13 中输入公式"=SLN($B$2, $B$4, $B$3)"，将单元格 B13 的公式套用到"C13:F13"，可求出第 2 年至第 5 年的折旧额；也可将光标移至单元格 B13 的右下角，出现"+"标识，点击鼠标左键将"+"标识拖至单元格 F13，即可得到结果，如图 6-6 所示。

B13　f_x　=SLN($B$2, $B$4, $B$3)

	A	B	C	D	E	F
1	甲项目					
2	固定资产投资（元）	10,000.00				
3	使用年限（年）	5				
4	残值（元）	0				
5	营运资金垫支（元）	0				
6	销售收入（元）	6,000.00				
7	付现成本（元）	2,000.00				
8	所得税税率	25%				
9	甲项目营业净现金流量					
10	项　　目	第1年	第2年	第3年	第4年	第5年
11	销售收入（元）	6,000.00	6,000.00	6,000.00	6,000.00	6,000.00
12	付现成本（元）	2,000.00	2,000.00	2,000.00	2,000.00	2,000.00
13	折旧（元）	2,000.00	2,000.00	2,000.00	2,000.00	2,000.00
14	利润总额（元）					
15	所得税费用（元）					
16	净利润（元）					
17	营业净现金流量（元）					

图 6-6　第 1 年至第 5 年的折旧额

第二步，计算甲方案利润总额。在单元格 B14 中输入公式“=B11-B12-B13”，将单元格 B14 的公式套用到“C14:F14”，可求出第 2 年至第 5 年的利润总额；也可将光标移至单元格 B14 的右下角，出现“+”标识，点击鼠标左键将“+”标识拖至单元格 F14，即可得到结果，如图 6-7 所示。

B14　f_x　=B11-B12-B13

	A	B	C	D	E	F
1	甲项目					
2	固定资产投资（元）	10,000.00				
3	使用年限（年）	5				
4	残值（元）	0				
5	营运资金垫支（元）	0				
6	销售收入（元）	6,000.00				
7	付现成本（元）	2,000.00				
8	所得税税率	25%				
9	甲项目营业净现金流量					
10	项　　目	第1年	第2年	第3年	第4年	第5年
11	销售收入（元）	6,000.00	6,000.00	6,000.00	6,000.00	6,000.00
12	付现成本（元）	2,000.00	2,000.00	2,000.00	2,000.00	2,000.00
13	折旧（元）	2,000.00	2,000.00	2,000.00	2,000.00	2,000.00
14	利润总额（元）	2,000.00	2,000.00	2,000.00	2,000.00	2,000.00
15	所得税费用（元）					
16	净利润（元）					
17	营业净现金流量（元）					

图 6-7　第 1 年至第 5 年的利润总额

第三步，计算甲方案所得税费用。在单元格 B15 中输入公式“=B14*$B$8”，将单元格 B15 的公式套用到“C15:F15”，可求出第 2 年至第 5 年的所得税费用；也可将光标移至单元格 B15 的右下角，出现“+”标识，点击鼠标左键将“+”标识拖至单元格 F15，即可得到结果，如图 6-8 所示。

B15 =B14*$B$8

	A	B	C	D	E	F
1	甲项目					
2	固定资产投资（元）	10,000.00				
3	使用年限（年）	5				
4	残值（元）	0				
5	营运资金垫支（元）	0				
6	销售收入（元）	6,000.00				
7	付现成本（元）	2,000.00				
8	所得税税率	25%				
9	甲项目营业净现金流量					
10	项　目	第1年	第2年	第3年	第4年	第5年
11	销售收入（元）	6,000.00	6,000.00	6,000.00	6,000.00	6,000.00
12	付现成本（元）	2,000.00	2,000.00	2,000.00	2,000.00	2,000.00
13	折旧（元）	2,000.00	2,000.00	2,000.00	2,000.00	2,000.00
14	利润总额（元）	2,000.00	2,000.00	2,000.00	2,000.00	2,000.00
15	所得税费用（元）	500.00	500.00	500.00	500.00	500.00
16	净利润（元）					
17	营业净现金流量（元）					

图 6-8　第 1 年至第 5 年的所得税费用

第四步，计算甲方案净利润。在单元格 B16 中输入公式“=B14-B15”，将单元格 B16 的公式套用到“C16:F16”，可求出第 2 年至第 5 年的净利润；也可将光标移至单元格 B16 的右下角，出现“+”标识，点击鼠标左键将“+”标识拖至单元格 F16，即可得到结果，如图 6-9 所示。

B16 =B14-B15

	A	B	C	D	E	F
1	甲项目					
2	固定资产投资（元）	10,000.00				
3	使用年限（年）	5				
4	残值（元）	0				
5	营运资金垫支（元）	0				
6	销售收入（元）	6,000.00				
7	付现成本（元）	2,000.00				
8	所得税税率	25%				
9	甲项目营业净现金流量					
10	项　目	第1年	第2年	第3年	第4年	第5年
11	销售收入（元）	6,000.00	6,000.00	6,000.00	6,000.00	6,000.00
12	付现成本（元）	2,000.00	2,000.00	2,000.00	2,000.00	2,000.00
13	折旧（元）	2,000.00	2,000.00	2,000.00	2,000.00	2,000.00
14	利润总额（元）	2,000.00	2,000.00	2,000.00	2,000.00	2,000.00
15	所得税费用（元）	500.00	500.00	500.00	500.00	500.00
16	净利润（元）	1,500.00	1,500.00	1,500.00	1,500.00	1,500.00
17	营业净现金流量（元）					

图 6-9　第 1 年至第 5 年的净利润

第五步，计算甲方案营业净现金流量。在单元格 B17 中输入公式“=B16+B13”，将单元格 B17 的公式套用到“C17:F17”，可求出第 2 年至第 5 年的营业净现金流量；也可将光标移至单元格 B17 的右下角，出现“+”标识，点击鼠标左键将“+”标识拖至单元格 F17，即可得到结果，如图 6-10 所示。

B17 =B16+B13

	A	B	C	D	E	F
1	甲项目					
2	固定资产投资（元）	10,000.00				
3	使用年限（年）	5				
4	残值（元）	0				
5	营运资金垫支（元）	0				
6	销售收入（元）	6,000.00				
7	付现成本（元）	2,000.00				
8	所得税税率	25%				
9	甲项目营业净现金流量					
10	项　　目	第1年	第2年	第3年	第4年	第5年
11	销售收入（元）	6,000.00	6,000.00	6,000.00	6,000.00	6,000.00
12	付现成本（元）	2,000.00	2,000.00	2,000.00	2,000.00	2,000.00
13	折旧（元）	2,000.00	2,000.00	2,000.00	2,000.00	2,000.00
14	利润总额（元）	2,000.00	2,000.00	2,000.00	2,000.00	2,000.00
15	所得税费用（元）	500.00	500.00	500.00	500.00	500.00
16	净利润（元）	1,500.00	1,500.00	1,500.00	1,500.00	1,500.00
17	营业净现金流量（元）	3,500.00	3,500.00	3,500.00	3,500.00	3,500.00

图 6-10　第 1 年至第 5 年的营业净现金流量

第六步，计算甲方案现金流量。在单元格 B23 中输入公式"=SUM(B20:B22)"，将单元格 B23 的公式套用到"C23:G23"，可求出第 1 年至第 5 年的现金流量；也可将光标移至单元格 B23 的右下角，出现"+"标识，点击鼠标左键将"+"标识拖至单元格 G23，即可得到结果，如图 6-11 所示。

	A	B	C	D	E	F	G
1	甲项目						
2	固定资产投资（元）	10,000.00					
3	使用年限（年）	5					
4	残值（元）	0					
5	营运资金垫支（元）	0					
6	销售收入（元）	6,000.00					
7	付现成本（元）	2,000.00					
8	所得税税率	25%					
9	甲项目营业净现金流量						
10	项　　目	第1年	第2年	第3年	第4年	第5年	
11	销售收入（元）	6,000.00	6,000.00	6,000.00	6,000.00	6,000.00	
12	付现成本（元）	2,000.00	2,000.00	2,000.00	2,000.00	2,000.00	
13	折旧（元）	2,000.00	2,000.00	2,000.00	2,000.00	2,000.00	
14	利润总额（元）	2,000.00	2,000.00	2,000.00	2,000.00	2,000.00	
15	所得税费用（元）	500.00	500.00	500.00	500.00	500.00	
16	净利润（元）	1,500.00	1,500.00	1,500.00	1,500.00	1,500.00	
17	营业净现金流量（元）	3,500.00	3,500.00	3,500.00	3,500.00	3,500.00	
18	甲项目现金流量						
19		第0年	第1年	第2年	第3年	第4年	第5年
20	初始现金流量（元）	-10,000.00					
21	营业净现金流量（元）		3,500.00	3,500.00	3,500.00	3,500.00	3,500.00
22	终结现金流量（元）						0
23	现金流量合计（元）	-10,000.00	3,500.00	3,500.00	3,500.00	3,500.00	3,500.00

图 6-11　甲项目现金流量

2. 乙方案现金流量

第一步，按照甲方案的步骤计算乙方案营业净现金流量，如图 6-12 所示。

	A	B	C	D	E	F
26	乙项目					
27	固定资产投资（元）	12,000.00				
28	使用年限（年）	5				
29	残值（元）	2,000.00				
30	营运资金垫支（元）	3,000.00				
31	销售收入（元）	8,000.00				
32	年份	1	2	3	4	5
33	付现成本（元）	3,000.00	3,400.00	3,800.00	4,200.00	4,600.00
34	所得税税率	25%				
35	乙项目营业净现金流量					
36	项　目	第1年	第2年	第3年	第4年	第5年
37	销售收入（元）	8,000.00	8,000.00	8,000.00	8,000.00	8,000.00
38	付现成本（元）	3,000.00	3,400.00	3,800.00	4,200.00	4,600.00
39	折旧（元）	2,000.00	2,000.00	2,000.00	2,000.00	2,000.00
40	利润总额（元）	3,000.00	2,600.00	2,200.00	1,800.00	1,400.00
41	所得税费用（元）	750.00	650.00	550.00	450.00	350.00
42	净利润（元）	2,250.00	1,950.00	1,650.00	1,350.00	1,050.00
43	营业净现金流量（元）	4,250.00	3,950.00	3,650.00	3,350.00	3,050.00

图 6-12　第 1 年至第 5 年的营业净现金流量

第二步，计算乙方案现金流量。在单元格 B46 中输入公式“=-(B27+B30)”，在单元格 G48 中输入公式“=B29+B30”，在单元格 B49 中输入公式“=SUM(B46:B48)”，将单元格 B49 的公式套用到“C49:G49”，可求出第 1 年至第 5 年的现金流量；也可将光标移至单元格 B49 的右下角，出现“+”标识，点击鼠标左键将“+”标识拖至单元格 G49，即可得到结果，如图 6-13 所示。

	A	B	C	D	E	F	G
26	乙项目						
27	固定资产投资（元）	12,000.00					
28	使用年限（年）	5					
29	残值（元）	2,000.00					
30	营运资金垫支（元）	3,000.00					
31	销售收入（元）	8,000.00					
32	年份	1	2	3	4	5	
33	付现成本（元）	3,000.00	3,400.00	3,800.00	4,200.00	4,600.00	
34	所得税税率	25%					
35	乙项目营业净现金流量						
36	项　目	第1年	第2年	第3年	第4年	第5年	
37	销售收入（元）	8,000.00	8,000.00	8,000.00	8,000.00	8,000.00	
38	付现成本（元）	3,000.00	3,400.00	3,800.00	4,200.00	4,600.00	
39	折旧（元）	2,000.00	2,000.00	2,000.00	2,000.00	2,000.00	
40	利润总额（元）	3,000.00	2,600.00	2,200.00	1,800.00	1,400.00	
41	所得税费用（元）	750.00	650.00	550.00	450.00	350.00	
42	净利润（元）	2,250.00	1,950.00	1,650.00	1,350.00	1,050.00	
43	营业净现金流量（元）	4,250.00	3,950.00	3,650.00	3,350.00	3,050.00	
44	乙项目现金流量						
45		第0年	第1年	第2年	第3年	第4年	第5年
46	初始现金流量（元）	-15,000.00					
47	营业净现金流量（元）		4,250.00	3,950.00	3,650.00	3,350.00	3,050.00
48	终结现金流量（元）						5,000.00
49	现金流量合计（元）	-15,000.00	4,250.00	3,950.00	3,650.00	3,350.00	8,050.00

图 6-13　乙项目现金流量

第二节 投资决策指标

投资决策方法包括非贴现现金流量方法和贴现现金流量方法。非贴现现金流量指标主要有投资回收期、平均报酬率等。贴现现金流量指标主要有净现值、内部报酬率、获利指数、折现的投资回收期等。

一、非贴现现金流量指标

非贴现现金流量指标是指不考虑资金时间价值的各种指标。

(一) 投资回收期

投资回收期(*Payback Period*,缩写为 *PP*)是指回收初始投资所需要的时间,一般以年为单位,是一种使用很久很广的投资决策指标。投资回收期短,可以及早收回投资,承担风险少,经济效果好;反之,则投资回收期长,承担风险大。

通过测算各投资方案的投资回收期来评价投资方案优劣的方法叫做投资回收期法。

投资回收期的计算,因每年的营业净现金流量是否相等而有所不同。

如果每年的营业净现金流量(*NCF*)相等,则投资回收期的计算公式为:

$$\text{投资回收期} = \frac{\text{初始投资额}}{\text{年净现金流量}}$$

如果每年 *NCF* 不相等,投资回收期的计算要考虑各年年末的累计现金流量。

采用投资回收期这一指标时,应事先确定一个企业最长可接受的投资回收期。在决策时,只有小于等于企业最长可接受的投资回收期的方案才可行。而在有多个方案的互斥选择中,则选择投资回收期最短的方案。

投资回收期法的概念容易理解,计算也比较简便,但这一指标的缺点是没有考虑资金的时间价值,没有考虑回收期满后的现金流量状况,因而不能充分说明问题。

(二) 平均报酬率

平均报酬率(*Average Rate of Return*, 缩写为 *ARR*)是投资项目寿命周期内平均的年投资报酬率,也称平均投资报酬率。平均报酬率有多种计算方法,其最常见的计算公式为:

$$\text{平均报酬率} = \frac{\text{年平均现金流量}}{\text{初始投资额}} \times 100\%$$

采用平均报酬率这一指标时,应事先确定一个企业要求达到的平均报酬率,或称必要平均报酬率。在进行决策时,只有高于必要平均报酬率的方案才能入选。在有多个方案的互斥选择中,则选用平均报酬率最高的方案。

平均报酬率法的优点是简明、易算、易懂,其主要缺点是没有考虑资金的时间价值,第1年的现金流量与最后一年的现金流量被看作具有相同的价值,所以,投资者有时会做出错误的决策。

二、贴现现金流量指标

贴现现金流量指标是指考虑了资金时间价值的指标。

(一) 净现值

投资项目投入使用后的净现金流量,按资本成本或企业要求达到的报酬率折算为现值,减去初始投资额以后的余额,叫净现值(Net Present Value,缩写为 *NPV*),计算公式为:

$$NPV = \left[\frac{NCF_1}{(1+i)^1} + \frac{NCF_2}{(1+i)^2} + \cdots + \frac{NCF_n}{(1+i)^n}\right] - C$$

$$= \sum_{t=1}^{n} \frac{NCF_t}{(1+i)^t} - C$$

式中: NPV 为净现值; NCF_t 为第 t 年的净现金流量; i 为贴现率(资本成本或企业要求的报酬率); n 为项目预计使用年限; C 为初始投资额。

1. 净现值的计算过程

第一步,计算每年的营业净现金流量。

第二步,计算未来报酬的总现值,又可分成 3 步:

(1) 将每年的营业净现金流量折算成现值。如果每年的 *NCF* 相等,则按年金法折成现值;如果每年的 *NCF* 不相等,则先对每年的 *NCF* 进行贴现,然后加以合计。

(2) 将终结点现金流量折算成现值。

(3) 计算未来报酬的总现值。

第三步,计算净现值。

净现值=未来报酬的总现值-初始投资额

2. 净现值法的决策规则

在只有一个备选方案的采纳与否决策中,净现值为正者则采纳,净现值为负者不采纳。在有多个备选方案的互斥选择决策中,应选用净现值是正值中的最大者。

净现值法的优点是考虑了资金的时间价值,能够反映各种投资方案的净收益,因而是一种较好的方法;缺点是不能揭示各个投资方案本身可能的实际报酬率是多少。

(二) 内部报酬率

内部报酬率又称内含报酬率(Internal Rate of Return,缩写为 *IRR*)是使投资项目的净现值等于零的贴现率。

内部报酬率实际上反映了投资项目的真实报酬率,目前越来越多的企业使用该项指标对投资项目进行评价,内部报酬率的计算公式为:

$$\frac{NCF_1}{(1+IRR)^1} + \frac{NCF_2}{(1+IRR)^2} + \cdots + \frac{NCF_n}{(1+IRR)^n} - C = 0$$

$$\sum_{t=1}^{n} \frac{NCF_t}{(1+IRR)^t} - C = 0$$

式中: NCF_t 为第 t 年的净现金流量; IRR 为内部报酬率; n 为项目使用年限; C 为初始投资额。

1. 内部报酬率的计算过程

(1) 如果每年的 *NCF* 相等,则按下列步骤计算。

第一步,计算年金现值系数。

$$年金现值系数 = 初始投资额 \div 每年NCF$$

第二步，查年金现值系数表，在相同的期数内，找出与上述年金现值系数相邻的较大和较小的两个贴现率。

第三步，根据上述两个相邻的贴现率和已求得的年金现值系数，采用插值法计算出该投资方案的内部报酬率。

（2）如果每年的 *NCF* 不相等，则需要按下列步骤计算：

第一步，先预估一个贴现率，并按此贴现率计算净现值。如果计算出的净现值为正数，表示预估的贴现率小于该项目的实际内部报酬率，应提高贴现率，再进行测算；如果计算出的净现值为负数，则表明预估的贴现率大于该方案的实际内部报酬率，应降低贴现率，再进行测算。经过如此反复测算，找到净现值由正到负并且比较接近于零的两个贴现率。

第二步，根据上述两个相邻的贴现率再使用插值法，计算出方案的实际内部报酬率。

2. 内部报酬率法的决策规则

在只有一个备选方案的采纳与否决策中，如果计算出的内部报酬率大于或等于企业的资本成本或必要报酬率就采纳；反之，则拒绝。在有多个备选方案的互斥选择决策中，应选用内部报酬率超过资本成本或必要报酬率最多的投资项目。

内部报酬率法考虑了资金的时间价值，反映了投资项目的真实报酬率，概念也易于理解。但这种方法的计算过程比较复杂，特别是每年 *NCF* 不相等的投资项目，一般要经过多次测算才能求得。

（三）获利指数

获利指数又称为利润指数（*Profit ability Index*，缩写为 *PI*），是投资项目未来报酬的总现值与初始投资额的现值之比，计算公式为：

$$PI = \left[\frac{NCF_1}{(1+i)^1} + \frac{NCF_2}{(1+i)^2} + \cdots + \frac{NCF_n}{(1+i)^n}\right] \div C$$

即：

$$PI = 未来现金流量的总现值 \div 初始投资额$$

如果投资为多期完成的，则计算公式为：

$$PI = 未来现金流量的总现值 \div 现金流出量的总现值$$

1. 获利指数的计算过程

第一步，计算未来报酬的总现值，这与计算净现值所采用的方法相同。

第二步，计算获利指数即根据未来报酬的总现值和初始投资额之比计算获利指数。

2. 获利指数法的决策规则

在只有一个备选方案的采纳与否决策中，获利指数大于或等于1，则采纳；反之，则拒绝。在有多个方案的互斥选择决策中，应采用获利指数超过1最多的投资项目。

获利指数法的优点是考虑了资金的时间价值，能够真实地反映投资项目的盈亏程度。由于获利指数是用相对数来表示，有利于在初始投资额不同的投资方案之间进行对比。获利指数的缺点是获利指数这一概念不便于理解。

【例6-3】 润泽公司准备购置一台生产设备，以扩充生产能力。经测算，固定资产投资金额的 100 000 元，项目有效年限为 5 年，按直线法计提折旧，期末无残值。5 年中每年实现销售收入 60 000 元，付现成本 20 000 元。该项目开始时垫支流动资金 30 000 元，公司资本成本为 8%，企业所得税税率为 25%，企业要求的投资回收期为 4 年，要求的平均报酬率为 12%。

例 6-3 微课

要求：计算该项目的投资回收期、平均报酬率、净现值、内部报酬率和获利指数。

本例题在 Excel 中的操作如下：

第一步，按照例【例 6-2】的步骤计算项目现金流量，如图 6-14 所示。

	A	B	C	D	E	F	G
1	固定资产投资（元）	100,000.00					
2	项目年限（年）	5					
3	残值（元）	0					
4	销售收入（元）	60,000.00					
5	付现成本（元）	20,000.00					
6	垫支营运资金（元）	30,000.00					
7	资本成本率	8%					
8	所得税税率	25%					
9	要求的投资回收期（年）	4					
10	要求的投资报酬率	12%					
11	营业净现金流量						
12	项　目	第1年	第2年	第3年	第4年	第5年	
13	销售收入（元）	60,000.00	60,000.00	60,000.00	60,000.00	60,000.00	
14	付现成本（元）	20,000.00	20,000.00	20,000.00	20,000.00	20,000.00	
15	折旧（元）	20,000.00	20,000.00	20,000.00	20,000.00	20,000.00	
16	利润总额（元）	20,000.00	20,000.00	20,000.00	20,000.00	20,000.00	
17	所得税费用（元）	5,000.00	5,000.00	5,000.00	5,000.00	5,000.00	
18	净利润（元）	15,000.00	15,000.00	15,000.00	15,000.00	15,000.00	
19	营业净现金流量（元）	35,000.00	35,000.00	35,000.00	35,000.00	35,000.00	
20	现金流量						
21		第0年	第1年	第2年	第3年	第4年	第5年
22	初始现金流量（元）	-130,000.00					
23	营业净现金流量（元）		35,000.00	35,000.00	35,000.00	35,000.00	35,000.00
24	终结现金流量（元）						30,000.00
25	现金流量合计（元）	-130,000.00	35,000.00	35,000.00	35,000.00	35,000.00	65,000.00

图 6-14　项目现金流量

第二步，计算投资决策指标。在单元格 B26 中输入公式“=-B25/C25”；在单元格 B27 中输入公式“=SUM(C25:G25)/(5*(-B25))”；在单元格 B28 中输入公式“=NPV(B7, C25:G25)+B25”；在单元格 B29 中输入公式“=NPV(B30, C25:G25)+B25”，然后选择“单变量求解”，在对话框中，目标单元格输入 B29，在目标值中输入“0”，在可变单元格中输入 B30，最后单击确定；在单元格 B31 中输入公式“=1+B28/(-B25)”，计算结果如图 6-15 所示。

B31　fx　=1+B28/(-B25)

	A	B	C	D	E	F	G
20	现金流量						
21		第0年	第1年	第2年	第3年	第4年	第5年
22	初始现金流量（元）	-130,000.00					
23	营业净现金流量（元）		35,000.00	35,000.00	35,000.00	35,000.00	35,000.00
24	终结现金流量（元）						30,000.00
25	现金流量合计（元）	-130,000.00	35,000.00	35,000.00	35,000.00	35,000.00	65,000.00
26	投资回收期（年）	3.71					
27	平均报酬率	31.54%					
28	净现值（元）	30,162.35					
29	令：净现值=0	0.00	可行性评价	—			
30	内部报酬率	15.66%					
31	获利指数	1.23					

图 6-15　投资决策指标

第三步，计算投资决策指标。在单元格 D26 中输入公式“=IF(B26<=B9,"可行","不可行")”；在单元格 D27 中输入公式“=IF(B27>=B10,"可行","不可行")”；在单元格 D28 中输入公式“=IF(B28>=0,"可行","不可行")”；在单元格 D30 中输入公式“=IF(B30>=B10,"可行","不可行")”；在单元格 D31 中输入公式“=IF(B31>=1,"可行","不可行")”，如图 6-16。

D26 　 fx =IF(B26<=B9,"可行","不可行")

	A	B	C	D	E	F	G
20				现金流量			
21		第0年	第1年	第2年	第3年	第4年	第5年
22	初始现金流量（元）	-130,000.00					
23	营业净现金流量（元）		35,000.00	35,000.00	35,000.00	35,000.00	35,000.00
24	终结现金流量（元）						30,000.00
25	现金流量合计（元）	-130,000.00	35,000.00	35,000.00	35,000.00	35,000.00	65,000.00
26	投资回收期（年）	3.71		可行			
27	平均报酬率	31.54%		可行			
28	净现值（元）	30,162.35	可行性评价	可行			
29	令：净现值=0	0.00		—			
30	内部报酬率	15.66%		可行			
31	获利指数	1.23		可行			

图 6-16　项目可行性评价

第三节　项目投资决策

一、固定资产更新决策

（一）新旧设备使用寿命相同的情况

在新旧设备尚可使用年限相同的情况下，我们可以采用差量分析法来计算一个方案比另一个方案增减的现金流量。

【例 6-4】　拓扑公司考虑用一台效率更高的新设备代替旧设备，以减少成本，增加收益。旧设备采用直线法计提折旧，新设备采用年限总和法计提折旧，企业所得税税率为 25%，资本成本为 10%，其他情况见表 6-1。试做出该公司是继续使用旧设备还是对其进行更新的决策。

例 6-4 微课

表 6-1　　设备更新的相关数据　　单位：元

项　目	旧设备	新设备
原价	50 000	70 000
可用年限	10	4
已用年限	6	0
尚可使用年限	4	4
税法规定残值	0	7 000
目前变现价值	20 000	70 000
每年可获得的收入	40 000	60 000

（续表）

项　目	旧设备	新设备
每年付现成本	20 000	18 000
每年折旧额	直线法	年数总和法
第 1 年	5 000	25 200
第 2 年	5 000	18 900
第 3 年	5 000	12 600
第 4 年	5 000	6 300

本例题在 Excel 中操作如下：

第一步，计算各年营业净现金流量的差量。在单元格 B17 中输入公式“= $C$8- $B$8”，将光标移至单元格 B17 的右下角，出现“+”标识，点击鼠标左键将“+”标识拖至单元格 E17；在单元格 B18 中输入公式“= $C$9- $B$9”，将光标移至单元格 B18 的右下角，出现“+”标识，点击鼠标左键将“+”标识拖至单元格 E18；在单元格 B19 中输入公式“=C11-B11”，在单元格 C19 中输入公式“=C12-B12”，在单元格 D19 中输入公式“=C13-B13”，在单元格 E19 中输入公式“=C14-B14”；在单元格 B20 中输入公式“=B17-B18-B19”，将光标移至单元格 B20 的右下角，出现“+”标识，点击鼠标左键将“+”标识拖至单元格 E20；在单元格 B21 中输入公式“=B20*25%”，将光标移至单元格 B21 的右下角，出现“+”标识，点击鼠标左键将“+”标识拖至单元格 E21；在单元格 B22 中输入公式“=B20-B21”，将光标移至单元格 B22 的右下角，出现“+”标识，点击鼠标左键将“+”标识拖至单元格 E22；在单元格 B23 中输入公式“=B22+B19”，将光标移至单元格 B23 的右下角，出现“+”标识，点击鼠标左键将“+”标识拖至单元格 E23，如图 6-17 所示。

	A	B	C	D	E
1	项目	旧设备	新设备		
2	原价(元)	50,000.00	70,000.00		
3	可用年限（年）	10	4		
4	已用年限（年）	6	0		
5	尚可使用年限（年）	4	4		
6	税法规定残值（元）	0	7,000.00		
7	目前变现价值（元）	20,000.00	70,000.00		
8	每年可获得的收入（元）	40,000.00	60,000.00		
9	每年付现成本（元）	20,000.00	18,000.00		
10	每年折旧额	直线法	年数总和法		
11	第1年	5,000.00	25,200.00		
12	第2年	5,000.00	18,900.00		
13	第3年	5,000.00	12,600.00		
14	第4年	5,000.00	6,300.00		
15		营业净现金流量的差量			
16	项目	第1年	第2年	第3年	第4年
17	Δ销售收入（元）	20,000.00	20,000.00	20,000.00	20,000.00
18	Δ付现成本（元）	-2,000.00	-2,000.00	-2,000.00	-2,000.00
19	Δ折旧额（元）	20,200.00	13,900.00	7,600.00	1,300.00
20	Δ税前利润（元）	1,800.00	8,100.00	14,400.00	20,700.00
21	Δ所得税（元）	450.00	2,025.00	3,600.00	5,175.00
22	Δ税后利润（元）	1,350.00	6,075.00	10,800.00	15,525.00
23	Δ营业净现金流量（元）	21,550.00	19,975.00	18,400.00	16,825.00

图 6-17　营业净现金流量的差量

第二步，计算两个方案现金流量的差量。在单元格 B26 中输入公式“=-(C7-B7)”，在单元格 F28 中输入公式“=C6-B6”，在单元格 B29 中输入公式“=SUM(B26:B28)”，将光标移至单元格 B29 的右下角，出现“+”标识，点击鼠标左键将“+”标识拖至单元格 F29，即可得到结果，如图 6-18 所示。

	A	B	C	D	E	F
1	项目	旧设备	新设备			
2	原价(元)	50,000.00	70,000.00			
3	可用年限（年）	10	4			
4	已用年限（年）	6	0			
5	尚可使用年限（年）	4	4			
6	税法规定残值（元）	0	7,000.00			
7	目前变现价值（元）	20,000.00	70,000.00			
8	每年可获得的收入（元）	40,000.00	60,000.00			
9	每年付现成本（元）	20,000.00	18,000.00			
10	每年折旧额	直线法	年数总和法			
11	第1年	5,000.00	25,200.00			
12	第2年	5,000.00	18,900.00			
13	第3年	5,000.00	12,600.00			
14	第4年	5,000.00	6,300.00			
15	营业净现金流量的差量					
16	项目	第1年	第2年	第3年	第4年	
17	Δ销售收入（元）	20,000.00	20,000.00	20,000.00	20,000.00	
18	Δ付现成本（元）	-2,000.00	-2,000.00	-2,000.00	-2,000.00	
19	Δ折旧额（元）	20,200.00	13,900.00	7,600.00	1,300.00	
20	Δ税前利润（元）	1,800.00	8,100.00	14,400.00	20,700.00	
21	Δ所得税（元）	450.00	2,025.00	3,600.00	5,175.00	
22	Δ税后利润（元）	1,350.00	6,075.00	10,800.00	15,525.00	
23	Δ营业净现金流量（元）	21,550.00	19,975.00	18,400.00	16,825.00	
24	现金流量的差量					
25	项目	第0年	第1年	第2年	第3年	第4年
26	Δ初始投资（元）	-50,000.00				
27	Δ营业净现金流量（元）		21,550.00	19,975.00	18,400.00	16,825.00
28	Δ终结现金流量（元）					7,000.00
29	Δ现金流量（元）	-50,000.00	21,550.00	19,975.00	18,400.00	23,825.00

图 6-18　现金流量的差量

第三步，计算净现值的差量。在单元格 B30 中输入公式“=NPV(10%, C29:F29)+B29”；在单元格 B31 中输入公式“=IF(B30>=0,"更新","不更新")”，如图 6-19 所示。

B31　　*fx*　=IF(B30>=0,"更新","不更新")

	A	B	C	D	E	F
24	现金流量的差量					
25	项目	第0年	第1年	第2年	第3年	第4年
26	Δ初始投资（元）	-50,000.00				
27	Δ营业净现金流量（元）		21,550.00	19,975.00	18,400.00	16,825.00
28	Δ终结现金流量（元）					7,000.00
29	Δ现金流量（元）	-50,000.00	21,550.00	19,975.00	18,400.00	23,825.00
30	ΔNPV（元）	16,196.16				
31	结论	更新				

图 6-19　固定资产更新决策结论

（二）新旧设备使用寿命不同的情况

对于寿命不同的项目，不能对它们的净现值、内部报酬率及获利指数进行直接比较。为了使投资项目的各项指标具有可比性，要设法使其在相同的寿命期内进行比较。此时可以采用的方法有最小公倍寿命法和年均净现值法。

【例 6-5】 沿用拓扑公司的例子，为了计算方便，假设新设备的使用寿命为 8 年，每年可获得销售收入 45 000 元，采用直线折旧法，期末无残值，其他条件不变。

例 6-5 微课

本例题在 Excel 中的操作如下：

1. 直接使用净现值法

第一步，按照例【例 6-2】的步骤计算新旧设备现金流量，如图 6-20 所示。

	A	B	C	D	E
1	项目	旧设备	新设备		
2	原价(元)	50,000.00	70,000.00		
3	可用年限（年）	10	8		
4	已用年限（年）	6	0		
5	尚可使用年限（年）	4	8		
6	税法规定残值（元）	0	0		
7	目前变现价值（元）	20,000.00	70,000.00		
8	每年可获得的收入（元）	40,000.00	45,000.00		
9	每年付现成本（元）	20,000.00	18,000.00		
10	新旧设备的营业净现金流量				
11	项目	旧设备 第1-4年	新设备 第1-8年		
12	销售收入	40,000.00	45,000.00		
13	付现成本（元）	20,000.00	18,000.00		
14	折旧额（元）	5,000.00	8,750.00		
15	税前利润（元）	15,000.00	18,250.00		
16	所得税费用（元）	3,750.00	4,562.50		
17	税后利润（元）	11,250.00	13,687.50		
18	营业净现金流量（元）	16,250.00	22,437.50		
19	新旧设备的现金流量				
20	项目	旧设备		新设备	
21	年限	第0年	第1-4年	第0年	第1-8年
22	初始现金流量（元）	-20,000.00		-70,000.00	
23	营业净现金流量（元）		16,250.00		22,437.50
24	终结现金流量（元）		0.00		0.00
25	现金流量（元）	-20,000.00	16,250.00	-70,000.00	22,437.50

图 6-20 新旧设备现金流量

第二步，计算新旧设备现金流量的净现值。在单元格 B26 中输入公式“=PV(10%, B5, -C25, , 0) +B25”；在单元格 D26 中输入公式“=PV(10%, C5, -E25, , 0) +D25”，如图 6-21 所示。

B26 =PV(10%, B5, -C25, , 0)+B25

	A	B	C	D	E
19	新旧设备的现金流量				
20	项目	旧设备		新设备	
21	年限	第0年	第1-4年	第0年	第1-8年
22	初始现金流量（元）	-20,000.00		-70,000.00	
23	营业净现金流量（元）		16,250.00		22,437.50
24	终结现金流量（元）		0.00		0.00
25	现金流量（元）	-20,000.00	16,250.00	-70,000.00	22,437.50
26	净现值（元）	31,510.31		49,702.41	
27	净现值（项目复制法）（元）	53,032.28		49,702.41	
28	年均净现值（元）	9,940.58		9,316.42	

图 6-21 新旧设备净现值

从以上计算中很容易得出应该更新设备的结论，但这个结论是错误的。因为新旧设备的使用寿命不同，不能直接进行比较。

2. 最小公倍寿命法

最小公倍寿命法又称项目复制法,是将两个方案使用寿命的最小公倍数作为比较期间,并假设两个方案在这个比较区间内进行多次重复投资,将各自多次投资的净现值进行比较的分析方法。

在前两步的基础上,计算 8 年内继续使用旧设备的净现值。在单元格 B27 中输入公式“=PV(10%, B5, 0, -B26) +B26”;在单元格 D27 中输入公式“=D26”,如图 6-22 所示。

	A	B	C	D	E
19	新旧设备的现金流量				
20	项目	旧设备		新设备	
21	年限	第0年	第1-4年	第0年	第1-8年
22	初始现金流量（元）	-20,000.00		-70,000.00	
23	营业净现金流量（元）		16,250.00		22,437.50
24	终结现金流量（元）		0.00		0.00
25	现金流量（元）	-20,000.00	16,250.00	-70,000.00	22,437.50
26	净现值（元）	31,510.31		49,702.41	
27	净现值（项目复制法）（元）	53,032.28		49,702.41	

图 6-22　8 年内继续使用旧设备的净现值

通过比较可知,8 年内继续使用旧设备的净现值比使用新设备的净现值高,所以目前不应该更新。

3. 年均净现值法

年均净现值法是把投资项目在寿命期内总的净现值转化为每年的平均净现值,并进行比较的分析方法。

年均净现值的计算公式为:

$$ANPV = \frac{NPV}{PVIFA_{i,\ n}}$$

式中:$ANPV$ 表示年均净现值;NPV 表示净现值;$PVIFA_{i,\ n}$ 表示建立在公司资本成本和项目寿命期基础上的年金现值系数。

在前三步的基础上,计算新旧设备的年均净现值。在单元格 B28 中输入公式“=PMT(10%, B5, -B26)”;在单元格 D28 中输入公式“=PMT(10%, C5, -D26)”,如图 6-23 所示。

	A	B	C	D	E
19	新旧设备的现金流量				
20	项目	旧设备		新设备	
21	年限	第0年	第1-4年	第0年	第1-8年
22	初始现金流量（元）	-20,000.00		-70,000.00	
23	营业净现金流量（元）		16,250.00		22,437.50
24	终结现金流量（元）		0.00		0.00
25	现金流量（元）	-20,000.00	16,250.00	-70,000.00	22,437.50
26	净现值（元）	31,510.31		49,702.41	
27	净现值（项目复制法）（元）	53,032.28		49,702.41	
28	年均净现值（元）	9,940.58		9,316.42	

图 6-23　新旧设备的年均净现值

从计算结果可以看出,继续使用旧设备的年均净现值比使用新设备的年均净现值高,所以应该继续使用旧设备。

二、资本限额投资决策

资本限额是指企业可以用于投资的资金总量有限,不能投资于所有可接受的项目,这种情况在很多企业都存在,尤其在那些以内部筹资为经营策略或外部筹资受到限制的公司。

1. 使用获利指数法的步骤

第一步,计算所有项目的获利指数,并列出每个项目的初始投资额。

第二步,接受所有 $PI \geqslant 1$ 的项目。如果资本限额能够满足所有可接受的项目,则决策过程完成。

第三步,如果资本限额不能满足所有 $PI \geqslant 1$ 的项目,就要对第二步进行修正。修正过程为:对所有项目在资本限额内进行各种可能的组合,然后计算出各种可能组合的加权平均获利指数。

第四步,接受加权平均获利指数最大的投资组合。

2. 使用净现值法的步骤

第一步,计算所有项目的净现值,并列出每个项目的初始投资额。

第二步,接受所有 $NPV \geqslant 0$ 的项目,如果资本限额能够满足所有可接受的项目,则决策过程完成。

第三步,如果资本限额不能满足所有 $NPV \geqslant 0$ 的项目,就要对第二步进行修正。修正过程为:对所有项目在资本限额内进行各种可能的组合,然后计算出各种可能组合的净现值合计数。

第四步,接受净现值合计数最大的投资组合。

3. 资本限额投资决策举例

例 6-6 微课

【例 6-6】 假设派克公司有 5 个可供选择的项目 A、B、C、D、E,5 个项目彼此独立,公司的初始投资限额为 400 000 元,详细情况见表 6-2。

表 6-2　派克公司的 5 个投资项目　金融单位:元

投资项目	初始投资	获利指数 *PI*	净现值 *NPV*
A	120 000	1.56	67 000
B	150 000	1.53	79 500
C	300 000	1.37	111 000
D	125 000	1.17	21 000
E	100 000	1.18	18 000

本例题在 Excel 中的操作如下:

第一步,列举满足条件的投资组合。以上 5 个项目的所有投资组合共有 31 种,其中满足初始投资限额为 400 000 元条件的有 16 种,计算各组合初始投资,如图 6-24 所示。

第二步,计算投资组合的加权平均获利指数。在单元格 D9 中输入公式"=B2/400000*C2+(400000-B2)/400000*1";在单元格 D10 中输入公式"=B2/400000*C2+B3/400000*C3+(400000-B2-B3)/400000*1",以此类推,直至计算出 D24,如图 6-25 所示。

	A	B	C	D	E
1	投资项目	初始投资（元）	获利指数PI	净现值NPV（元）	
2	A	120,000.00	1.56	67,000.00	
3	B	150,000.00	1.53	79,500.00	
4	C	300,000.00	1.37	111,000.00	
5	D	125,000.00	1.17	21,000.00	
6	E	100,000.00	1.18	18,000.00	
7					
8	序号	项目组合	初始投资（元）	加权平均获利指数	净现值合计（元）
9	1	A	120,000.00		
10	2	AB	270,000.00		
11	3	AD	245,000.00		
12	4	AE	220,000.00		
13	5	ABD	395,000.00		
14	6	ABE	370,000.00		
15	7	ADE	345,000.00		
16	8	B	150,000.00		
17	9	BD	275,000.00		
18	10	BE	250,000.00		
19	11	BDE	375,000.00		
20	12	C	300,000.00		
21	13	CE	400,000.00		
22	14	D	125,000.00		
23	15	DE	225,000.00		
24	16	E	100,000.00		

图 6-24　满足条件的投资组合

D9　=B2/400000*C2+(400000-B2)/400000*1

	A	B	C	D	E
1	投资项目	初始投资（元）	获利指数PI	净现值NPV（元）	
2	A	120,000.00	1.56	67,000.00	
3	B	150,000.00	1.53	79,500.00	
4	C	300,000.00	1.37	111,000.00	
5	D	125,000.00	1.17	21,000.00	
6	E	100,000.00	1.18	18,000.00	
7					
8	序号	项目组合	初始投资（元）	加权平均获利指数	净现值合计（元）
9	1	A	120,000.00	1.168	
10	2	AB	270,000.00	1.367	
11	3	AD	245,000.00	1.221	
12	4	AE	220,000.00	1.213	
13	5	ABD	395,000.00	1.420	
14	6	ABE	370,000.00	1.412	
15	7	ADE	345,000.00	1.266	
16	8	B	150,000.00	1.199	
17	9	BD	275,000.00	1.252	
18	10	BE	250,000.00	1.240	
19	11	BDE	375,000.00	1.297	
20	12	C	300,000.00	1.278	
21	13	CE	400,000.00	1.323	
22	14	D	125,000.00	1.053	
23	15	DE	225,000.00	1.098	
24	16	E	100,000.00	1.045	

图 6-25　投资组合的加权平均获利指数

第三步，计算投资组合的净现值合计。在单元格 E9 中输入公式“=D2”，在单元格 E9 中输入公式“=D2+D3”，以此类推，直至计算出 E24，如图 6-26 所示。

从图 6-26 中可以看出，用获利指数法和净现值法得到的结论一致：项目 ABD 是最优投资组合，其加权平均获利指数与净现值均为满足条件的组合中最大的。

E10 =D2+D3

	A	B	C	D	E
1	投资项目	初始投资（元）	获利指数PI	净现值NPV（元）	
2	A	120,000.00	1.56	67,000.00	
3	B	150,000.00	1.53	79,500.00	
4	C	300,000.00	1.37	111,000.00	
5	D	125,000.00	1.17	21,000.00	
6	E	100,000.00	1.18	18,000.00	
7					
8	序号	项目组合	初始投资（元）	加权平均获利指数	净现值合计（元）
9	1	A	120,000.00	1.168	67,000.00
10	2	AB	270,000.00	1.367	146,500.00
11	3	AD	245,000.00	1.221	88,000.00
12	4	AE	220,000.00	1.213	85,000.00
13	5	ABD	395,000.00	1.420	167,500.00
14	6	ABE	370,000.00	1.412	164,500.00
15	7	ADE	345,000.00	1.266	106,000.00
16	8	B	150,000.00	1.199	79,500.00
17	9	BD	275,000.00	1.252	100,500.00
18	10	BE	250,000.00	1.240	97,500.00
19	11	BDE	375,000.00	1.297	118,500.00
20	12	C	300,000.00	1.278	111,000.00
21	13	CE	400,000.00	1.323	129,000.00
22	14	D	125,000.00	1.053	21,000.00
23	15	DE	225,000.00	1.098	39,000.00
24	16	E	100,000.00	1.045	18,000.00

图 6-26 投资组合的净现值合计

三、投资时机选择决策

投资时机选择决策可以让决策者确定开始投资的最佳时期，例如某林地的所有者需要确定何时砍伐树木比较合适、某产品专利权的所有者必须决定何时推出该产品。这类决策既会产生一定的效益，又会支出相应的成本。在等待时机的过程中，公司能够得到更为充分的市场信息或更高的产品价格，或者有时间继续提高产品的性能，但是这些决策优势也会带来因为等待而引起的资金时间价值的损失，以及竞争者提前进入市场的危险，成本也可能会随着时间的延长而增加。如果等待时机的利益超过伴随而来的成本，那么公司应该采取等待时机的策略。

投资时机选择的标准仍然是净现值最大化。由于开发的时间不同，不能将计算出来的净现值进行简单对比，而应该折算成同一个时点的现值再进行比较。

【例 6-7】 某林业公司有一片经济林，公司准备采伐树木并加工成木材出售。该经济林的树木将随着时间的推移而成长得更加茂密，单位面积的经济林价值也将逐渐提高。根据预测，每亩树木每年的销售收入将提高 20%，但是采伐的付现成本（主要是工人工资）也将增加 10%。按照公司的计划，可以立即采伐或者 3 年后采伐。无论选择哪种方案，树木都可供采伐 4 年，需要购置的采伐及加工设备的初始成本都是 100 万元，设备折旧采用直线法，折旧年限 4 年，设备期末无残值。项目开始时均需垫支营运资本 20 万元，采伐结束后收回。计划每年采伐 200 亩林木，第 1 年每亩林木可获得销售收入 1 万元，采伐每亩林木的付现成本为 0.35 万元。

例 6-7 微课

公司需要做出立即采伐还是3年以后采伐的决策，有关资料见表6-3。

表6-3　　林木采伐方案的基本情况

投资与回收		收入与成本	
固定资产投资	100万元	年采伐量	200亩
营运资本垫支	20万元	当前采伐每亩收入	1万元
固定资产残值	0	当前采伐每亩付现成本	0.35万元
固定资产直线法折旧年限	4年	企业所得税税率	25%
资本成本率	10%		

本例题在Excel中的操作如下：

(1) 计算现在采伐的净现值。

第一步，按照【例6-2】的步骤计算现在采伐的现金流量，如图6-27所示。

	A	B	C	D	E	F
1	投资与回收		收入与成本			
2	固定资产投资（元）	1,000,000.00	年采伐量（亩）	200		
3	营运资本垫支（元）	200,000.00	当前采伐每亩收入（元）	10,000.00		
4	固定资产残值(元)	0	当前采伐每亩付现成本（元）	3,500.00		
5	固定资产直线法折旧年限（年）	4	所得税税率	25%		
6	资本成本率	10%				
7	现在采伐的营业净现金流量					
8	项目	第1年	第2年	第3年	第4年	
9	销售收入（元）	2,000,000.00	2,400,000.00	2,880,000.00	3,456,000.00	
10	付现成本（元）	700,000.00	770,000.00	847,000.00	931,700.00	
11	折旧（元）	250,000.00	250,000.00	250,000.00	250,000.00	
12	税前利润（元）	1,050,000.00	1,380,000.00	1,783,000.00	2,274,300.00	
13	所得税费用（元）	262,500.00	345,000.00	445,750.00	568,575.00	
14	税后利润（元）	787,500.00	1,035,000.00	1,337,250.00	1,705,725.00	
15	营业现金流量（元）	1,037,500.00	1,285,000.00	1,587,250.00	1,955,725.00	
16	现在采伐的现金流量					
17	项目	第0年	第1年	第2年	第3年	第4年
18	初始现金流量（元）	-1,200,000.00				
19	营业净现金流量（元）		1,037,500.00	1,285,000.00	1,587,250.00	1,955,725.00
20	终结现金流量（元）					200,000.00
21	现金流量（元）	-1,200,000.00	1,037,500.00	1,285,000.00	1,587,250.00	2,155,725.00

图6-27　现在采伐的现金流量

第二步，计算立即采伐的净现值。在单元格B22中输入公式"=NPV(B6,C21:F21)+B21"，如图6-28所示。

B22　=NPV(B6,C21:F21)+B21

	A	B	C	D	E	F
16	现在采伐的现金流量					
17	项目	第0年	第1年	第2年	第3年	第4年
18	初始现金流量（元）	-1,200,000.00				
19	营业净现金流量（元）		1,037,500.00	1,285,000.00	1,587,250.00	1,955,725.00
20	终结现金流量（元）					200,000.00
21	现金流量（元）	-1,200,000.00	1,037,500.00	1,285,000.00	1,587,250.00	2,155,725.00
22	净现值（元）	3,470,078.89				

图6-28　现在采伐的净现值

(2) 计算3年后采伐的净现值。

第一步，按照【例6-2】的步骤计算3年后采伐的现金流量(以第4年年初为起点)，如表6-29所示。

	A	B	C	D	E	F
25	投资与回收		收入与成本			
26	固定资产投资（元）	1,000,000.00	年采伐量（亩）	200		
27	营运资本垫支（元）	200,000.00	当前采伐每亩收入（元）	10,000.00		
28	固定资产残值	0	当前采伐每亩付现成本（元）	3,500.00		
29	固定资产直线法折旧年限（年）	4	所得税税率	25%		
30	资本成本率	10%				
31	3年后采伐的营业净现金流量					
32	项目	第4年	第5年	第6年	第7年	
33	销售收入（元）	3,456,000.00	4,147,200.00	4,976,640.00	5,971,968.00	
34	付现成本（元）	931,700.00	1,024,870.00	1,127,357.00	1,240,092.70	
35	折旧（元）	250,000.00	250,000.00	250,000.00	250,000.00	
36	税前利润（元）	2,274,300.00	2,872,330.00	3,599,283.00	4,481,875.30	
37	所得税费用（元）	568,575.00	718,082.50	899,820.75	1,120,468.83	
38	税后利润（元）	1,705,725.00	2,154,247.50	2,699,462.25	3,361,406.48	
39	营业现金流量（元）	1,955,725.00	2,404,247.50	2,949,462.25	3,611,406.48	
40	3年后采伐的现金流量					
41	项目	第4年初	第4年	第5年	第6年	第7年
42	初始现金流量（元）	-1,200,000.00				
43	营业净现金流量（元）		1,955,725.00	2,404,247.50	2,949,462.25	3,611,406.48
44	终结现金流量（元）					200,000.00
45	现金流量（元）	-1,200,000.00	1,955,725.00	2,404,247.50	2,949,462.25	3,811,406.48

图 6-29　3 年后采伐的现金流量

第二步，计算 3 年后采伐的净现值。在单元格 B46 中输入公式"=NPV(B30, C45:F45)*(1+B30)^(-3)+B45*(1+B30)^(-3)"，如图 6-30 所示。

B46　fx　=NPV(B30,C45:F45)*(1+B30)^(-3)+B45*(1+B30)^(-3)

	A	B	C	D	E	F
40	3年后采伐的现金流量					
41	项目	第4年初	第4年	第5年	第6年	第7年
42	初始现金流量（元）	-1,200,000.00				
43	营业净现金流量（元）		1,955,725.00	2,404,247.50	2,949,462.25	3,611,406.48
44	终结现金流量（元）					200,000.00
45	现金流量（元）	-1,200,000.00	1,955,725.00	2,404,247.50	2,949,462.25	3,811,406.48
46	净现值（元）	5,547,805.99				

图 6-30　3 年后采伐的净现值

（3）结论：由于 3 年后采伐的净现值大于立即采伐的净现值，因此，公司应该选择在 3 年后再采伐。

四、投资期选择决策

投资期是指项目从开始投入资金至项目建成投入生产所需要的时间。较短的投资期，需要在初期投入较多的人力、物力，但是后续的营业现金流量发生得比较早；较长的投资期，初期投资较少，但是由于后续的营业现金流量发生得比较晚，也会影响投资项目的净现值。因此，在可以选择的情况下，公司应该运用投资决策的分析方法，对延长或缩短投资期进行认真比较，以权衡利弊。在投资期选择决策中，最常用的方法是差量分析法。差量分析法的计算比较简单，但是不能反映不同投资期下项目的净现值。

【例 6-8】　甲公司计划一项投资，正常投资期为 3 年，每年投资 200 万元，3 年共需投资 600 万元。第 4 至第 13 年每年现金净流量为 210 万元。如果把投资期缩短为 2 年，每年需投资 320 万元，2 年共投资 640 万元，竣工投产后的项目寿命和每年现金净流量不变。资本成本为 20%，假设寿命终结时无残值，不用垫支营运资本。请分析判断是否应当缩短投资期（用差量

例 6-8 微课

分析法进行分析）。

本例题在 Excel 中的操作如下：

第一步，计算不同投资期的现金流量差量。在单元格 B4 中输入公式“=B2-B3”，将光标移至单元格 B4 的右下角，出现“+”标识，点击鼠标左键将“+”标识拖至单元格 G4，即可得到结果，如图 6-31 所示。

	A	B	C	D	E	F	G
1	项目	第0年	第1年	第2年	第3年	第4-12年	第13年
2	缩短投资期的现金流量（元）	-3,200,000.00	-3,200,000.00	0.00	2,100,000.00	2,100,000.00	
3	正常投资期的现金流量（元）	-2,000,000.00	-2,000,000.00	-2,000,000.00	0.00	2,100,000.00	2,100,000.00
4	Δ现金流量（元）	-1,200,000.00	-1,200,000.00	2,000,000.00	2,100,000.00	0.00	-2,100,000.00

图 6-31　不同投资期的现金流量差量

第二步，计算差量现金流量的复利现值。在单元格 B5 中输入公式“=B4”；在单元格 C5 中输入公式“=C4/(1+20%)”；在单元格 D5 中输入公式“=D4/(1+20%)^2”；在单元格 E5 中输入公式“=E4/(1+20%)^3”；在单元格 F5 中输入“0”；在单元格 G5 中输入公式“=G4/(1+20%)^13”，如图 6-32 所示。

	A	B	C	D	E	F	G
1	项目	第0年	第1年	第2年	第3年	第4-12年	第13年
2	缩短投资期的现金流量（元）	-3,200,000.00	-3,200,000.00	0.00	2,100,000.00	2,100,000.00	
3	正常投资期的现金流量（元）	-2,000,000.00	-2,000,000.00	-2,000,000.00	0.00	2,100,000.00	2,100,000.00
4	Δ现金流量（元）	-1,200,000.00	-1,200,000.00	2,000,000.00	2,100,000.00	0.00	-2,100,000.00
5	Δ现金流量复利现值（元）	-1,200,000.00	-1,000,000.00	1,388,888.89	1,215,277.78	0.00	-196,274.15

图 6-32　差量现金流量的复利现值

第三步，计算差量净现值。在单元格 B6 中输入公式“=SUM(B5:G5)”，如图 6-33 所示。

	A	B	C	D	E	F	G
1	项目	第0年	第1年	第2年	第3年	第4-12年	第13年
2	缩短投资期的现金流量（元）	-3,200,000.00	-3,200,000.00	0.00	2,100,000.00	2,100,000.00	
3	正常投资期的现金流量（元）	-2,000,000.00	-2,000,000.00	-2,000,000.00	0.00	2,100,000.00	2,100,000.00
4	Δ现金流量（元）	-1,200,000.00	-1,200,000.00	2,000,000.00	2,100,000.00	0.00	-2,100,000.00
5	Δ现金流量复利现值（元）	-1,200,000.00	-1,000,000.00	1,388,888.89	1,215,277.78	0.00	-196,274.15
6	Δ净现值（元）	207,892.52					

图 6-33　差量净现值

从图 6-33 可以看出，缩短投资期会增加净现值 20.79 万元，所以应采纳缩短投资期的方案。

本 章 训 练

1. 某项目的一次性固定资产投资为 200 万元，建设期为 1 年。该固定资产可使用 8 年，按平均年限法计提折旧，期满有净残值 20 万元。该项目需要在第 1 年年末垫支流动资金 30 万元，并于项目终结时收回。项目投产后，第 1 年至第 4 年每年获得产品销售收入 110 万元，每年付现经营成本为 55 万元；第 5 年至第 8 年每年产品销售收入 100 万元，每年付现经营成本为 60 万元,企业所得税税率为 25%,如图 6-34 所示。

要求:计算各年的现金流量。

	A	B	C	D	E	F	G	H	I	J	K
1	固定资产投资（元）	2,000,000.00	前4年收入（元）	1,100,000.00							
2	流动资产投资（元）	300,000.00	前4年付现成本（元）	550,000.00							
3	固定资产残值（元）	200,000.00	后4年收入（元）	1,000,000.00							
4	项目的建设期（年）	1	后4年付现成本（元）	600,000.00							
5	所得税税率	25%	项目的经营期（年）	8							
6	年限	第0年	第1年	第2年	第3年	第4年	第5年	第6年	第7年	第8年	第9年
7	初始现金流量（元）										
8	收入（元）										
9	付现成本（元）										
10	折旧（元）										
11	净利润（元）										
12	营业现金流量（元）										
13	终结点现金流量（元）										
14	现金流量（元）										

图 6-34 投资项目基本情况

2. 润泽公司设备投入资金为 400 000 元,在建设期初一次性投入,项目建设期为 2 年,经营期为 8 年。投产后每年的经营收入为 324 000 元,每年的付现成本为 162 000 元。设备采用直线法计提折旧,期末有 4%的净残值。企业所得税税率为 25%,行业基准收益率为 16%,公司要求的回收期为 5 年,如图 6-35 所示。

	A	B	C	D	E	F	G	H	I	J	K	L
1	固定资产投资（元）	400,000.00										
2	项目建设期（年）	2										
3	项目经营期（年）	8										
4	年营业收入（元）	324,000.00										
5	年付现成本（元）	162,000.00										
6	残值率	4%										
7	行业基准收益率	14%										
8	所得税税率	25%										
9	要求的回收期（年）	5										
10	年限	第0年	第1年	第2年	第3年	第4年	第5年	第6年	第7年	第8年	第9年	第10年
11	初始现金流量（元）											
12	营业现金流量（元）											
13	终结现金流量（元）											
14	现金流量（元）											
15	净现值（元）											
16	内部报酬率											
17	投资回收期（年）											
18	平均报酬率											
19	可行性结论											

图 6-35 投资项目基本情况

要求:

(1) 计算该投资项目的净现值。

(2) 计算企业投资项目的内部报酬率。

(3) 计算投资回收期。

(4) 计算平均报酬率。

(5) 判断该投资项目是否可行。

3. 海格公司 3 年前购入一台机床,原价为 6 万元,预计可使用 10 年,残值为 0.5 万元。目前,市场上有一种性能更好的同类型机床,价值为 9 万元,可使用 7 年,残值预计为0.8 万元。经测算,新型机床投入使用后每年可增加销售收入 1.5 万元(原销售收入为 9 万元),降低付现经营成本 0.2 万元(原付现经营成本为 5 万元)。购入新型机床时,旧机床可以作价 4.35 万元出售。公司的资本成本为 14%,企业所得税税率为 25%,如图 6-36 所示。

要求:判断公司是否应该对机床进行更新。

	A	B	C	D
1	方案	旧机床	新机床	
2	原值(元)	60,000.00	90,000.00	
3	已使用年限(年)	3	0	
4	预计使用年限(年)	10	7	
5	年销售收入(元)	90,000.00	105,000.00	
6	年付现经营成本(元)	50,000.00	48,000.00	
7	目前变现价值(元)	43,500.00	90,000.00	
8	残值(元)	5,000.00	8,000.00	
9	资本成本	14%	14%	
10	所得税税率	25%	25%	
11	方案	旧机床	新机床	差量
12	初始净现金流量(元)			
13	经营净现金流量(元)			
14	终结点现金流量(元)			
15	净现值(元)			
16	结论			

图 6-36 新旧机床基本情况

第七章　Excel 在营运资金管理中的应用

知识导航

- 在营运资金管理中的应用
  - 现金管理
    - 现金的成本
    - 最佳现金持有量的确定模型
  - 应收账款管理
    - 应收账款及其管理的意义
    - 应收账款的成本
    - 信用政策
  - 存货管理
    - 存货的概念与功能
    - 存货的持有成本
    - 最佳经济订货批量模型

本章简介

本章主要讲解利用 Excel 工具进行流动资产管理，包括运用 Excel 预测成本分析模式和存货模式的最佳现金持有量；运用 Excel 做出应收账款决策；运用 Excel 统计各债务人的应收账款；运用 Excel 分析逾期应收账款和应收账款的账龄；运用 Excel 测算在无数量折扣与有数量折扣情况下的经济订货批量。

学习目标

1. 掌握 Excel 在最佳现金持有量中的应用。
2. 掌握 Excel 在应收账款决策中的应用。
3. 掌握 Excel 在分析应收账款账龄中的应用。
4. 掌握 Excel 在经济订货批量决策中的应用。

第一节　现 金 管 理

现金是指在生产经营过程中以货币形态存在的资金，广义的现金、包括库存现金、银行存款和其他货币资金等；狭义的现金仅指库存现金。

保持合理的现金库存水平是企业现金管理的重要内容。现金是变现能力最强的资产，可以用来满足生产经营开支的各种需要，也是还本付息和履行纳税义务的保证。拥有足够的现金可以降低企业的风险，增强企业资产的流动性和债务的可清偿性。现金也是唯一不创造价值的资产，对其持有量也不是越多越好。因此，企业必须建立一套现金管理的方法，确定最佳的现金持有量,以便在保证企业经营活动所需现金的同时,尽量控制企业的现金数量,提高资金收益率。

一、现金的成本

企业为了持有一定数量的现金而发生的费用或者现金发生短缺时所付出的代价是持有现金的成本,主要由 4 个部分组成。

(一) 机会成本

现金的机会成本是指企业因持有一定现金余额而丧失的再投资收益。再投资收益是企业不能同时用该现金进行证券投资、项目投资所产生的机会成本,这种成本在数额上等于资本成本。例如某企业的资本成本为 10%,年均持有现金 50 万元,则该企业每年的现金机会成本为 5 万元(50×10%)。放弃的再投资收益即机会成本,属于变动成本,它与现金持有量的多少密切相关,即现金持有量越大,机会成本越高,反之,就越低。

(二) 管理成本

现金的管理成本是指企业因持有一定数量的现金而发生的管理费用。例如管理者工资、为实施安全措施而产生的费用等。一般认为这是一种固定成本,这种成本和现金持有量之间没有明显的比例关系。

(三) 转换成本

转换成本是指企业用现金购入有价证券以及转让有价证券换取现金时付出的费用,即现金同有价证券之间相互转换的成本,如委托买卖佣金、手续费、过户费等。

(四) 短缺成本

现金短缺成本是指在现金持有量不足,又无法及时通过有价证券变现加以补充给企业造成的损失,包括直接损失与间接损失。

二、最佳现金持有量的确定模型

现金管理要控制好现金持有的规模,即确定最佳现金持有量。最佳现金持有量就是使持有现金的相关总成本最低的现金持有余额。确定最佳现金持有量的模型主要有成本分析模型、存货模型等。

(一) 成本分析模型

成本分析模型只考虑持有一定数量的现金而发生的机会成本和短缺成本,而不考虑转换成本。管理成本是固定成本,因此管理成本是进行现金持有量决策的无关成本。在成本分析模型下,先根据不同现金持有量计算出各相关成本的数值,再计算相关总成本,相关总成本最小的现金持有量即为最佳现金持有量。

在成本分析模型下,机会成本是正相关成本,短缺成本是负相关成本。因此,成本分析模式是要找到机会成本、短缺成本所组成的总成本曲线中最低点所对应的现金持有量,把它作为最佳现金持有量。

【例 7-1】 凯胜公司现有 A、B、C、D 4 种现金持有方案,有关成本资料见表 7-1,请根据表 7-1 所列示的资料,为凯胜公司测算最佳的现金持有量。

例 7-1 微课

表 7-1　　凯胜公司备选现金持有方案　　金额单位:万元

项　目	A	B	C	D
现金持有量	100	200	300	400
机会成本率	10%	10%	10%	10%
短缺成本	50	30	5	0

本例题在 Excel 中的操作如下:

第一步,计算各方案机会成本,选取单元格 B6,输入公式"=B3*B4"(现金持有量×机会成本率),可得到方案 A 的机会成本,如图 7-1 所示。

B6　　f_x =B3*B4

	A	B	C	D	E
1	凯胜公司备选现金持有方案				
2	项目	A	B	C	D
3	现金持有量(万元)	100.00	200.00	300.00	400.00
4	机会成本率	10%	10%	10%	10%
5	短缺成本(万元)	50.00	30.00	5.00	0.00
6	机会成本(万元)	10.00	20.00	30.00	40.00
7	相关总成本(万元)				

图 7-1　计算各方案的机会成本

第二步,将单元格 B6 的公式套用到单元格 C6、D6、E6,可求出方案 B、C、D 的机会成本;也可将光标移至单元格 B6 的右下角,出现"+"标识,点击鼠标左键将"+"标识拖至单元格 E6,即可得到结果,如图 7-1 所示。

第三步,计算各方案相关总成本(短缺成本+机会成本),选取单元格 B7,输入公式"=B5+B6",并将单元格 B7 的公式套用到单元格 C7、D7、E7,如图 7-2 所示。

B7　　f_x =B5+B6

	A	B	C	D	E
1	凯胜公司备选现金持有方案				
2	项目	A	B	C	D
3	现金持有量(万元)	100.00	200.00	300.00	400.00
4	机会成本率	10%	10%	10%	10%
5	短缺成本(万元)	50.00	30.00	5.00	0.00
6	机会成本(万元)	10.00	20.00	30.00	40.00
7	相关总成本(万元)	60.00	50.00	35.00	40.00

图 7-2　计算各方案的相关总成本

通过计算可知,C 方案相关总成本为 35 万元,是 4 个方案中相关总成本最低的方案,所以应选择 C 方案,凯胜公司最佳现金持有量是 300 万元。

(二)存货模型

存货模型是指企业最佳现金持有量确定时,用存货经济批量的原理来确定企业的现金持有量。此方法要求企业有较完整的财务预算,在一定时期内企业现金需要量可预知的基础上,便能用存货模型来确定企业最合理的现金资产的平均存量。

存货模型考虑现金持有成本与转换成本。现金持有量越大,机会成本越高即持有成本越高。当持有的现金不足时,需要将有价证券转换成现金,花费一定的佣金和手续费即转换成本。存货模型假设每次的转换成本是常量,不随现金转换量的变化而变化。因此,在存货模型中,现金持有量越大,持有成本越高,转换成本越低;反之,现金持有量越少,持有成本越低,转换成本越高。

存货模型假设: TC 表示总成本; b 表示现金与有价证券每次的转换成本; T 表示特定时期内的现金需求总额; N 表示最佳现金持有量; i 表示短期有价证券利率,相关公式为:

$$现金持有成本 = \frac{N}{2} \times i$$

$$现金转换成本 = \frac{T}{N} \times b$$

$$总成本(TC) = \frac{N}{2} \times i + \frac{T}{N} \times b$$

在总成本函数关系式中求一阶导数,并令其结果等于零,即:

$$\frac{i}{2} - \frac{Tb}{N^2} = 0$$

$$N^* = \sqrt{\frac{2Tb}{i}}$$

【例 7-2】 某公司全年需要现金 4 000 元,现金与有价证券的转换成本为每次 100 元,有价证券的利率为 20%,试计算最佳现金持有量、年转换次数以及现金的年持有成本、年转换成本、年总成本。

例 7-2 微课

本例题在 Excel 中的操作如下:

第一步,计算最佳现金持有量。在单元格 B5 中输入公式"=SQRT(2*B2*B3/B4)",即可得到最佳现金持有量为 2 000 元,如图 7-3 所示。

B5 =SQRT(2*B2*B3/B4)

	A	B
1	最佳现金持有量的计算过程	
2	全年需要现金(元)	4,000.00
3	转换成本(元/次)	100.00
4	有价证券利率	20%
5	最佳现金持有量(元)	2,000.00
6	转换次数(次)	
7	现金年持有成本(元)	
8	现金年转换成本(元)	
9	现金年总成本(元)	

图 7-3 计算最佳现金持有量

第二步,计算现金年转换次数,在单元格 B6 中输入公式"=B2/B5",即可得到 1 年内企业需要从有价证券转换为现金的次数为 2 次,如图 7-4 所示。

第三步,在单元格 B7 中输入公式"=B5/2*B4",在单元格 B8 中输入公式"=B2/B5*B3",在单元格 B9 中输入公式"=B7+B8",即可得到现金年持有成本为 200 元,现金年转换成本为 200 元,现金年总成本为 400 元,如图 7-5 所示。

B6	f_x =B2/B5

	A	B
1	最佳现金持有量的计算过程	
2	全年需要现金（元）	4,000.00
3	转换成本（元/次）	100.00
4	有价证券利率	20%
5	最佳现金持有量（元）	2,000.00
6	转换次数（次）	2
7	现金年持有成本（元）	
8	现金年转换成本（元）	
9	现金年总成本（元）	

图 7-4　计算现金年转换次数

	A	B
1	最佳现金持有量的计算过程	
2	全年需要现金（元）	4,000.00
3	转换成本（元/次）	100.00
4	有价证券利率	20%
5	最佳现金持有量（元）	2,000.00
6	转换次数（次）	2
7	现金年持有成本（元）	200.00
8	现金年转换成本（元）	200.00
9	现金年总成本（元）	400.00

图 7-5　计算持有成本、转换成本、总成本

第二节　应收账款管理

一、应收账款及其管理的意义

应收账款是指企业因赊销产品、材料和提供劳务等应向购货单位或接受劳务单位收取的款项。

应收账款管理的目的是要制定科学合理的应收账款信用政策，并将这种信用政策所增加的盈利和采用这种政策预计要负担的成本之间进行权衡，以确定合理的应收账款水平。

二、应收账款的成本

应收账款可以理解为企业为增加销售和盈利而进行的投资，在这过程中必然会发生一定的成本，应收账款的成本主要有以下 3 种。

（一）应收账款的机会成本

应收账款会占用企业一定量的资金，而企业若不把这部分资金投放于应收账款，便可以用于其他投资并可能获得收益，例如投资债券获得利息收入。这种因投放于应收账款而放弃其他投资所带来的收益，即为应收账款的机会成本。机会成本的计算公式为：

$$应收账款的机会成本 = 维持赊销业务所需要的资金 \times 资本成本$$

式中，资本成本一般可按有价证券收益率计算。

维持赊销业务所需要的资金可按下列步骤计算：

（1）计算应收账款周转率，公式如下：

$$应收账款周转率 = 360 \div 应收账款周转期$$

（2）计算应收账款平均余额，公式如下：

$$应收账款平均余额 = 赊销收入净额 \div 应收账款周转率$$

（3）计算维持赊销业务所需要的资金，公式如下：

$$维持赊销业务所需要的资金 = 应收账款平均余额 \times 变动成本率$$

（二）应收账款的管理成本

应收账款的管理成本是指在进行应收账款管理时所增加的费用，主要包括：调查顾客信用状况的费用、收集各种信息的费用、账簿的记录费用、收账费用等。

（三）应收账款的坏账成本

在赊销交易中，债务人由于种种原因无力偿还债务，债权人就有可能无法收回应收账款而发生损失，这种损失就是坏账成本。企业发生坏账成本是不可避免的，而此项成本一般与应收账款的数量呈正比。

三、信用政策

（一）信用标准

信用标准代表企业愿意承担的最大的付款风险的金额。如果企业执行的信用标准过于严格，可能会降低对符合可接受信用风险标准客户的赊销额，进而导致减少销售收入；如果企业执行的信用标准过于宽松，可能会对不符合可接受信用风险标准的客户提供赊销进而增加随后还款的风险并增加坏账费用。

例 7-3 微课

【例 7-3】 东方公司在当前信用政策下的经营情况见表 7-2。

表 7-2　东方公司在当前信用政策下的经营情况

项 目	数 据
销售收入（元）	100 000
销售利润率	20%
平均收现期（天）	45
平均坏账损失率	6%
应收账款占资金的机会成本率	15%

东方公司准备对信用标准进行修订，提出 A、B 两个方案。预计两个方案下销售收入和应收账款可能发生的变化见表 7-3。

表 7-3　东方公司备选的两种信用标准

项 目	方案 A（较紧的信用标准）	方案 B（较松的信用标准）
销售收入	减少 10 000 元	增加 15 000 元

（续表）

项 目	方案 A （较紧的信用标准）	方案 B （较松的信用标准）
收现期	剩余 90 000 元销售收入的平均收现期降为 40 天	增加的 15 000 元销售收入的平均收现期为 60 天，原 100 000 元销售收入的平均收现期仍为 45 天
坏账损失率	剩余 90 000 元销售收入的平均坏账损失率降为 5.5%	增加的 15 000 元销售收入的坏账损失率为 12%，原 100 000 元销售收入的坏账损失率为 6%

请问东方公司应该选择哪个方案？

为了评价备选的两种信用标准的优劣，必须计算两个方案各自将产生的收益和成本，并对两个方案所能产生的净收益进行比较。

本例题在 Excel 中的操作如下：

第一步，计算两个方案的销售利润。在单元格 B3 中输入公式“=90000*15%”，即方案 A 的销售利润为 18 000 元。在单元格 C3 中输入公式“=115000*15%”，可得到方案 B 的销售利润为 23 000 元，如图 7-6 所示。

B3 =90000*20%

	A	B	C
1	东方公司备选的两种信用标准测算结果		
2	项目	方案A （较紧的信用标准）	方案B （较松的信用标准）
3	销售利润（元）	18,000.00	23,000.00
4	应收账款机会成本（元）		
5	坏账成本（元）		
6	净收益（元）		

图 7-6 计算两个方案的销售利润

第二步，计算两个方案的应收账款机会成本。在单元格 B4 中输入公式“=90000*40/360*15%”，即方案 A 应收账款的机会成本为 1 500 元。在单元格 C4 中输入公式“=100000*45/360*15%+15000*60/360*15%”，得到方案 B 应收账款的机会成本为 2 250 元，如图 7-7 所示。

C4 =100000*45/360*15%+15000*60/360*15%

	A	B	C
1	东方公司备选的两种信用标准测算结果		
2	项目	方案A （较紧的信用标准）	方案B （较松的信用标准）
3	销售利润（元）	18,000.00	23,000.00
4	应收账款机会成本（元）	1,500.00	2,250.00
5	坏账成本（元）		
6	净收益（元）		

图 7-7 计算两个方案应收账款机会成本

第三步，计算坏账成本。在单元格 B5 中输入公式“=90000*5.5%”，即方案 A 坏账成本为 4 950 元。在单元格 C5 中输入公式“=100000*6%+15000*60+15000*12%”，得到方案 B 坏账成本为 7 800 元，如图 7-8 所示。

C5 =100000*6%+15000*12%

	A	B	C
1	东方公司备选的两种信用标准测算结果		
2	项目	方案A（较紧的信用标准）	方案B（较松的信用标准）
3	销售利润（元）	18,000.00	23,000.00
4	应收账款机会成本（元）	1,500.00	2,250.00
5	坏账成本（元）	4,950.00	7,800.00
6	净收益（元）		

图 7-8　计算两个方案的坏账成本

第四步，通过“净收益=销售利润-机会成本-坏账成本”的公式，计算两个方案的净收益。在单元格 B6 中输入公式“=B3-B4-B5”，即方案 A 坏账成本为 11 550 元。将单元格 B6 的公式套用到 C6，可求出方案 B 的净收益为 12 950 元；也可将光标移至单元格 B6 的右下角，出现“+”标识，点击鼠标左键将“+”标识拖至单元格 C6，即可得到结果，如图 7-9 所示。

B6 =B3-B4-B5

	A	B	C
1	东方公司备选的两种信用标准测算结果		
2	项目	方案A（较紧的信用标准）	方案B（较松的信用标准）
3	销售利润（元）	18,000.00	23,000.00
4	应收账款机会成本（元）	1,500.00	2,250.00
5	坏账成本（元）	4,950.00	7,800.00
6	净收益（元）	11,550.00	12,950.00

图 7-9　计算两个方案的净收益

通过以上计算表明，采用较宽松的信用标准，即 B 方案，能使东方公司获得较多的净收益，因此应当采用 B 方案（较宽松的信用标准）。

（二）信用条件

信用条件就是指企业接受客户信用订单时所提出的付款要求，主要包括信用期限、折扣期限和现金折扣等。信用条件的基本表现方式如“2/10，n/45”，意为若客户能够在确认销售后的 10 日内付款，可以享受 2%的现金折扣；如果放弃折扣优惠，则全部款项必须在 45 日内付清。此处，45 天为信用期限，10 天为折扣期限，2%为现金折扣。

虽然企业在信用管理政策中，已对可接受的信用风险水平做了规定，但当企业的生产经营环境发生变化时，就需要对信用管理政策中的某些规定进行修改和调整，并对改变条件的各种备选方案予以评价。

【例 7-4】　某企业预测 2019 年度赊销额为 3 600 万元，其信用条件是：“n/30”、变动成本率 60%，资本成本为 10%。假设企业收账政策不变，固定成本总额不变。该企业准备了三个信用条件的备选方案：A 方案，维持“n/30”的条件；B 方案，变成“n/60”的条件；C 方案，变成“n/90”的条件。

例 7-4 微课

各种备选方案估计的有关数据见表 7-4。

表 7-4　　　　信用条件备选方案表　　　　金额单位:万元

项　目	A	B	C
信用条件	n/30	n/60	n/90
年赊销额	3 600	3 960	4 200
应收账款平均收款天数(天)	30	60	90
坏账损失/年赊销额	2%	3%	6%
收账费用	36	60	144

本例题在 Excel 中的操作如下:

第一步,计算各方案的变动成本。在单元格 B5 中输入"=B4*60%",得到 A 方案的变动成本 2 160 元,并将单元格 B5 的公式套用到单元格 C5、D5 中,可求出 B 方案与 C 方案的变动成本分别为 2 376 元、2 520 元,如图 7-10 所示。

B5　fx　=B4*60%

	A	B	C	D
1	信用条件分析表			
2	项目	A方案	B方案	C方案
3	信用条件	n/30	n/60	n/90
4	年赊销额（万元）	3,600.00	3,960.00	4,200.00
5	变动成本（万元）	2,160.00	2,376.00	2,520.00
6	扣除信用成本前收益（万元）			
7	信用成本:			
8	应收账款机会成本（万元）			
9	坏账损失（万元）			
10	收账费用（万元）	36.00	60.00	144.00
11	小计（万元）			
12	扣除信用成本后的收益（万元）			

图 7-10　计算各方案的变动成本

第二步,计算各方案的扣除信用成本前收益,公式为"扣除信用成本前收益=年赊销额-变动成本"。在单元格 B6 中输入"=B4-B5",得到 A 方案的扣除信用成本前收益,并将单元格 B5 的公式套用到单元格 C6、D7 中,如图 7-11 所示。

B6　fx　=B4-B5

	A	B	C	D
1	信用条件分析表			
2	项目	A方案	B方案	C方案
3	信用条件	n/30	n/60	n/90
4	年赊销额（万元）	3,600.00	3,960.00	4,200.00
5	变动成本（万元）	2,160.00	2,376.00	2,520.00
6	扣除信用成本前收益（万元）	1,440.00	1,584.00	1,680.00
7	信用成本:			
8	应收账款机会成本（万元）			
9	坏账损失（万元）			
10	收账费用（万元）	36.00	60.00	144.00
11	小计（万元）			
12	扣除信用成本后的收益（万元）			

图 7-11　计算各方案扣除信用成本前收益

第三步,计算应收账款机会成本。在单元格 B8 中输入"=B4/360*30*60%*10%",其中"B4/360*30"为应收账款平均余额;"B4/360*30*60%"表示维持赊销业务所需资金;"B4/360*30*60%*10%"表示 A 方案的机会成本。在单元格 C8 中输入"=C4/360*60*60%*10%",在单元格 D8 中输入"=D4/360*90*60%*10%",如图 7-12 所示。

B8 fx =B4/360*30*60%*10%

	A	B	C	D
1	信用条件分析表			
2	项目	A方案	B方案	C方案
3	信用条件	n/30	n/60	n/90
4	年赊销额(万元)	3,600.00	3,960.00	4,200.00
5	变动成本(万元)	2,160.00	2,376.00	2,520.00
6	扣除信用成本前收益(万元)	1,440.00	1,584.00	1,680.00
7	信用成本:			
8	应收账款机会成本(万元)	18.00	39.60	63.00
9	坏账损失(万元)			
10	收账费用(万元)	36.00	60.00	144.00
11	小计(万元)			
12	扣除信用成本后的收益(万元)			

图 7-12　计算各方案的应收账款机会成本

第四步,计算各方案的坏账损失,公式为"坏账损失=年赊销额×坏账损失率"。在单元格 B9 中输入"=B4*2%",在单元格 C9 中输入"=C4*3%",在单元格 D9 中输入"=D4*6%"。然后计算信用成本总额(小计)=应收账款机会成本+坏账损失+收账费用。在单元格 B11 中输入"=B8+B9+B10",再将单元格 B11 的公式套用到单元格 C11、D11 中,如图7-13 所示。

B11 fx =B8+B9+B10

	A	B	C	D
1	信用条件分析表			
2	项目	A方案	B方案	C方案
3	信用条件	n/30	n/60	n/90
4	年赊销额(万元)	3,600.00	3,960.00	4,200.00
5	变动成本(万元)	2,160.00	2,376.00	2,520.00
6	扣除信用成本前收益(万元)	1,440.00	1,584.00	1,680.00
7	信用成本:			
8	应收账款机会成本(万元)	18.00	39.60	63.00
9	坏账损失(万元)	72.00	118.80	252.00
10	收账费用(万元)	36.00	60.00	144.00
11	小计(万元)	126.00	218.40	459.00
12	扣除信用成本后的收益(万元)			

图 7-13　计算各方案的收账费用与信用成本小计

第五步,扣除信用成本后的收益"=扣除信用成本前收益-小计"。在单元格 B12 中输入"=B6-B11",并将单元格 B12 的公式,套用到单元格 C12、D12 中,如图 7-14 所示。

B12 fx =B6-B11

	A	B	C	D
1	信用条件分析表			
2	项目	A方案	B方案	C方案
3	信用条件	n/30	n/60	n/90
4	年赊销额（万元）	3,600.00	3,960.00	4,200.00
5	变动成本（万元）	2,160.00	2,376.00	2,520.00
6	扣除信用成本前收益（万元）	1,440.00	1,584.00	1,680.00
7	信用成本：			
8	应收账款机会成本（万元）	18.00	39.60	63.00
9	坏账损失（万元）	72.00	118.80	252.00
10	收账费用（万元）	36.00	60.00	144.00
11	小计（万元）	126.00	218.40	459.00
12	扣除信用成本后的收益（万元）	1,314.00	1,365.60	1,221.00

图 7-14 计算各方案扣除信用成本后的收益

根据图 7-15 可知，在这三种方案中 B 方案(n/60)的收益最大，方案 B 比方案 A(n/30)增加收益 51.6 万元，比方案 C(n/90)的收益要多 144.6 万元。因此，在其他条件不变的情况下，应选方案 B。

（三）应收账款的账龄分析

【例 7-5】 东方公司共有甲、乙、丙、丁、戊 5 个客户，向这些客户赊销产品的信用期限为 30 天。东方公司统计日期为 2019 年 12 月 31 日。客户的应收账款金额、赊销日期，如图 7-15 所示。

例 7-5 微课

要求：

(1) 为东方公司按照债务人姓名汇总应收账款总额。

(2) 计算东方公司各债务人应收账款是否到期以及超过信用期的天数。

(3) 运用 Excel 对东方公司应收账款账龄进行分析。

	A	B	C	D
1	赊销日期	债务人名称	应收账款（元）	到期日期
2	2019年02月10日	客户甲	3,000.00	
3	2019年03月12日	客户丁	11,000.00	
4	2019年04月01日	客户丙	12,500.00	
5	2019年05月04日	客户乙	42,500.00	
6	2019年05月12日	客户甲	10,000.00	
7	2019年06月13日	客户戊	970.00	
8	2019年06月25日	客户乙	1,150.00	
9	2019年07月05日	客户甲	4,800.00	
10	2019年07月12日	客户乙	1,150.00	
11	2019年08月15日	客户丁	1,500.00	
12	2019年09月06日	客户戊	1,000.00	
13	2019年10月08日	客户丁	2,400.00	
14	2019年11月20日	客户乙	3,600.00	
15	2019年11月30日	客户甲	13,500.00	
16	2019年12月03日	客户戊	32,000.00	
17	2019年12月30日	客户丙	5,000.00	

图 7-15 东方公司应收账款详细信息

本例题在 Excel 中的操作如下：

(1) 东方公司按照债务人姓名汇总应收账款总额。

第一步，计算到期日期。因为信用期限为 30 天，所以在单元格 D2 中输入公式“=A2+30”，即得到客户甲在 2019 年 02 月 10 日这笔业务的到期日期为 2019 年 03 月 12 日。将单元格 D2 的公式套用到单元格 D3 至 D16，如图 7-16 所示。

D2 fx =A2+30

	A	B	C	D
1	赊销日期	债务人名称	应收账款（元）	到期日期
2	2019年02月10日	客户甲	3,000.00	2019年03月12日
3	2019年03月12日	客户丁	11,000.00	2019年04月11日
4	2019年04月01日	客户丙	12,500.00	2019年05月01日
5	2019年05月04日	客户乙	42,500.00	2019年06月03日
6	2019年05月12日	客户甲	10,000.00	2019年06月11日
7	2019年06月13日	客户戊	970.00	2019年07月13日
8	2019年06月25日	客户乙	1,150.00	2019年07月25日
9	2019年07月05日	客户甲	4,800.00	2019年08月04日
10	2019年07月12日	客户乙	1,150.00	2019年08月11日
11	2019年08月15日	客户丁	1,500.00	2019年09月14日
12	2019年09月06日	客户戊	1,000.00	2019年10月06日
13	2019年10月08日	客户丁	2,400.00	2019年11月07日
14	2019年11月20日	客户乙	3,600.00	2019年12月20日
15	2019年11月30日	客户甲	13,500.00	2019年12月30日
16	2019年12月03日	客户戊	32,000.00	2020年01月02日
17	2019年12月30日	客户丙	5,000.00	2020年01月29日

图 7-16　计算应收账款到期日期

第二步，选中单元格区域 A1:D17，选择“数据”“排序”命令，在弹出的对话框中，“主要关键字”选择“债务人名称”，并点击“添加条件”，在“次要关键字”中选择“赊销日期”，“排列依据”默认为“数值”，排列“次序”默认为“升序”，然后单击“确定”按钮，如图 7-17 所示。

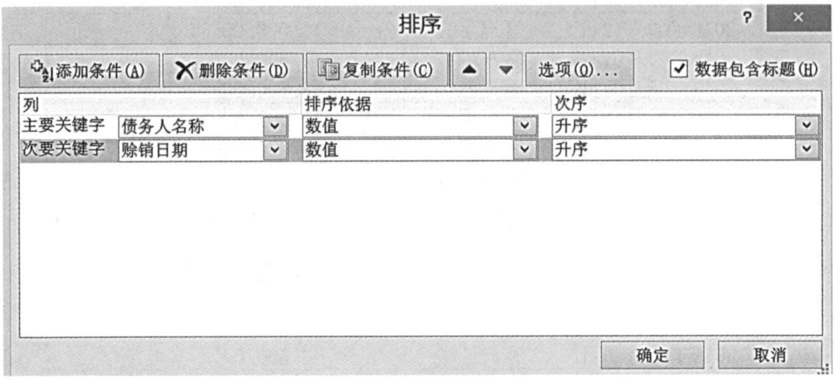

图 7-17　数据、排序命令

执行命令后，原来按照应收账款发生的先后顺序登记的数据，重新排序为按照债务人名称进行排序，每个客户的应收账款信息按照赊销日期排序，如图 7-18 所示。

	A	B	C	D
1	赊销日期	债务人名称	应收账款（元）	到期日期
2	2019年04月01日	客户丙	12,500.00	2019年05月01日
3	2019年12月30日	客户丙	5,000.00	2020年01月29日
4	2019年03月12日	客户丁	11,000.00	2019年04月11日
5	2019年08月15日	客户丁	1,500.00	2019年09月14日
6	2019年10月08日	客户丁	2,400.00	2019年11月07日
7	2019年02月10日	客户甲	3,000.00	2019年03月12日
8	2019年05月12日	客户甲	10,000.00	2019年06月11日
9	2019年07月05日	客户甲	4,800.00	2019年08月04日
10	2019年11月30日	客户甲	13,500.00	2019年12月30日
11	2019年06月13日	客户戊	970.00	2019年07月13日
12	2019年09月06日	客户戊	1,000.00	2019年10月06日
13	2019年12月03日	客户戊	32,000.00	2020年01月02日
14	2019年05月04日	客户乙	42,500.00	2019年06月03日
15	2019年06月25日	客户乙	1,150.00	2019年07月25日
16	2019年07月12日	客户乙	1,150.00	2019年08月11日
17	2019年11月20日	客户乙	3,600.00	2019年12月20日

图 7-18 按债务人名称、赊销日期排序的应收账款

第三步，选中单元格区域 A1:D17，选择“数据”“分类汇总”命令，弹出“分类汇总”对话框。其中，“分类字段”选择“债务人名称”，“汇总方式”选择“求和”“选定汇总项”选择“应收账款(元)”，并保持系统默认勾选“替换当前分类汇总”和“汇总结果显示在数据下方”，如图 7-19 所示。

执行命令后即可显示按照债务人名称针对应收账款进行汇总的数据，如图 7-20 所示。

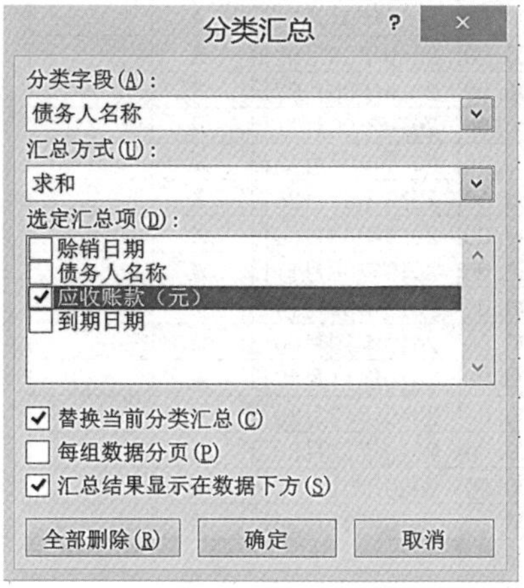

图 7-19 分类汇总对话框的设置

	A	B	C	D
1	赊销日期	债务人名称	应收账款（元）	到期日期
2	2019年04月01日	客户丙	12,500.00	2019年05月01日
3	2019年12月30日	客户丙	5,000.00	2020年01月29日
4		客户丙 汇总	17,500.00	
5	2019年03月12日	客户丁	11,000.00	2019年04月11日
6	2019年08月15日	客户丁	1,500.00	2019年09月14日
7	2019年10月08日	客户丁	2,400.00	2019年11月07日
8		客户丁 汇总	14,900.00	
9	2019年02月10日	客户甲	3,000.00	2019年03月12日
10	2019年05月12日	客户甲	10,000.00	2019年06月11日
11	2019年07月05日	客户甲	4,800.00	2019年08月04日
12	2019年11月30日	客户甲	13,500.00	2019年12月30日
13		客户甲 汇总	31,300.00	
14	2019年06月13日	客户戊	970.00	2019年07月13日
15	2019年09月06日	客户戊	1,000.00	2019年10月06日
16	2019年12月03日	客户戊	32,000.00	2020年01月02日
17		客户戊 汇总	33,970.00	
18	2019年05月04日	客户乙	42,500.00	2019年06月03日
19	2019年06月25日	客户乙	1,150.00	2019年07月25日
20	2019年07月12日	客户乙	1,150.00	2019年08月11日
21	2019年11月20日	客户乙	3,600.00	2019年12月20日
22		客户乙 汇总	48,400.00	
23		总计	146,070.00	

图 7-20 按照债务人名称汇总应收账款总额

(2) 判断东方公司应收账款是否到期及超过信用期天数。

第一步，增加已知条件，在单元格 D21 至 D37 中输入“已收金额”。在单元格 E22 中输入公式"=C22-D22",计算"未收金额",并将单元格 E22 的公式套用到单元格 E23 至 E37 中,如图 7-21 所示。

	A	B	C	D	E	F	G	H
21	赊销日期	债务人名称	应收账款（元）	已收金额	未收金额	到期日期	是否到期	超过信用期天数
22	2019年02月10日	客户甲	3,000.00	2,800.00	200.00	2019年03月12日		
23	2019年03月12日	客户丁	11,000.00	9,000.00	2,000.00	2019年04月11日		
24	2019年04月01日	客户丙	12,500.00	2,500.00	10,000.00	2019年05月01日		
25	2019年05月04日	客户乙	42,500.00	30,000.00	12,500.00	2019年06月03日		
26	2019年05月12日	客户甲	10,000.00	2,000.00	8,000.00	2019年06月11日		
27	2019年06月13日	客户戊	970.00	970.00	0.00	2019年07月13日		
28	2019年06月25日	客户乙	1,150.00	1,000.00	150.00	2019年07月25日		
29	2019年07月05日	客户甲	4,800.00	800.00	4,000.00	2019年08月04日		
30	2019年07月12日	客户乙	1,150.00	0.00	1,150.00	2019年08月11日		
31	2019年08月15日	客户丁	1,500.00	0.00	1,500.00	2019年09月14日		
32	2019年09月06日	客户戊	1,000.00	400.00	600.00	2019年10月06日		
33	2019年10月08日	客户丁	2,400.00	0.00	2,400.00	2019年11月07日		
34	2019年11月20日	客户乙	3,600.00	3,000.00	600.00	2019年12月20日		
35	2019年11月30日	客户甲	13,500.00	500.00	13,000.00	2019年12月30日		
36	2019年12月03日	客户戊	32,000.00	15,000.00	17,000.00	2020年01月02日		
37	2019年12月30日	客户丙	5,000.00	0.00	5,000.00	2020年01月29日		
38	注：统计日期为	2019年12月31日						

图 7-21 计算应收账款未收金额

第二步,在单元格 G22 中输入公式"=IF(F22<=$B$38,"是","否")",并将单元格 G22 的公式套用到单元格 G23 至 G37 中,如图 7-22 所示。

G22 fx =IF(F22<=$B$38,"是","否")

	A	B	C	D	E	F	G	H
21	赊销日期	债务人名称	应收账款（元）	已收金额	未收金额	到期日期	是否到期	超过信用期天数
22	2019年02月10日	客户甲	3,000.00	2,800.00	200.00	2019年03月12日	是	
23	2019年03月12日	客户丁	11,000.00	9,000.00	2,000.00	2019年04月11日	是	
24	2019年04月01日	客户丙	12,500.00	2,500.00	10,000.00	2019年05月01日	是	
25	2019年05月04日	客户乙	42,500.00	30,000.00	12,500.00	2019年06月03日	是	
26	2019年05月12日	客户甲	10,000.00	2,000.00	8,000.00	2019年06月11日	是	
27	2019年06月13日	客户戊	970.00	970.00	0.00	2019年07月13日	是	
28	2019年06月25日	客户乙	1,150.00	1,000.00	150.00	2019年07月25日	是	
29	2019年07月05日	客户甲	4,800.00	800.00	4,000.00	2019年08月04日	是	
30	2019年07月12日	客户乙	1,150.00	0.00	1,150.00	2019年08月11日	是	
31	2019年08月15日	客户丁	1,500.00	0.00	1,500.00	2019年09月14日	是	
32	2019年09月06日	客户戊	1,000.00	400.00	600.00	2019年10月06日	是	
33	2019年10月08日	客户丁	2,400.00	0.00	2,400.00	2019年11月07日	是	
34	2019年11月20日	客户乙	3,600.00	3,000.00	600.00	2019年12月20日	是	
35	2019年11月30日	客户甲	13,500.00	500.00	13,000.00	2019年12月30日	是	
36	2019年12月03日	客户戊	32,000.00	15,000.00	17,000.00	2020年01月02日	否	
37	2019年12月30日	客户丙	5,000.00	0.00	5,000.00	2020年01月29日	否	
38	注：统计日期为	2019年12月31日						

图 7-22 计算应收账款是否到期

第三步,在单元格 H22 中输入公式"=IF(G22="否",0,$B$38-F22)",并将单元格 H22 的公式套用到单元格 H23 至 H37 中,得到应收账款超过信用期天数,如图 7-23 所示。

H22 fx =IF(G22="否",0,$B$38-F22)

	A	B	C	D	E	F	G	H
21	赊销日期	债务人名称	应收账款（元）	已收金额	未收金额	到期日期	是否到期	超过信用期天数
22	2019年02月10日	客户甲	3,000.00	2,800.00	200.00	2019年03月12日	是	294
23	2019年03月12日	客户丁	11,000.00	9,000.00	2,000.00	2019年04月11日	是	264
24	2019年04月01日	客户丙	12,500.00	2,500.00	10,000.00	2019年05月01日	是	244
25	2019年05月04日	客户乙	42,500.00	30,000.00	12,500.00	2019年06月03日	是	211
26	2019年05月12日	客户甲	10,000.00	2,000.00	8,000.00	2019年06月11日	是	203
27	2019年06月13日	客户戊	970.00	970.00	0.00	2019年07月13日	是	171
28	2019年06月25日	客户乙	1,150.00	1,000.00	150.00	2019年07月25日	是	159
29	2019年07月05日	客户甲	4,800.00	800.00	4,000.00	2019年08月04日	是	149
30	2019年07月12日	客户乙	1,150.00	0.00	1,150.00	2019年08月11日	是	142
31	2019年08月15日	客户丁	1,500.00	0.00	1,500.00	2019年09月14日	是	108
32	2019年09月06日	客户戊	1,000.00	400.00	600.00	2019年10月06日	是	86
33	2019年10月08日	客户丁	2,400.00	0.00	2,400.00	2019年11月07日	是	54
34	2019年11月20日	客户乙	3,600.00	3,000.00	600.00	2019年12月20日	是	11
35	2019年11月30日	客户甲	13,500.00	500.00	13,000.00	2019年12月30日	是	1
36	2019年12月03日	客户戊	32,000.00	15,000.00	17,000.00	2020年01月02日	否	0
37	2019年12月30日	客户丙	5,000.00	0.00	5,000.00	2020年01月29日	否	0
38	注：统计日期为	2019年12月31日						

图 7-23 计算应收账款超过信用期天数

（3）运用 Excel 对东方公司应收账款账龄进行分析。

第一步，在单元格 B42 中输入公式"=IF(H22=0, E22, 0)"，表示当"超过信用天数不为0"时，则该笔应收账款不属于"未到期金额"，则显示"0"；否则，显示"未收金额"。然后将单元格 B42 的公式套用到单元格 B43 至 B57，如图 7-24 所示。

B42 fx =IF(H22=0,E22,0)

	A	B	C	D	E	F
40	应收账款逾期天数分析					
41		未到期金额	0-30	31-60	61-90	90天以上
42		0.00				
43		0.00				
44		0.00				
45		0.00				
46		0.00				
47		0.00				
48		0.00				
49		0.00				
50		0.00				
51		0.00				
52		0.00				
53		0.00				
54		0.00				
55		0.00				
56		17,000.00				
57		5,000.00				
58	合计					

图 7-24 应收账款未到期金额的计算

第二步，计算应收账款 0～30 天的金额。在单元格 C42 中输入公式"=IF(AND(H22>0, H22<=30), E22, 0)"，表示当满足"0<超过信用天数≤30"时，则该笔应收账款显示"未收金

额”;否则显示“0”。然后将单元格 C42 的公式套用到单元格 C43 至 C57 中,如图 7-25 所示。

C42 =IF(AND(H22>0, H22<=30), E22, 0)

	A	B	C	D	E	F
40	应收账款逾期天数分析					
41		未到期金额	0-30	31-60	61-90	90天以上
42		0.00	0.00			
43		0.00	0.00			
44		0.00	0.00			
45		0.00	0.00			
46		0.00	0.00			
47		0.00	0.00			
48		0.00	0.00			
49		0.00	0.00			
50		0.00	0.00			
51		0.00	0.00			
52		0.00	0.00			
53		0.00	0.00			
54		0.00	600.00			
55		0.00	13,000.00			
56		17,000.00	0.00			
57		5,000.00	0.00			
58	合计					

图 7-25　逾期 0~30 天应收账款的计算

同理,在单元格 D42 中输入公式“=IF(AND(H22>30, H22<=60), E22, 0)”,然后将单元格 D42 的公式套用到单元格 D43 至 D57。

在单元格 E42 中输入公式“=IF(AND(H22>60, H22<=90), E22, 0)”,然后将单元格 E42 的公式套用到单元格 E43 至 E57。

在单元格 F42 中输入公式“=IF(H22>90, E22, 0)”,然后将单元格 F42 的公式套用到单元格 F43 至 F57,如图 7-26 所示。

F42 =IF(H22>90, E22, 0)

	A	B	C	D	E	F
40	应收账款逾期天数分析					
41		未到期金额	0-30	31-60	61-90	90天以上
42		0.00	0.00	0.00	0.00	200.00
43		0.00	0.00	0.00	0.00	2,000.00
44		0.00	0.00	0.00	0.00	10,000.00
45		0.00	0.00	0.00	0.00	12,500.00
46		0.00	0.00	0.00	0.00	8,000.00
47		0.00	0.00	0.00	0.00	0.00
48		0.00	0.00	0.00	0.00	150.00
49		0.00	0.00	0.00	0.00	4,000.00
50		0.00	0.00	0.00	0.00	1,150.00
51		0.00	0.00	0.00	0.00	1,500.00
52		0.00	0.00	0.00	600.00	0.00
53		0.00	0.00	2,400.00	0.00	0.00
54		0.00	600.00	0.00	0.00	0.00
55		0.00	13,000.00	0.00	0.00	0.00
56		17,000.00	0.00	0.00	0.00	0.00
57		5,000.00	0.00	0.00	0.00	0.00
58	合计					

图 7-26　逾期 31~60、61~90、90 天以上应收账款的计算

第三步，合计各类应收账款。在单元格 B58 中输入公式"=SUM(B42:B57)"，然后将单元格 B58 的公式套用到单元格 C58 至 F58，得出各类应收账款的合计，如图 7-27 所示。

B58 =SUM(B42:B57)

	A	B	C	D	E	F
40	应收账款逾期天数分析					
41		未到期金额	0-30	31-60	61-90	90天以上
42		0.00	0.00	0.00	0.00	200.00
43		0.00	0.00	0.00	0.00	2,000.00
44		0.00	0.00	0.00	0.00	10,000.00
45		0.00	0.00	0.00	0.00	12,500.00
46		0.00	0.00	0.00	0.00	8,000.00
47		0.00	0.00	0.00	0.00	0.00
48		0.00	0.00	0.00	0.00	150.00
49		0.00	0.00	0.00	0.00	4,000.00
50		0.00	0.00	0.00	0.00	1,150.00
51		0.00	0.00	0.00	0.00	1,500.00
52		0.00	0.00	0.00	600.00	0.00
53		0.00	0.00	2,400.00	0.00	0.00
54		0.00	600.00	0.00	0.00	0.00
55		0.00	13,000.00	0.00	0.00	0.00
56		17,000.00	0.00	0.00	0.00	0.00
57		5,000.00	0.00	0.00	0.00	0.00
58	合计	22,000.00	13,600.00	2,400.00	600.00	39,500.00

图 7-27 逾期 31~60 天、61~90 天、90 天以上应收账款的计算

第四步，在单元格 B68 输入公式"=SUM(B63:B67)"计算应收账款总额；在单元格 C63 中输入公式"=B63/ $B$68"，计算"未到期金额"占"应收账款总额"的百分比，注意公式中的单元格 B68 需要绝对引用，然后将单元格 C63 的公式套用到单元格 C64 至 C68，得到应收账款账龄分析表如图 7-28 所示。

C63 =B63/$B$68

	A	B	C
60	东方公司应收账款账龄分析表		
61	当前日期	2019年12月31日	
62	账龄	应收账款金额	占应收账款总额的百分比
63	未到账金额	22,000.00	28.17%
64	0-30天	13,600.00	17.41%
65	31-60天	2,400.00	3.07%
66	61-90天	600.00	0.77%
67	90天以上	39,500.00	50.58%
68	合计	78,100.00	100.00%

图 7-28 应收账款账龄分析表

第三节 存货管理

一、存货的概念与功能

存货是指企业在生产经营过程中为销售或者耗用而储备的物资，包括原材料、燃料、低值易耗品、在产品、半成品、产成品等。存货管理的目标是在各种存货成本与存货效益之间做出权衡,充分发挥存货功能,降低存货成本。

二、存货的持有成本

与持有成本有关的成本,包括以下4种。

(一) 采购成本

采购成本指为取得某种存货而支出的成本,包括买价、运杂费等。

(二) 订货成本

订货成本是指订购材料、商品而发生的成本。订货成本一般与订货的数量无关,而与订货的次数有关。

(三) 储存成本

储存成本是指在物资储存过程中发生的仓储费、搬运费、保险费、占用资金支付的利息费等。一定时期内的储存成本总额等于该时期平均存货量与单位储存成本之积。

(四) 缺货成本

缺货成本是指由于存货储备不足而给企业造成的经济损失,如由于原材料储备不足造成的停工损失、由于商品储备不足造成销售中断的损失、由于成品供应中断导致延误发货的信誉损失及丧失销售机会的损失等。

企业存货的最优化,就是使企业存货总成本最小。

三、最佳经济订货批量的确定

(一) 经济订货批量模型

经济订货批量又称经济订货量,是指一定时期存货持有成本和订货费用总和最低的采购批量。存货成本中的持有成本和订货费用与订货量之间具有相反的关系,如图7-29所示。

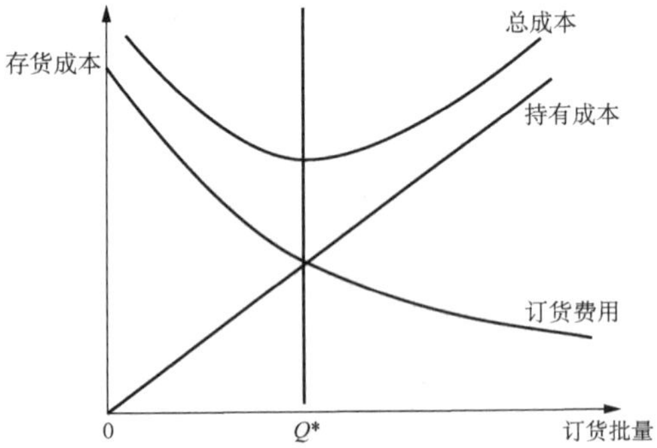

图7-29 经济订货批量模型

令 A 表示存货全年需求量, Q 表示每批订货量, F 表示每批订货成本, C 表示每件存货的年储存成本,则总成本的计算公式为:

$$TC = \frac{Q}{2} \times C + \frac{A}{Q} \times F$$

在上式中对 Q 求一阶导数,并令其为零,即得:

$$\text{经济订货批量}Q^* = \sqrt{\frac{2AF}{C}}$$

$$\text{年最佳订货次数} = \frac{A}{Q}$$

【例7-6】 某企业全年耗用甲材料360 000千克,该材料的单位采购成本为100元,单位存储成本为4元,平均每次进货费用为200元,该企业的经济订货批量是多少?年订货次数是多少？在经济订货批量下，存货相关总成本是多少？

此例题在 Excel 中的操作如下：

第一步，计算经济订货批量。在单元格 B6 中输入公式“=SQRT(2*B2*B5/B4)”，即可得到经济订货批量为 6 000 千克，如图 7-30 所示。

例 7-6 微课

B6 fx =SQRT(2*B2*B5/B4)

	A	B
1	经济订货批量的确定	
2	全年耗用甲材料（千克）	360000
3	单位采购成本（元）	100.00
4	单位储存成本（元）	4.00
5	每次进货费用（元）	200.00
6	经济订货批量（千克）	6000
7	年订货次数（次）	
8	存货相关总成本（元）	

图 7-30　计算经济订货批量

第二步，计算年订货次数，在单元格 B7 中输入公式“=B2/B6”，即可得到 1 年内企业需要订货的次数为 60 次，如图 7-31 所示。

B7 fx =B2/B6

	A	B
1	经济订货批量的确定	
2	全年耗用甲材料（千克）	360000
3	单位采购成本（元）	100.00
4	单位储存成本（元）	4.00
5	每次进货费用（元）	200.00
6	经济订货批量（千克）	6000
7	年订货次数（次）	60
8	存货相关总成本（元）	

图 7-31　计算年订货次数

第三步，在单元格 B8 中输入公式“=B6/2*B4+B7*B5”，计算得到在经济订货批量下，存货总成本为 24 000 元。公式中，“B6/2*B4”为年采购成本，“B7*B5”为年订货成本，如图 7-32 所示。

B8 fx =B6/2*B4+B7*B5

	A	B
1	经济订货批量的确定	
2	全年耗用甲材料（千克）	360000
3	单位采购成本（元）	100.00
4	单位储存成本（元）	4.00
5	每次进货费用（元）	200.00
6	经济订货批量（千克）	6000
7	年订货次数（次）	60
8	存货相关总成本（元）	24,000.00

图 7-32　计算存货相关总成本

（二）实行数量折扣的经济订货批量模型

当有数量折扣时，存货的进货成本与进货批量的大小有直接的联系，属于决策的相关成本。进货企业对经济进货批量的确定，除了要考虑相关的订货成本与储存成本外，还应考虑存货的进货成本。

存在商业折扣时的存货相关总成本可按下式计算：

存货相关总成本=采购成本+订货成本+储存成本

【例 7-7】 某企业甲材料的年需要量为 16 000 千克，每千克标准价为 20 元。销售企业规定：客户每批采购量不足 1 000 千克的，按照标准价格计算；每批采购量 1 000 千克以上、2 000 千克以下的，价格优惠 2%；每批采购量 2 000 千克以上的，优惠价格 3%。已知每批订货费用 600 元，单位材料的年储存成本为 30 元。要求计算最佳经济订货批量。

例 7-7 微课

本例题在 Excel 中的操作如下：

第一步，计算不考虑数量折扣时的经济订货批量。在单元格 B8 中输入公式“=SQRT(2*B2*B6/B7)”，即可得到不考虑数量折扣时的经济订货批量为 800 千克，如图 7-33 所示。

B8 =SQRT(2*B2*B6/B7)

	A	B
1	有数量折扣时经济订货批量的确定	
2	甲材料全年需要量（千克）	16000
3	每千克标准价（元）	20.00
4	1000千克≤采购量<20000千克，价格优惠	2%
5	采购量≥2000千克，价格优惠	3%
6	每批订货费用（元）	600.00
7	单位储存成本（元）	30.00
8	不考虑折扣时，经济订货批量（千克）	800
9	不考虑折扣时，经济订货批量下存货总成本（元）	
10	采购量为1000千克时的存货相关总成本（元）	
11	采购量为2000千克时的存货相关总成本（元）	

图 7-33 不考虑数量折扣时经济订货批量

第二步，计算不考虑数量折扣，经济订货批量为 800 千克时，存货的相关总成本。在单元格 B9 中输入“=B8/2*B7+B3*B2+B2/B8*B6”，即可得到订货批量为 800 千克时的存货相关总成本为 344 000 元，如图 7-34 所示。

B9 =B8/2*B7+B3*B2+B2/B8*B6

	A	B
1	有数量折扣时经济订货批量的确定	
2	甲材料全年需要量（千克）	16000
3	每千克标准价（元）	20.00
4	1000千克≤采购量<20000千克，价格优惠	2%
5	采购量≥2000千克，价格优惠	3%
6	每批订货费用（元）	600.00
7	单位储存成本（元）	30.00
8	不考虑折扣时，经济订货批量（千克）	800
9	不考虑折扣时，经济订货批量下存货总成本（元）	344,000.00
10	采购量为1000千克时的存货相关总成本（元）	
11	采购量为2000千克时的存货相关总成本（元）	

图 7-34 不考虑数量折扣时的存货相关总成本

第三步,计算采购量分别为 1 000 千克、2 000 千克时,存货的相关总成本。在单元格 B10 中输入“= 1000/2 * B7 + B3 * B2 * (1 - B4) + B2/1000 * B6”,在单元格 B11 中输入“=2000/2 * B7+B3 * B2 * (1- B5) +B2/2000 * B6”,即可得到订货批量,1 000 千克和2 000 千克时的存货相关总成本分别为 338 200 元和 345 200 元,如图 7-35 所示。

B11 fx =2000/2*B7+B3*B2*(1-B5)+B2/2000*B6

	A	B
1	有数量折扣时经济订货批量的确定	
2	甲材料全年需要量（千克）	16000
3	每千克标准价（元）	20.00
4	1000千克≤采购量<20000千克，价格优惠	2%
5	采购量≥2000千克，价格优惠	3%
6	每批订货费用（元）	600.00
7	单位储存成本（元）	30.00
8	不考虑折扣时，经济订货批量（千克）	800
9	不考虑折扣时，经济订货批量下存货总成本（元）	344,000.00
10	采购量为1000千克时的存货相关总成本（元）	338,200.00
11	采购量为2000千克时的存货相关总成本（元）	345,200.00

图 7-35 采购量为 1 000 千克与 2 000 千克时的存货相关总成本

通过比较发现,每次订货量为 1 000 千克时的存货相关总成本最低,所以该公司最佳订货批量为 1 000 千克。

本 章 训 练

1. 某公司预计全年需要现金 8 000 元,现金与有价证券的转换成本为每次 400 元,有价证券的利息率为 25%,如图 7-36 所示。

要求:

(1) 计算该公司的最佳现金余额。

(2) 计算全年的现金与有价证券转换次数。

(3) 计算现金的年持有成本。

(4) 计算现金的年转换成本。

(5) 计算现金的年总成本。

	A	B
1	最佳现金持有量的确定	
2	全年现金需求量（元）	8,000.00
3	每次转换成本（元）	400.00
4	有价证券的利息率	25.00%
5	最佳现金持有量（元）	
6	转换次数（次）	
7	现金年持有成本（元）	
8	现金年转换成本（元）	
9	现金年总成本（元）	

图 7-36 现金最佳持有量的确定

2. 某公司每年需要某种原材料600吨,每次订货的固定成本为8 000元,每吨原材料年储存保管费用为6 000元。每吨原材料的价格为800元,如果一次订购超过50吨,可得到2%的批量折扣,如图7-37所示。

要求:计算该公司应以多大批量订货。

	A	B
1	数量折扣情况下确定经济订货批量	
2	某种原材料全年需求量(吨)	600
3	每次订货成本(元)	8,000.00
4	单位原材料年储存成本(元)	6,000.00
5	每吨原材料价格(元)	800.00
6	一次订购超过50吨,价格优惠	2%
7	不考虑折扣时,经济订货批量(吨)	
8	不考虑折扣时,经济订货批量下存货总成本(元)	
9	采购量为50吨时的存货相关总成本(元)	
10	结论(吨)	

图7-37 数量折扣下确定经济订货批量

3. 某企业将目前赊销策略的销售情况和其他相关资料输入Excel工作表中。该企业拟改变赊销策略,并拟订了两个不同的方案,资料如图7-38和图7-39所示。

要求:判断该企业应该选用哪个方案。

	A	B	C	D
1	应收账款信用政策决策模型			
2	一、基本数据区域			
3	项目	目前方案	方案A	方案B
4	年销售额(元)	9,000,000.00	8,000,000.00	12,000,000.00
5	销售利润率	24%	24%	24%
6	应收账款机会成本率	10%	10%	10%
7	平均收现期(天)	40	45	30
8	平均坏账损失率	10%	8%	12%
9	信用条件	n/30	n/40	n/10,n/50
10	现金折扣销售额占总销售额的百分比	0	0	50%
11	现金折扣	0	0	2%

图7-38 应收账款信用政策基本数据区域

	A	B	C	D
13	二、决策分析区域			
14	项目	目前方案	方案A	方案B
15	各方案的销售额(元)			
16	各方案的利润率			
17	应收账款的平均占用额(元)			
18	各方案的坏账成本(元)			
19	各方案的机会成本(元)			
20	各方案的现金折扣成本(元)			
21	各方的利润额(元)			

图7-39 应收账款信用政策决策分析区域

第八章　Excel 在利润分配中的应用

知识导航

- Excel 在利润分配中的应用
  - 股利政策
    - 剩余股利政策
    - 固定股利政策
    - 固定股利支付率政策
    - 稳定增长股利政策
    - 低正常股利加额外股利政策
  - 股票分割与股票回购
    - 股票分割
    - 股票回购

本章简介

本章主要讲解利用 Excel 工具进行利润分配管理，包括运用 Excel 测算在剩余股利政策、固定股利政策、固定股利支付率政策、稳定增长股利政策、低正常股利加额外股利政策等股利政策影响；运用 Excel 做出股票分割决策，运用 Excel 进行股票回购分析，并加以比较。

学习目标

1. 掌握 Excel 在不同股利政策中的应用。
2. 掌握 Excel 在股票分割决策中的应用。
3. 掌握 Excel 在股票回购分析中的应用。

第一节　股 利 政 策

股利政策是指在法律允许的范围内，企业是否发放股利、发放多少股利以及何时发放股利的方针及政策。在现行股利分配实务中，常用的股利政策模式有剩余股利政策、固定股利政策、固定股利支付率政策、稳定增长股利政策和低正常股利加额外股利政策 5 种。

一、剩余股利政策

剩余股利政策是指在企业拥有投资机会时，根据一定的目标资本结构（最优资本结构），测算出投资所需权益资本，并将其先从盈余中留用，然后将剩余的盈余作为股利予以分配的股利政策。它是为维护企业最优资本结构而采用的政策模式。采用剩余股利政策，应按照以下 4 个步骤进行：

（1）确定目标资本结构(最优资本结构)，在此资本结构下，综合资本成本将达到最低水平。

（2）确立目标资本结构下投资所需的权益资本数额，计算公式如下：

新投资所需的权益资本数额 = 新投资所需的资金总额 × 目标权益比率

（3）将投资所需的权益资本数额从盈余中扣除。

（4）将扣除投资所需盈余后的剩余盈余作为股利向股东分配，计算公式如下：

发放股利总额 = 可用于分配普通股股利的税后净利润 - 新投资所需的权益资本数额

【**例 8-1**】 假设甲企业的资本中债务与资本的比率为 4∶6，企业决定维持资本结构保持不变，目前流通在外的普通股股数为 200 万股。2019 年度企业可用于分配普通股股利的税后净利润是 800 万元。企业 2020 年的投资所需金额在投资机会“好”“一般”“差”的 3 种情况下分别为 1 330 万元、1 000 万元和 0，企业采用剩余股利政策，相关资料如图 8-1 所示。

例 8-1 微课

要求：

（1）请计算在不同投资机会情况下所需的权益资本数额。

（2）请计算在不同投资机会情况下发放股利总额。

（3）请计算在不同投资机会情况下每股股利。

（4）请计算在不同投资机会情况下股利支付率。

	A	B
1	剩余股利政策	
2	甲企业债务占总资本比重	40%
3	普通股股数（万股）	200
4	2019年度可用于分配的税后利润（万元）	800.00
5	投机机会“好”情况下投资所需资金（万元）	1,330.00
6	投机机会“一般”情况下投资所需资金（万元）	1,000.00
7	投机机会“差”情况下投资所需资金	0.00

图 8-1 剩余股利政策下的股利分配

本例题在 Excel 中的操作如下：

第一步，计算各投资机会情况下所需的权益资本数额。选取单元格 B15，输入公式“=B12*(1-$B$2)”(投资所需资金×权益资金所占总资本的比重)，可得到投资机会“好”的情况下，甲企业所需的权益资本数额为 798 万元，然后将单元格 B15 的公式套用到单元格 C15 至 D15，如图 8-2 所示。

B15 fx =B12*(1-$B$2)

	A	B	C	D
9	甲企业不同投资水平下股利发放情况			
10	项目	投机机会		
11		好	一般	差
12	投资所需资金（万元）	1,330.00	1,000.00	0.00
13	总股数（万股）	200	200	200
14	可用于分配普通股股利的税后利润（万元）	800.00	800.00	800.00
15	所需的权益资本数额（万元）	798.00	600.00	0.00
16	发放股利总额（万元）			
17	每股股利（元）			
18	股利支付率			

图 8-2 计算各投资机会下所需的权益资本数额

第二步,计算各投资机会情况下发放股利总额。选取单元格 B16,输入公式“=B14-B15”(税后利润-所需的权益资本数额),可得到投资机会“好”的情况下,甲企业发放股利总额为 2 万元。然后将单元格 B16 的公式套用到单元格 C16 至 D16,如图 8-3 所示。

B16 =B14-B15

	A	B	C	D
9	甲企业不同投资水平下股利发放情况			
10	项目	投机机会		
11		好	一般	差
12	投资所需资金(万元)	1,330.00	1,000.00	0.00
13	总股数(万股)	200	200	200
14	可用于分配普通股股利的税后利润(万元)	800.00	800.00	800.00
15	所需的权益资本数额(万元)	798.00	600.00	0.00
16	发放股利总额(万元)	2.00	200.00	800.00
17	每股股利(元)			
18	股利支付率			

图 8-3 计算各投资机会下发放股利总额

第三步,计算各投资机会情况下每股股利。在单元格 B17 中输入公式“=B16/ $B$3”(股利总额/总股数),可得到投资机会“好”的情况下,甲企业每股股利为 0.01 元。然后将单元格 B17 的公式套用到单元格 C17 至 D17,如图 8-4 所示。

B17 =B16/$B$3

	A	B	C	D
9	甲企业不同投资水平下股利发放情况			
10	项目	投机机会		
11		好	一般	差
12	投资所需资金(万元)	1,330.00	1,000.00	0.00
13	总股数(万股)	200	200	200
14	可用于分配普通股股利的税后利润(万元)	800.00	800.00	800.00
15	所需的权益资本数额(万元)	798.00	600.00	0.00
16	发放股利总额(万元)	2.00	200.00	800.00
17	每股股利(元)	0.01	1.00	4.00
18	股利支付率			

图 8-4 计算各投资机会下每股股利

第四步,计算各投资机会情况下的股利支付率。将单元格 B18、C18、D18 的格式设置为百分比,在单元格 B18 中输入公式“=B16/B14”(发放股利总额/税后利润),可得到投资机会“好”的情况下,甲企业的股利支付率为 0.25%。然后将单元格 B18 的公式套用到单元格 C18 至 D18,如图 8-5 所示。

B18 =B16/B14

	A	B	C	D
9	甲企业不同投资水平下股利发放情况			
10	项目	投机机会		
11		好	一般	差
12	投资所需资金(万元)	1,330.00	1,000.00	0.00
13	总股数(万股)	200	200	200
14	可用于分配普通股股利的税后利润(万元)	800.00	800.00	800.00
15	所需的权益资本数额(万元)	798.00	600.00	0.00
16	发放股利总额(万元)	2.00	200.00	800.00
17	每股股利(元)	0.01	1.00	4.00
18	股利支付率	0.25%	25.00%	100.00%

图 8-5 计算各投资机会下的股利支付率

从图 8-5 可以看出，股利支付率取决于企业投资机会和当年的获利情况。投资机会越多，用于支付现金股利的净利润越少；投资机会越少，满足投资需求后可用于支付现金股利的资金越多。

剩余股利政策的理论依据是股利无关论，其优点在于：

（1）有利于企业合理安排资本结构，使资本结构达到最佳状态。

（2）充分利用最低成本的资金来源，以提高股票价格或使企业的价值达到最大。

（3）由于优先考虑未来投资所需的权益资金数额，可为企业未来盈利的稳定增长奠定良好基础。

剩余股利政策的缺点在于：

（1）由于投资机会和收益每年都有变化，而采用剩余股利政策使每年的股利支付额受到企业未来投资机会和盈利水平的双重制约。因此，可能造成年股利支付额不稳定的现象，不利于树立企业的良好形象。

（2）不利于投资者安排收入和支出，不利于吸引追求稳定收入的投资者。

剩余股利政策比较适合于新成立的、处于初创期的企业。

二、固定股利政策

固定股利政策是将每年发放的股利固定在某一水平上并在较长的时期内保持不变，只有当企业认为未来盈余会显著地、不可逆转地增长时，才提高年度的股利发放额的一种股利政策。

【例 8-2】 东方公司 2020 年的投资所需资金为 500 万元，企业流通在外的普通股股数为 200 万股。东方公司 2019 年的税后利润根据营运情况分为“好”“一般”“差”3 种情况，分别为 800 万元、550 万元和 200 万元，企业采用固定股利政策，每股股利为 0.8 元，如图 8-6 所示。

例 8-2 微课

要求：

（1）请计算在不同投资机会情况下发放股利总额。

（2）请计算在不同营运情况下所需的权益资本数额。

（3）请计算在不同投资机会情况下需要从外部筹集资金总额。

（4）请计算在不同投资机会情况下股利支付率。

	A	B
1	固定股利政策	
2	普通股股数（万股）	200
3	每股股利（元）	0.8
4	投资所需资金（万元）	500.00
5	营运“好”情况下税后利润（万元）	800.00
6	营运“一般”情况下税后利润（万元）	550.00
7	营运“差”情况下税后利润（万元）	200.00

图 8-6 固定股利政策下的股利分配

本例题在 Excel 中的操作如下：

第一步，计算在固定股利政策下，各营运情况发放的股利总额。在单元格 B15 中输入公式“=B14*$B$3”，得到当营运情况“好”时，发放股利总额为 160 万元。然后将单元格

B15 的公式套用到单元格 C15 至 D15，如图 8-7 所示。

B15　=B14*$B$3

	A	B	C	D
9	东方公司各营运情况下股利发放情况			
10	项目	营运情况		
11		好	一般	差
12	税后利润（万元）	800.00	550.00	200.00
13	投资所需资金（万元）	500.00	500.00	500.00
14	总股数（万股）	200	200	200
15	发放股利总额（万元）	160.00	160.00	160.00
16	所需的权益资本数额（万元）			
17	需要从外部筹集资金（万元）			
18	股利支付率			

图 8-7　计算各营运情况下发放股利总额

第二步，计算在固定股利政策下各营运情况所需的权益资本数额。在单元格 B16 中输入公式“=IF((B12-B15)>B13, B13, B12-B15)”，即当“(税后利润 800 万元-发放股利总额 160 万元)>投资所需资金 500 万元”时，所需的权益资本数额=投资所需资金为 500 万元。否则，发放股利后，只能通过权益资本筹集到一部分投资所需资金。然后将单元格 B16 的公式套用到单元格 C16 至 D16，如图 8-8 所示。

B16　=IF((B12-B15)>B13, B13, B12-B15)

	A	B	C	D
9	东方公司各营运情况下股利发放情况			
10	项目	营运情况		
11		好	一般	差
12	税后利润（万元）	800.00	550.00	200.00
13	投资所需资金（万元）	500.00	500.00	500.00
14	总股数（万股）	200	200	200
15	发放股利总额（万元）	160.00	160.00	160.00
16	所需的权益资本数额（万元）	500.00	390.00	40.00
17	需要从外部筹集资金（万元）			
18	股利支付率			

图 8-8　计算各营运情况下所需的权益资本数额

第三步，计算需要从外部筹集资金数额。在单元格 B17 中输入公式“=B13-B16”，即“投资所需资金-所需的权益资金数额”。然后将单元格 B17 的公式套用到单元格 C17 至 D17，如图 8-9 所示。

B17　=B13-B16

	A	B	C	D
9	东方公司各营运情况下股利发放情况			
10	项目	营运情况		
11		好	一般	差
12	税后利润（万元）	800.00	550.00	200.00
13	投资所需资金（万元）	500.00	500.00	500.00
14	总股数（万股）	200	200	200
15	发放股利总额（万元）	160.00	160.00	160.00
16	所需的权益资本数额（万元）	500.00	390.00	40.00
17	需要从外部筹集资金（万元）	0.00	110.00	460.00
18	股利支付率			

图 8-9　计算各营运情况下需要从外部筹集资金的数额

第四步,计算每股股利与股利支付率。对于固定股利政策而言,在各营运情况下每股股利均相等,等于0.8元/股。由“股利支付率=发放股利总额/税后利润”,将单元格B19、C19、D19的格式百分比,在单元格B18中输入公式“=B15/B12”,即得到在营运情况“好”情况下的股利支付率为20%。然后将单元格B18的公式套用到单元格C18至D18,如图8-10所示。

B18　fx =B15/B12

	A	B	C	D
9	东方公司各营运情况下股利发放情况			
10	项目	营运情况		
11		好	一般	差
12	税后利润（万元）	800.00	550.00	200.00
13	投资所需资金（万元）	500.00	500.00	500.00
14	总股数（万股）	200	200	200
15	发放股利总额（万元）	160.00	160.00	160.00
16	所需的权益资本数额（万元）	500.00	390.00	40.00
17	需要从外部筹集资金（万元）	0.00	110.00	460.00
18	股利支付率	20.00%	29.09%	80.00%

图8-10　计算各营运情况下每股股利与股利支付率

企业采用固定股利政策,税后利润高低与发放股利总额无关,每股股利是固定的。企业利润越高,股利支付率越低,需要从外部筹集的资金也就越少。

固定股利政策的理论基础是“一鸟在手”理论和“信号传递理论”,其主要优点是:

(1) 通过固定或稳定增长的股利政策向投资者传播企业的盈利情况以及财务状况稳定且逐步提高的信息,树立企业的良好形象,增强投资者对企业的信心,从而稳定企业股票价格,吸引更多的投资者。

(2) 有利于投资者安排股利收入和支出,特别是那些对股利有着很高依赖性的股东更是如此。

(3) 可以避免股利支付的大幅度、无序性波动,有助于预测企业现金流出量,便于企业进行资金调度和财务安排。

固定股利政策的缺点在于:

(1) 股利的支付与盈余相脱节,股利分配水平不能反映企业的绩效水平。当盈余较低时仍要支付固定的股利,这可能导致资金短缺,财务状况恶化。

(2) 固定股利政策不能像剩余股利政策那样使企业保持较低的资本成本,可能会给企业造成较大的财务压力,甚至可能侵蚀企业留存利润和资本金。

固定股利政策适用于经营比较稳定或正处于成长期、信誉一般的企业。

三、固定股利支付率政策

固定股利支付率政策是指企业确定一个固定的股利占盈余的比例,并且每年按这一固定比例支付股利给股东的一种股利政策。这种股利政策与剩余股利政策顺序相反,它是先考虑派发股利,后考虑留存收益。固定股利支付率越高,企业留存收益就越少,计算公式如下:

发放股利总额=当年可用于分配普通股股利的税后净利润×固定股利支付率

当年留存收益额=当年可用于分配普通股股利的税后净利润-发放股利总额

【例 8-3】 华夏公司采用固定股利支付率政策分配股利，股利支付率为 40%。2019 年提取了法定盈余公积和任意盈余公积后的税后净利润为 500 万元，2020 年企业提取了法定盈余公积和任意盈余公积后的税后净利润为 800 万元。2019 年与 2020 年华夏公司投资所需资金均为 400 万元，如图 8-11 所示。

例 8-3 微课

要求：

（1）请计算 2019 年、2020 年发放的股利总额。

（2）请计算 2019 年、2020 年企业需要的权益资本数额。

（3）请计算 2019 年、2020 年企业需要从外部筹集资金的数额。

	A	B
1	固定股利支付率政策	
2	股利支付率	40%
3	2019年提取盈余公积后的税后净利润（万元）	500.00
4	2020年提取盈余公积后的税后净利润（万元）	800.00
5	两年投资需要的数额相同（万元）	400.00

图 8-11 股利支付率政策下的股利分配

本例题在 Excel 中的操作如下：

第一步，计算在固定股利支付率政策下两年发放的股利总额。在单元格 B10 中输入公式"=B9*$B$2"，即"提取盈余公积后的税后净利润×股利支付率"，然后将单元格 B10 的公式套用到单元格 C10，如图 8-12 所示。

B10 fx =B9*$B$2

	A	B	C
7	华夏公司固定股利支付率政策的股利分配		
8	项目	2019年	2020年
9	提取盈余公积后的税后净利润（万元）	500.00	800.00
10	发放股利总额（万元）	200.00	320.00
11	投资所需资金（万元）	400.00	400.00
12	发放股利后的权益资本（万元）		
13	需要的权益资本数额（万元）		
14	需要从外部筹集资金（万元）		

图 8-12 计算发放股利总额

第二步，计算发放股利后的权益资本。在单元格 B12 中输入公式"=B9-B10"，即"提取盈余公积后的税后净利润-发放股利总额"，然后将单元格 B12 的公式套用到单元格 C12，如图8-13 所示。

B12 fx =B9-B10

	A	B	C
7	华夏公司固定股利支付率政策的股利分配		
8	项目	2019年	2020年
9	提取盈余公积后的税后净利润（万元）	500.00	800.00
10	发放股利总额（万元）	200.00	320.00
11	投资所需资金（万元）	400.00	400.00
12	发放股利后的权益资本（万元）	300.00	480.00
13	需要的权益资本数额（万元）		
14	需要从外部筹集资金（万元）		

图 8-13 计算发放股利后的权益资本

第三步，计算需要的权益资本数额。在单元格 B13 中输入公式“=IF(B12>B11,B11,B12)”，表示如果“发放股利后的权益资本 300 万元<投资所需资金 400 万元”，则“需要的权益资本数额=300 万元”；否则，等于投资所需资金。然后将单元格 B13 的公式套用到单元格 C13，如图 8-14 所示。

B13 　 f_x 　 =IF(B12>B11, B11, B12)

	A	B	C
7	华夏公司固定股利支付率政策的股利分配		
8	项目	2019年	2020年
9	提取盈余公积后的税后净利润（万元）	500.00	800.00
10	发放股利总额（万元）	200.00	320.00
11	投资所需资金（万元）	400.00	400.00
12	发放股利后的权益资本（万元）	300.00	480.00
13	需要的权益资本数额（万元）	300.00	400.00
14	需要从外部筹集资金（万元）		

图 8-14　需要的权益资本数额

第四步，计算需要从外部筹集资金数额。在单元格 B14 中输入公式“=IF(B11>B12,B11-B13,0)”，表示“如果投资所需资金>发放股利后的权益资本”，则“需要从外部筹集资金=投资所需资金-需要的权益资本数额”；否则，“需要从外部筹集资金=0”。然后将单元格 B14 的公式套用到单元格 C14，如图 8-15 所示。

B14 　 f_x 　 =IF(B11>B13, B11-B13, 0)

	A	B	C
7	华夏公司固定股利支付率政策的股利分配		
8	项目	2019年	2020年
9	提取盈余公积后的税后净利润（万元）	500.00	800.00
10	发放股利总额（万元）	200.00	320.00
11	投资所需资金（万元）	400.00	400.00
12	发放股利后的权益资本（万元）	300.00	480.00
13	需要的权益资本数额（万元）	300.00	400.00
14	需要从外部筹集资金（万元）	100.00	0.00

图 8-15　计算需要从外部筹集资金数额

在固定股利支付率政策下，一方面各年股利金额会随企业经营状况的好坏而上下波动，获利较多的年份，支付的股利额较多，获利较少的年份，股利支付额较少；另一方面由于该股利政策是后考虑留存收益的，所以当投资所需的资金大于当年的留存收益时还需向外筹资。

固定股利支付率政策的主要优点是：

(1) 根据投资者厌恶风险的心理，确定股利支付率，满足投资者获取现金股利的愿望，使股价维持在一个较高的位置，实现企业价值最大化。

(2) 能使股利与盈余紧密结合，体现多盈多分、少盈少分、不盈不分的原则，公平地对待每一位股东。

(3) 保持股利与利润间的一定比例关系，体现了投资风险与投资收益的对称性。

固定股利支付率政策的缺点在于：

(1) 当企业盈余在各个期间波动不定时，其支付的股利也将随之波动，不利于树立企业的良好形象，不利于稳定股票价格。

(2) 企业财务压力较大,缺乏财务弹性。

(3) 确定合理的固定股利支付率难度很大。

固定股利支付率政策适合于稳定发展的企业和财务状况处于较稳定的企业。

四、稳定增长股利政策

稳定增长股利政策是指在一定的时期内保持公司的每股股利稳定增长的股利政策。采用这种股利政策的公司一般会随着公司盈利的增加,保持每股股利平稳地提高。

【例 8-4】 西京公司采用稳定增长股利政策分配股利,该公司第 1 年支付的每股股利为 0.5 元,股利每年增长率为 7%,该公司流通在外的普通股股数为 80 万股,如图 8-16 所示。

例 8-4 微课

要求:计算每年的每股股利以及发放的股利总额。

	A	B
1	稳定增长股利政策	
2	第1年每股股利(元)	0.50
3	股利增长率	7%
4	普通股股数(万股)	80

图 8-16 稳定增长股利政策的计算

本例题在 Excel 中的操作如下:

第一步,计算每股股利。在单元格 B8 中输入公式"=0.5*(1+$B$3)^(B7-1)",表示第 1 年的股利 $=0.5\times(1+7\%)^{0}$,然后将 B8 的公式套用到单元格 C8 至 E8 中,得到每年的每股股利,如图 8-17 所示。

B8 fx =0.5*(1+$B$3)^(B7-1)

	A	B	C	D	E
6	项目	年度			
7		1	2	3	4
8	每股股利(元)	0.50	0.54	0.57	0.61
9	发放股利总额(万元)				

图 8-17 计算每股股利

第二步,计算发放股利总额。在单元格 B9 中输入公式"=B8*$B$4",表示第 1 年的股利 $=0.5\times80=40$(万元),然后将 B9 的公式套用到单元格 C9 至 E9 中,得到每年发放的股利总额,如图 8-18 所示。

B9 fx =B8*$B$4

	A	B	C	D	E
6	项目	年度			
7		1	2	3	4
8	每股股利(元)	0.50	0.54	0.57	0.61
9	发放股利总额(万元)	40.00	42.80	45.80	49.00

图 8-18 计算发放股利总额

五、低正常股利加额外股利政策

低正常股利加额外股利政策是介于固定股利政策和固定股利支付率政策之间的一种折中

的股利政策。这种股利政策主张企业每年只支付固定数额的较低股利，在企业经营业绩非常好的年份，根据企业的经营状况，除了按期支付给股东低正常股利外，再加付额外股利给股东。

【例 8-5】 甲企业流通在外的普通股为 10 万股，企业采用低正常股利加额外股利政策，每股正常股利为 0.2 元，若税后净利润超过 20 万元，那么额外股利为超过部分的 20%，假设企业当年实现净利润 25 万元。

例 8-5 微课

本例题在 Excel 中的操作如下：

要求：计算甲企业每股股利。

第一步，计算正常股利总额。在单元格 B6 中输入公式"=B3*B2"，得到正常股利总额为 2 万元，如图 8-19 所示。

B6 fx =B3*B2

	A	B
1	低正常股利加额外股利政策	
2	流通在外的普通股（万股）	10
3	每股正常股利（元）	0.20
4	税后利润>20万元，额外股利为超过20万元的百分比	20%
5	税后利润（万元）	25.00
6	正常股利总额（万元）	2.00
7	额外股利总额（万元）	
8	每股股利（元）	

图 8-19 计算正常股利总额

第二步，计算额外股利总额。在单元格 B7 中输入公式"=(B5-20)*B4"，得到当净利润超过 20 万元时，额外股利总额为 1 万元，如图 8-20 所示。

B7 fx =(B5-20)*B4

	A	B
1	低正常股利加额外股利政策	
2	流通在外的普通股（万股）	10
3	每股正常股利（元）	0.20
4	税后利润>20万元，额外股利为超过20万元的百分比	20%
5	税后利润（万元）	25.00
6	正常股利总额（万元）	2.00
7	额外股利总额（万元）	1.00
8	每股股利（元）	

图 8-20 计算额外股利总额

第三步，计算每股股利。在单元格 B8 中输入公式"=(B6+B7)/B2"，即"(正常股利总额+额外股利总额)/普通股股数"，得到每股股利为 0.3 元，如图 8-21 所示。

B8 fx =(B6+B7)/B2

	A	B
1	低正常股利加额外股利政策	
2	流通在外的普通股（万股）	10
3	每股正常股利（元）	0.20
4	税后利润>20万元，额外股利为超过20万元的百分比	20%
5	税后利润（万元）	25.00
6	正常股利总额（万元）	2.00
7	额外股利总额（万元）	1.00
8	每股股利（元）	0.30

图 8-21 计算每股股利

低正常股利加额外股利政策的优点是：

（1）能使那些高度依赖股利生活的股东获得较低但却很稳定的股利收入，又可以在企业盈余较多时适当增加股利，使股东分享到经济繁荣带来的利益，对投资者具有较强的吸引力。

（2）能使企业具有较大的财务灵活性，即当企业盈余较少或因有较好的投资机会，而需大量投资时，可维持较低的正常股利，股东不会因此而失望。而当企业盈余较多，或无投资需求时，可适度增发股利，以增强投资者的持股或投资信心，提升股票价格。

低正常股利加额外股利政策的缺点在于：

（1）股利派发仍然缺乏稳定性，额外股利随着盈利的变化而变化，时有时无，给人不稳定的印象。

（2）如果企业较长时期一直发放额外股利，股东就会误认为这是正常股利，一旦取消，极易造成企业“财务状况”逆转的负面影响，导致股价下跌。

第二节 股票分割与股票回购

一、股票分割

（一）股票分割的概念

股票分割又称拆股，是指将高面额股票拆换为低面额股票的行为，例如将 1 股面值为 2 元的股票拆换为 2 股面值为 1 元的股票。股票分割与股票股利的经济意义基本相同。通过分派股票股利，企业的所有者权益总额不变，但权益内部各项目的结构发生了变化；而股票分割则不需通过账务系统，只需在报告系统中增加股份数量，既不改变所有者权益总额，也不改变所有者权益的结构。

（二）股票分割与股票股利的比较

对于公司来说，股票分割与发放股票股利都属于股本扩张政策，二者都会使公司股票数量增加，股票价格降低，并且都不会增加公司价值和股东财富。从以上方面来看，股票分割与股票股利是十分相似的，但二者也存在以下差异：

（1）股票分割降低了股票面值，而发放股票股利不会改变股票面值。

（2）会计处理不同。

股票分割不会影响到资产负债表中股东权益各项目金额的变化，只是股票面值降低，股票股数增加，因而股本的金额不会变化，资本公积和留用利润的金额也不会变化。发放股票股利，公司应将股东权益中的留用利润的金额按照发放股票股利面值总数转为股本，因而股本的金额相应增加，而留用利润相应减少。股票分割与股票股利的不同点见表 8-1。

表 8-1 股票分割与股票股利的不同点

股票分割	股票股利
面值变小	面值不变
股东权益结构不变	股东权益内部结构变化

（续表）

股票分割	股票股利
不属于股利支付方式	属于股利支付方式
在公司股价暴涨且预期难以下降时，采用股票分割的办法降低股价	公司股价上涨幅度不大，通过发放股票股利将股价维持在理想的范围内

下面举例说明股份制公司是如何通过资本公积转增股本和发放股票股利实现股本扩张的。

【例 8-6】 东方公司是一家商业连锁企业，近年来公司营业收入和利润都在快速增长，2019 年度简易资产负债表见图 8-22。由于该公司目前股票价格达到 60 元/股，已经影响到股票在市场上的流动性。为了提高股票对中小投资者的吸引力，改善股票流动性，公司决定增加股本总额，以降低股票价格。现有两种备选方案。

例 8-6 微课

要求：试比较两个方案的差异。

	A	B	C	D
1			东方公司资产负债表	单位：万元
2	资产		负债与股东权益	
3	流动资产	80,000.00	负债	
4			流动负债	15,000.00
5			非流动负债	45,000.00
6			负债总额	60,000.00
7	非流动资产	120,000.00	股东权益	
8			股本（每股面值10元，2000万股）	20,000.00
9			资本公积	50,000.00
10			盈余公积	30,000.00
11			未分配利润	40,000.00
12			股东权益总额	140,000.00
13	资产总额	200,000.00	负债与股东权益总额	200,000.00

图 8-22　东方公司简易资产负债表

本例题在 Excel 中的操作如下：

方案一：按照 1∶2 的比例实施股票分割。

股票分割之后，2 000 万股变为 4 000 万股，每股面值由 10 元变为 5 元，如图 8-23 所示。

	A	B	C	D
15			方案一　东方公司股票分割后的资产负债表	单位：万元
16	资产		负债与股东权益	
17	流动资产	80,000.00	负债	
18			流动负债	15,000.00
19			非流动负债	45,000.00
20			负债总额	60,000.00
21	非流动资产	120,000.00	股东权益	
22			股本（每股面值5元，4000万股）	20,000.00
23			资本公积	50,000.00
24			盈余公积	30,000.00
25			未分配利润	40,000.00
26			股东权益总额	140,000.00
27	资产总额	200,000.00	负债与股东权益总额	200,000.00

图 8-23　东方公司股票分割后的简易资产负债表

方案二：实施每 10 股用资本公积转增 6 股，并派发 4 股股票股利的股利分配方案。

第一步，每 10 股用资本公积转增 6 股后，资本公积减少，股本增加，即资本公积减少的金额=股本增加的金额=2 000×0.6×10=1 2000(元)，如图 8-24 所示。

	A	B	C	D
29		方案二 东方公司发放股票股利后的资产负债表		单位：万元
30	资产		负债与股东权益	
31	流动资产	80,000.00	负债	
32			流动负债	15,000.00
33			非流动负债	45,000.00
34			负债总额	60,000.00
35	非流动资产	120,000.00	股东权益	
36			股本（每股面值10元，4000万股）	40,000.00
37			资本公积	38,000.00
38			盈余公积	30,000.00
39			未分配利润	32,000.00
40			股东权益总额	140,000.00
41	资产总额	200,000.00	负债与股东权益总额	200,000.00

图 8-24 东方公司实施方案二后的简易资产负债表

第二步，每 10 股派发 4 股股票股利，未分配利润减少，股本增加，即非分配利润减少的金额=股本增加的金额=2 000×0.4×10=8 000(元)，如图 8-24 所示。

经过对比，我们可以发现：实施方案一，经过股票分割之后，A 公司的股票数增加到 4 000 万股，股票面值降为 5 元，但资产负债表中的股本仍然为 20 000 万元，其他各项金额不变，股票分割后股票价格降到 30 元/股；实施方案二，经过资本公积转增股本，资本公积减至 38 000 万元，派发股票股利后未分配利润减至 32 000 万元，股本总额则增加到 40 000 万元，股票数增加到 4 000 万股，股票面值仍然是 10 元，实施方案二后股票价格也会降到 30 元/股。两个方案最终达到的效果基本相同，但方案一资产负债表中股东权益各项目的金额未发生变化，而方案二各项目的金额发生了变化。

二、股票回购

股票回购是指股份公司出资重新购回已发行在外股票的行为。企业在股票回购完成后可以将所回购的股票注销，也可以将回购的股票不注销而作为库藏股保留，但不参与每股收益的计算和股利分配。

当公司投资机会较少，现金持有较多时，公司可以用多余的现金购回股东所持有的股份，使流通在外的股份减少，当盈利总额和市盈率保持不变时，每股收益增加，每股股价上升。通过股票回购，股东可以从股票价格的上涨中获得资本利得。在不考虑税收和交易成本的情况下，股票回购为股东带来的资本利得等于发放的现金股利。正因为如此，股票回购常被看成是现金股利的一种替代方式。

【例 8-7】 某企业流通在外的普通股股数为 600 万股，税后净利润为 2 400 万元，股票市价为每股 16 元。企业计划回购 20%的股票。

例 8-7 微课

要求：

(1) 计算回购后企业每股收益。

(2) 假设企业市盈率保持不变，计算回购后预期股票市场价格。

本例题在 Excel 中的操作如下：

第一步，计算股票回购前每股收益。每股收益 = 税后利润 ÷ 股数，在单元格 B6 中输入公式“=B3/B2”，得到股票回购前每股收益为 4 元，如图 8-25 所示。

B6 =B3/B2

	A	B
1	股票回购	
2	普通股股数（万股）	600
3	税后净利润（万元）	2,400.00
4	股票市价（元）	16.00
5	回购股票比例	20%
6	回购前每股收益（元）	4.00
7	市盈率	
8	回购后每股收益（元）	
9	回购后预期股票市价（元）	

图 8-25 计算股票回购前每股收益

第二步，计算市盈率。市盈率 = 市价 ÷ 每股收益，在单元格 B7 中输入公式“=B4/B6”，得到市盈率为 4，如图 8-26 所示。

B7 =B4/B6

	A	B
1	股票回购	
2	普通股股数（万股）	600
3	税后净利润（万元）	2,400.00
4	股票市价（元）	16.00
5	回购股票比例	20%
6	回购前每股收益（元）	4.00
7	市盈率	4
8	回购后每股收益（元）	
9	回购后预期股票市价（元）	

图 8-26 计算市盈率

第三步，计算股票回购后每股收益。税后净利润不变，普通股股数减少 20%，在单元格 B8 中输入公式“=B3/(B2*(1-B5))”，得到股票回购后每股收益为 5 元，如图 8-27 所示。

B8 =B3/(B2*(1-B5))

	A	B
1	股票回购	
2	普通股股数（万股）	600
3	税后净利润（万元）	2,400.00
4	股票市价（元）	16.00
5	回购股票比例	20%
6	回购前每股收益（元）	4.00
7	市盈率	4
8	回购后每股收益（元）	5.00
9	回购后预期股票市价（元）	

图 8-27 计算股票回购后每股收益

第四步，计算股票回购预期股票市价。预期股票市价＝回购后的每股收益×市盈率，在单元格 B9 中输入公式“=B8*B7”，得到股票回购预期股票市价为 20 元，如图 8-28 所示。

B9 =B8*B7

	A	B
1	股票回购	
2	普通股股数（万股）	600
3	税后净利润（万元）	2,400.00
4	股票市价（元）	16.00
5	回购股票比例	20%
6	回购前每股收益（元）	4.00
7	市盈率	4
8	回购后每股收益（元）	5.00
9	回购后预期股票市价（元）	20.00

图 8-28 计算回购后预期股票市价

综上所述，当企业回购股票时，如果假定市盈率不变，则会带来每股收益及市价的提高。但是如果企业通过举债回购股票，杠杆水平的提高会增加股票的风险，也会降低企业市盈率，此时股票回购不一定对股价产生有利的影响。

本章训练

1. 东方公司目前发行在外的普通股股数为 100 万股，净资产为 200 万元，今年每股支付 1 元股利。预计未来 3 年税后利润和需要追加的资本性支出，如图 8-29 所示。公司计划增发新股，每股面值 1 元，预计发行价格每股 2 元，增发的股份当年不需要支付股利，下一年开始发放股利。

	A	B	C	D
1	股利分配的政策选择			
2	一、输入区			
3	1.预计未来3年的税后利润和需要追加的资本性支出:			
4	年份	1	2	3
5	税后利润（万元）	150.00	250.00	200.00
6	资本支出（万元）	100.00	500.00	200.00
7	2.增发股份信息			
8	每股面值（元）	1.00		
9	预计发行价格（元）	2.00		
10	3.其他已知资料:			
11	项目	数额		
12	目前流通股股数（万股）	100		
13	目前净资产（万元）	200.00		
14	目前每股股利（元）	1.00		
15	资产负债率限定百分比	30%		

图 8-29 东方公司未来 3 年相关数据

要求：

（1）假设公司目前没有借款，并希望逐步增加负债的比重，公司计划资产负债率不能超过 30%。公司采用固定股利政策，筹资时优先使用留存收益，其次是长期借款，必要时增发普通股,如图8-30所示。请计算未来各年需要增加的借款和股权资金。

	A	B	C	D
16	二、输出区			
17	**(1)假设采用固定股利政策,外部筹资首先考虑负债,计算各年需要增加的借款和股权资金**			
18	年份	1	2	3
19	1.需要资本支出(万元)			
20	税后利润(万元)			
21	股利(万元)			
22	2.留存收益补充资金(万元)			
23	需要外部筹资(万元)			
24	长期资本总额(万元)			
25	累计借款上限(万元)			
26	3.增加长期借款(万元)			
27	4.需要增发股权资金(万元)			
28	需要增发股数(万股)			
29	增发后股份总数(万股)			

图8-30　固定股利政策的计算

(2)假设公司采用剩余股利政策,并保持资本结构不变,权益占比70%,如图8-31所示。请计算未来各年需要增加的借款和股权资金。

	A	B	C	D
30	**(2)假设采用剩余股利政策,维持资本结构权益占比70%,计算各年需要增加的借款和股权资金**			
31	年份			
32	1.需要资本支出(万元)			
33	税后利润(万元)			
34	股利(万元)			
35	2.留存收益补充资金(万元)			
36	需要外部筹资(万元)			
37	3.增加长期借款(万元)			
38	4.需要增发股权资金(万元)			
39	需要增发股数(万股)			
40	增发后股份总数(万股)			

图8-31　剩余股利政策的计算

(3)假设公司采用固定股利支付率政策,股利支付率为50%,如图8-32所示。请计算未来各年发放的股利金额和需要外部筹资金额。

	A	B	C	D
41	**(3)假设采用固定股利支付率政策,股利支付率为50%,计算各年发放的股利和需要外部筹资金**			
42	年份	1	2	3
43	1.需要资本支出(万元)			
44	税后利润(万元)			
45	股利(万元)			
46	2.留存收益补充资金(万元)			
47	需要外部筹资(万元)			

图8-32　固定股利支付率政策的计算

2.海岛公司2020年流通在外的普通股股数为1 000万股,税后净利润为1 200万元,股票市价为每股 12 元。公司计划回购 15%的股票,如图 8-33 所示。

要求:

(1) 请计算股票回购后每股收益。

(2) 假设企业市盈率保持不变,请计算回购后预期股票市场价格。

	A	B
1	股票回购	
2	普通股股数(万股)	1000
3	税后净利润(万元)	1,200.00
4	股票市价(元)	12.00
5	回购股票比例	15%
6	回购前每股收益(元)	
7	市盈率	
8	回购后每股收益(元)	
9	回购后预期股票市价(元)	

图 8-33 股票回购的计算

第九章　Excel 在财务分析中的应用

知识导航

- Excel 在财务分析中的应用
  - 财务比率分析
    - 偿债能力分析
    - 营运能力分析
    - 盈利能力分析
    - 发展能力分析
  - 财务比较分析
    - 纵向比较分析法
    - 横向比较分析法
  - 财务综合分析
    - 杜邦分析法
    - 沃尔评分法

本章简介

本章主要讲解运用 Excel 工具进行财务比率分析;运用 Excel 进行纵向财务比较和横向财务比较分析;运用 Excel 进行杜邦分析与沃尔综合评分分析,对企业进行综合财务分析。

学习目标

1. 掌握 Excel 在财务比率中的应用。
2. 掌握 Excel 在财务比较分析中的应用。
3. 掌握 Excel 在杜邦分析中的应用。
4. 掌握 Excel 在沃尔综合评分中的应用。

第一节　财务比率分析

一、偿债能力分析

偿债能力是指企业偿还到期债务(包括本息)的能力。企业偿债能力低不仅说明企业资金紧张,难以支付日常经营支出,而且说明企业资金周转不灵,难以偿还到期债务,甚至面临破产危险。由于债务按到期时间分为短期债务和长期债务,所以偿债能力分析包括短期偿债能力分析和长期偿债能力分析。

（一）短期偿债能力分析

1. 流动比率

流动比率是企业流动资产与流动负债的比率，它表明企业每 1 元流动负债由多少流动资产作为偿还保证，反映企业可在短期内转变为现金的流动资产偿还到期流动负债的能力，计算公式为：

$$流动比率 = \frac{流动资产}{流动负债}$$

流动比率越高，意味着企业短期偿债能力越强，债权人的权益就越有保证。一般认为，工业企业合理流动比率为 2。这是因为流动资产中变现能力最差的存货金额约占流动资产总额的一半，剩下的流动性较大的流动资产至少要等于流动负债，企业短期偿债能力才会有保证。

2. 速动比率

速动比率是企业速动资产与流动负债的比率。它假设速动资产是可以用于偿债的资产，表明每 1 元流动负债由多少速动资产作为偿还保障。速动资产是指流动资产减去变现能力较差且不稳定的存货等后的余额。由于剔除了存货等变现能力较差的资产，速动比率比流动比率能更准确、更可靠地评价企业资产的流动性及偿还短期债务的能力，计算公式为：

$$速动比率 = \frac{速动资产}{流动负债}$$

速动比率越高，意味着企业偿还流动负债的能力越强。一般认为速动比率为 1 较合适。速动比率过低，企业面临较高的偿债风险；速动比率过高，会因占用现金及应收账款过多而增加企业的机会成本。

3. 现金比率

现金比率是企业现金资产与流动负债的比率，它表明每 1 元流动负债由多少现金资产作为偿还保障，计算公式为：

$$现金比率 = \frac{货币资金 + 交易性金融资产}{流动负债}$$

一般情况下，现金资产就是速动资产扣除应收账款后的余额。速动资产扣除应收账款后计算出来的金额，最能反映企业直接偿付流动负债的能力。现金比率一般认为 20%以上为好，但这一比率过高，就意味着企业流动负债未能得到合理运用，而现金类资产获利能力低，这类资产金额太高会导致企业机会成本增加。

（二）长期偿债能力分析

长期偿债能力是指企业偿还非流动负债的能力。评价企业长期偿债能力的指标主要有资产负债率、股东权益比率、权益乘数、产权比率和利息保障倍数等。

1. 资产负债率

资产负债率是企业负债总额与资产总额的比率，也称为负债比率，它反映企业的资产总额中有多少是通过举债而得到的，计算公式为：

$$资产负债率 = \frac{负债总额}{资产总额} \times 100\%$$

资产负债率反映企业偿还债务的综合能力，这个比率越高，企业偿还债务的能力越差；反之，偿还债务的能力越强。保守的观点认为资产负债率不应高于50%，而国际上通常认为资产负债率等于60%较为适当。

2. 股东权益比率

股东权益比率是股东权益总额与资产总额的比率，该比率反映企业资产中有多少是所有者投入的，计算公式为：

$$股东权益比率 = \frac{股东权益总额}{资产总额} \times 100\%$$

股东权益比率与资产负债率之和等于1。这两个比率从不同的侧面来反映企业长期财务状况，股东权益比率越大，资产负债率就越小，企业财务风险就越小，偿还长期债务的能力就越强。

3. 权益乘数

股东权益比率的倒数，称为权益乘数，即资产总额是股东权益的多少倍，计算公式为：

$$权益乘数 = \frac{资产总额}{股东权益总额}$$

权益乘数越大，意味着股东投入的资本在资产中所占比重越小，企业负债程度越高；反之，该比率越小，表明所有者投入企业的资本占全部资产的比重越大，企业的负债程度越低，债权人权益受保护程度也越高。

4. 产权比率

产权比率又称资本负债率，是负债总额与所有者权益（或股东权益）总额的比率，它是企业财务结构稳健与否的重要标志，它反映了企业股东权益对债权人权益的保障程度，计算公式为：

$$产权比率 = \frac{负债总额}{所有者权益总额} \times 100\%$$

产权比率越低，意味着企业长期偿债能力越强，债权人权益保障程度越高，债权人越有安全感；反之，比率越高，表示企业长期偿债能力越弱，债权人安全感越小。

5. 利息保障倍数

利息保障倍数是指企业息税前利润与利息费用之比，又称已获利息倍数，用以衡量偿付借款利息的能力，计算公式为：

$$利息保障倍数 = \frac{息税前利润}{利息费用} = \frac{净利润 + 利息费用 + 所得税费用}{利息费用}$$

要维持正常偿债能力，利息保障倍数至少应大于1，且比值越高，企业长期偿债能力越强。如果利息保障倍数过低，企业将面临亏损、偿债的安全性与稳定性下降的风险。利息保障倍数的国际标准值为 3，下限为 1。

【例 9-1】 XYZ 公司 2020 年的资产负债表和利润表分别如表 9-1 和表 9-2 所示，试计算 XYZ 公司 2020 年年末偿债能力的各项指标。

例 9-1 微课

表 9-1　　资产负债表（简表）

编制单位：XYZ 公司　　2020 年 12 月 31 日　　单位：万元

资产	年初余额	期末余额	负债及所有者权益	年初余额	期末余额
流动资产：			流动负债：		
货币资金	125	250	短期借款	225	300
交易性金融资产	60	30	应付票据	20	25
应收票据	55	40	应付账款	545	500
应收账款	995	1 990	预收款项	20	50
预付款项	20	60	应付职工薪酬	85	70
其他应收款	110	110	应交税费	145	520
存货	1 630	595	其他应付款	60	35
持有待售资产 一年内到期的非流动资产	55	425	持有待售负债 一年内到期的非流动负债		
流动资产合计	3 050	3 500	其他流动负债		
非流动资产			流动负债合计	1 100	1 500
长期股权投资	225	150	非流动负债：		
固定资产	4 835	6 190	长期借款	1 225	2 250
在建工程	175	90	应付债券：	1 300	1 200
无形资产	40	30	其中：优先股		
递延所得税资产	75	25	永续债		
其他非流动资产	0	15	其他非流动负债	375	350
非流动资产合计	5 350	6 500	非流动负债合计	2 900	3 800
			负债合计	4 000	5 300
			所有者权益：		
			实收资本	3 000	3 000
			资本公积	50	80
			盈余公积	200	370
			未分配利润	1 150	1 250
			所有者权益合计	4 400	4 700
资产总计	8 400	10 000	负债及所有者权益总计	8 400	10 000

表 9-2　　　　利润表(简表)

编制单位:XYZ 公司　　　　2020 年度　　　　单位:万元

项　　目	上年金额	本年金额
一、营业收入	14 250	15 000
减:营业成本	12 515	13 220
税金及附加	40	40
销售费用	100	110
管理费用	120	230
财务费用	480	550
加:投资收益	120	200
二、营业利润	1 115	1 050
加:营业外收入	85	50
减:营业外支出	25	100
三、利润总额	1 175	1 000
减:所得税费用	375	320
四、净利润	800	680

此例题在 Excel 中的操作如下:

第一步,打开一个新的工作簿,将 XYZ 公司的资产负债表和利润表分别复制到该工作簿的两个工作表 sheet1、sheet2 中,如图 9-1 和图 9-2 所示。

	A	B	C	D	E	F
1			资产负债表（简表）			
2	编制单位：XYZ公司		2020年12月31日			单位：万元
3	资产	年初余额	期末余额	负债和所有者权益	年初余额	期末余额
4	流动资产：			流动负债：		
5	货币资金	125.00	250.00	短期借款	225.00	300.00
6	交易性金融资产	60.00	30.00	应付票据	20.00	25.00
7	应收票据	55.00	40.00	应付账款	545.00	500.00
8	应收账款	995.00	1,990.00	预收款项	20.00	50.00
9	预付款项	20.00	60.00	应付职工薪酬	85.00	70.00
10	其他应收款	110.00	110.00	应交税费	145.00	520.00
11	存货	1,630.00	595.00	其他应付款	60.00	35.00
12	一年内到期的非流动资产	55.00	425.00	流动负债合计	1,100.00	1,500.00
13	流动资产合计	3,050.00	3,500.00	非流动负债：		
14	非流动资产：			长期借款	1,225.00	2,250.00
15	长期股权投资	225.00	150.00	应付债券	1,300.00	1,200.00
16	固定资产	4,835.00	6,190.00	其中：优先股	0.00	0.00
17	在建工程	175.00	90.00	永续债	0.00	0.00
18	无形资产	40.00	30.00	其他非流动负债	375.00	350.00
19	递延所得税资产	75.00	25.00	非流动负债合计	2,900.00	3,800.00
20	其他非流动资产	0.00	15.00	负债合计	4,000.00	5,300.00
21	非流动资产合计	5,350.00	6,500.00	所有者权益：		
22				实收资本	3,000.00	3,000.00
23				资本公积	50.00	80.00
24				盈余公积	200.00	370.00
25				未分配利润	1,150.00	1,250.00
26				所有者权益合计	4,400.00	4,700.00
27	资产总计	8,400.00	10,000.00	负债和所有者权益总计	8,400.00	10,000.00

图 9-1　资产负债表(简表)

	A	B	C
1	利润表（简表）		
2	编制单位：XYZ公司	2020年度	单位：万元
3	项目	上年金额	本年金额
4	一、营业收入	14,250.00	15,000.00
5	减：营业成本	12,515.00	13,220.00
6	税金及附加	40.00	40.00
7	销售费用	100.00	110.00
8	管理费用	120.00	230.00
9	财务费用	480.00	550.00
10	加：投资收益	120.00	200.00
11	二、营业利润	1,115.00	1,050.00
12	加：营业外收入	85.00	50.00
13	减：营业外支出	25.00	100.00
14	三、利润总额	1,175.00	1,000.00
15	减：所得税费用	375.00	320.00
16	四、净利润	800.00	680.00

图 9-2 利润表（简表）

第二步，将 Sheet3 重命名为“偿债能力分析”，设置好偿债能力分析的格式，如图 9-3 所示。

	A	B
1	财务比率分析——偿债能力分析	
2	指标名称	2020年指标值
3	一、短期偿债能力	—
4	流动比率	
5	速动比率	
6	现金比率	
7	二、长期偿债能力	—
8	资产负债率	
9	股东权益比率	
10	权益乘数	
11	产权比率	
12	利息保障倍数	

图 9-3 偿债能力分析

第三步，计算流动比率。在偿债能力分析表的 B4 单元格中输入公式“=资产负债表!C13/资产负债表!F12”，回车后得到流动比率为 2.33，如图 9-4 所示。

B4 fx =资产负债表!C13/资产负债表!F12

	A	B
1	财务比率分析——偿债能力分析	
2	指标名称	2020年指标值
3	一、短期偿债能力	—
4	流动比率	2.33
5	速动比率	
6	现金比率	
7	二、长期偿债能力	—
8	资产负债率	
9	股东权益比率	
10	权益乘数	
11	产权比率	
12	利息保障倍数	

图 9-4 计算流动比率

第四步，计算速动比率。在偿债能力分析表的 B5 单元格中输入公式“=(资产负债表!C13-资产负债表!C11-资产负债表!C12)/资产负债表! F12”，得到速动比率为 1.65。

第五步，计算现金比率。在偿债能力分析表的 B6 单元格中输入公式“=(资产负债表!C5+资产负债表!C6)/资产负债表!F12”，得到现金比率为 0.19。

第六步，计算资产负债率。将偿债能力分析表 B8 单元格的格式设置为百分比，输入公式"=资产负债表!F20/资产负债表!C27",得到资产负债率为53.00%。

第七步,计算股东权益比率。将偿债能力分析表的B9单元格的格式设置为百分比,输入公式"=资产负债表!F26/资产负债表!C27",得到股东权益比率为47.00%。

第八步,计算权益乘数。在偿债能力分析表的B10单元格中输入公式"=资产负债表!C27/资产负债表!F26",得到权益乘数为2.13。

第九步,计算产权比率。将偿债能力分析表的B11单元格的格式设置为百分比,输入公式"=资产负债表!F20/资产负债表! F26",得到产权比率为112.77%。

第十步,计算利息保障倍数。在偿债能力分析表的B12单元格中输入公式"=(利润表!C14+利润表!C9)/利润表!C9",得到利息保障倍数为2.82。

第四步至第十步各指标值如图9-5所示。

	A	B
1	财务比率分析——偿债能力分析	
2	指标名称	2020年指标值
3	一、短期偿债能力	—
4	流动比率	2.33
5	速动比率	1.65
6	现金比率	0.19
7	二、长期偿债能力	—
8	资产负债率	53.00%
9	股东权益比率	47.00%
10	权益乘数	2.13
11	产权比率	112.77%
12	利息保障倍数	2.82

图9-5 计算XYZ公司偿债能力各项指标

二、营运能力分析

营运能力是指企业对资产利用的能力,即资产运用效率的分析,通常用各种资产的周转速度表示。一般而言,资产周转速度越快,说明企业的资产管理水平越高,资产利用效率越高。资产利用效率标志着资产的运行状态及其管理效果的好坏,这将对企业的偿债能力和获利能力产生重要影响。评价企业营运能力的指标主要包括:流动资产周转情况、固定资产周转率和总资产周转率3个方面。

(一)流动资产周转情况

反映流动资产周转情况的指标主要有应收账款周转率、存货周转率和流动资产周转率。

1. 应收账款周转率

应收账款周转率(周转次数)是指一定时期内应收账款平均收回的次数,是一定时期内商品或产品销售收入净额与平均应收账款余额的比值,计算公式如下:

$$\text{应收账款周转率(周转次数)} = \frac{\text{营业收入}}{\text{平均应收账款余额}}$$

$$\text{应收账款周转期(周转天数)} = \frac{\text{平均应收账款余额} \times 360}{\text{营业收入}} = \frac{360}{\text{应收账款周转率}}$$

$$\text{平均应收账款余额} = \frac{\text{应收账款余额年初数} + \text{应收账款余额年末数}}{2}$$

公式中的应收账款包括会计报表中"应收账款"和"应收票据"等全部赊销账款在内,且其金额应为扣除坏账准备后的金额。

应收账款周转率越高,则应收账款周转天数越短,说明应收账款的收回越快,可以减少坏账损失。该指标不适合季节性经营的企业。

2. 存货周转率

存货周转率(周转次数)是指一定时期内企业销售成本与存货平均资金占用额的比率,是衡量和评价企业购入存货、投入生产、销售收回等各环节管理效率的综合性指标,计算公式如下:

$$存货周转率(周转次数)=\frac{营业成本}{平均存货余额}$$

$$存货周转期(周转天数)=\frac{平均存货余额\times 360}{营业成本}=\frac{360}{存货周转率}$$

$$平均存货余额=\frac{存货余额年初数+存货余额年末数}{2}$$

3. 流动资产周转率

流动资产周转率是反映企业流动资产周转速度的指标。流动资产周转率(周转次数)是一定时期销售收入净额与企业流动资产平均占用额之间的比率,计算公式如下:

$$流动资产周转率(周转次数)=\frac{营业收入}{平均流动资产总额}$$

$$流动资产周转期(周转天数)=\frac{平均流动资产总额\times 360}{营业收入}=\frac{360}{流动资产周转率}$$

$$平均流动资产总额=\frac{流动资产总额年初数+流动资产总额年末数}{2}$$

在一定时期内,流动资产周转次数越多,表明以相同的流动资产完成的周转额越多,流动资产利用效果越好。流动资产周转天数越少,表明流动资产在经历生产销售各阶段所占用的时间越短,可相对节约流动资产,增强企业的盈利能力。

(二)固定资产周转率

固定资产周转率是指企业年销售收入净额与固定资产平均净额的比率。它是反映企业固定资产周转情况,从而衡量固定资产利用效率的一项指标,计算公式如下:

$$固定资产周转率(周转次数)=\frac{营业收入}{平均固定资产净值}$$

$$固定资产周转期(周转天数)=\frac{平均固定资产净值\times 360}{营业收入}=\frac{360}{固定资产周转率}$$

$$平均固定资产净值=\frac{固定资产净值年初数+固定资产净值年末数}{2}$$

固定资产周转率高,说明企业固定资产投资得当,结构合理,利用效率高;反之,如果固定资产周转率不高,则表明固定资产利用效率不高,提供的生产成果不多,企业的营运能力不强。

(三)总资产周转率

总资产周转率是企业销售收入净额与企业资产平均总额的比率,计算公式如下:

$$总资产周转率(周转次数)=\frac{营业收入}{平均资产总额}$$

$$\text{总资产周转期(周转天数)}=\frac{\text{平均资产总额}\times 360}{\text{营业收入}}=\frac{360}{\text{总资产周转率}}$$

$$\text{平均资产总额}=\frac{\text{资产总额年初数}+\text{资产总额年末数}}{2}$$

计算总资产周转率时分子分母在时间上应保持一致。

总资产周转率越高,表明企业全部资产的使用效率越高;反之,如果该比率较低,说明企业全部资产营运效率较差,最终会影响企业的盈利能力。

【例 9-2】 根据表 9-1 和表 9-2 中的 XYZ 公司 2020 年的资产负债表和利润表资料,试计算 XYZ 公司营运能力的各项指标。

例 9-2 微课

本例题在 Excel 中的操作如下:

第一步,将 Sheet4 重命名为"营运能力分析",设置好营运能力分析的格式,如图 9-6 所示。

	A	B
1	财务比率分析——营运能力分析	
2	指标名称	2020年指标值
3	应收账款周转率(次)	
4	存货周转率(次)	
5	流动资产周转率(次)	
6	固定资产周转率(次)	
7	总资产周转率(次)	

图 9-6 营运能力分析

第二步,计算应收账款周转率。在营运能力分析表的 B3 单元格中输入公式"=利润表!C4/((资产负债表!B8+资产负债表!C8+资产负债表!B7+资产负债表!C7)/2)",得到应收账款周转率为 9.74。

第三步,计算存货周转率。在营运能力分析表的 B4 单元格中输入公式"=利润表!C5/((资产负债表!B11+资产负债表!C11)/2)",得到存货周转率为 11.88。

第四步,计算流动资产周转率。在营运能力分析表的 B5 单元格中输入公式"=利润表!C4/((资产负债表!B13+资产负债表!C13)/2)",得到流动资产周转率为 4.58。

第五步,计算固定资产周转率。在营运能力分析表的 B6 单元格中输入公式"=利润表!C4/((资产负债表!B16+资产负债表!C16)/2)",得到固定资产周转率为 2.72。

第六步,计算总资产周转率。在营运能力分析表的 B7 单元格中输入公式"=利润表!C4/((资产负债表!B27+资产负债表!C27)/2)",得到总资产周转率为 1.63。

第二步至第六步营运能力各指标计算结果如图 9-7 所示。

B7 f_x =利润表!C4/((资产负债表!B27+资产负债表!C27)/2)

	A	B
1	财务比率分析——营运能力分析	
2	指标名称	2020年指标值
3	应收账款周转率(次)	9.74
4	存货周转率(次)	11.88
5	流动资产周转率(次)	4.58
6	固定资产周转率(次)	2.72
7	总资产周转率(次)	1.63

图 9-7 计算营运能力各项指标值

三、盈利能力分析

盈利能力是指企业一定时期内运用各种资源赚取利润的能力。评价企业盈利能力的指标主要有营业利润率、成本费用利润率、销售净利率、总资产报酬率、总资产净利率和股东权益报酬率等。

(一) 营业利润率

营业利润率是企业一定时期营业利润与营业收入的比率,计算公式为:

$$营业利润率 = \frac{营业利润}{营业收入} \times 100\%$$

营业利润率越高,表明企业的市场竞争力越强,发展潜力越大,从而获利能力越强。

(二) 成本费用利润率

成本费用利润率是指企业一定时期利润总额与成本费用总额的比率,反映了企业所得与所耗的关系,计算公式为:

$$成本费用利润率 = \frac{利润总额}{成本费用总额} \times 100\%$$

式中:

$$成本费用总额 = 营业成本 + 税金及附加 + 销售费用 + 管理费用 + 财务费用$$

成本费用利润率越高,表明企业为取得利润而付出的代价越小,成本费用控制得越好,获利能力越强。

(三) 销售净利率

销售净利率是指企业实现净利润与销售收入的对比关系,用以衡量企业在一定时期销售收入的获取能力,计算公式为:

$$销售净利率 = \frac{净利润}{销售收入} \times 100\%$$

(四) 总资产报酬率

总资产报酬率是企业息税前利润与企业平均资产总额的比率,计算公式为:

$$总资产报酬率 = \frac{息税前利润}{平均资产总额} = \frac{净利润 + 所得税费用 + 利息费用}{(期初资产 + 期末资产) \div 2}$$

总资产报酬率越高,表明资产利用效率越高,说明企业在增加收入、节约资金使用等方面取得了良好的效果;该指标越低,说明企业资产利用效率越低,应分析差异原因,提高营业利润率,加速资金周转,提高企业经营管理水平。

(五) 总资产净利率

总资产净利率是企业在一定时期内获得的净利润与平均资产总额的比率,计算公式为:

$$总资产净利率 = \frac{净利润}{平均资产总额} \times 100\%$$

（六）股东权益报酬率

股东权益报酬率又称净资产收益率，是一定时期企业的净利润与平均股东权益总额的比率，反映投入资本资金的收益水平，是企业获利能力的核心指标，计算公式为：

$$股东权益报酬率 = \frac{净利润}{平均股东权益} \times 100\%$$

该指标是企业盈利能力指标的核心，也是杜邦财务指标体系的核心，更是投资者关注的重点。

【例 9-3】 根据表 9-1 和表 9-2 中的 XYZ 公司 2020 年资产负债表和利润表资料，试计算 XYZ 公司盈利能力的各项指标。

例 9-3 微课

本例题在 Excel 中的操作如下：

第一步，将 Sheet5 重命名为“盈利能力分析”，设置好盈利能力分析的格式，将单元格 B3 至 B8 的格式设置为百分比，如图 9-8 所示。

	A	B
1	财务比率分析——盈利能力分析	
2	指标名称	2020年指标值
3	营业利润率	
4	成本费用利润率	
5	销售净利率	
6	总资产报酬率	
7	总资产净利率	
8	股东权益报酬率	

图 9-8 盈利能力分析

第二步，计算营业利润率。在盈利能力分析表的 B3 单元格中输入公式“=利润表!C11/利润表!C4”，得到营业利润率为 7.00%。

第三步，计算成本费用利润率。在盈利能力分析表的 B4 单元格中输入公式“=利润表!C14/(利润表!C5+利润表!C6+利润表!C7+利润表!C8+利润表!C9)”，得到成本费用利润率为 7.07%。

第四步，计算销售净利率。在盈利能力分析表的 B5 单元格中输入公式“=利润表!C16/利润表!C4”，回车得到销售净利率为 4.53%。

第五步，计算总资产报酬率。在盈利能力分析表的 B6 单元格中输入公式“=(利润表!C14+利润表!C9)/((资产负债表!B27+资产负债表!C27)/2)”，得到总资产报酬率为 16.85%。

第六步，计算总资产净利率。在盈利能力分析表的 B7 单元格中输入公式“=利润表!C16/((资产负债表!B27+资产负债表!C27)/2)”，得到总资产净利率为 7.39%。

第七步，计算股东权益报酬率。在盈利能力分析表的 B8 单元格中输入公式“=利润表!C16/((资产负债表!E26+资产负债表!F26)/2)”，得到股东权益报酬率为 14.95%。

第二步至第七步盈利能力各项指标计算结果如图 9-9 所示。

B8 =利润表!C16/((资产负债表!E26+资产负债表!F26)/2)

	A	B
1	财务比率分析——盈利能力分析	
2	指标名称	2020年指标值
3	营业利润率	7.00%
4	成本费用利润率	7.07%
5	销售净利率	4.53%
6	总资产报酬率	16.85%
7	总资产净利率	7.39%
8	股东权益报酬率	14.95%

图 9-9 计算盈利能力各项指标值

四、发展能力分析

发展能力是指企业未来生产经营活动的发展趋势和发展潜能。企业发展能力主要通过自身的生产经营活动，不断地增长销售收入、不断地增加资金投入和不断地创造利润形成。

评价发展能力的指标主要有营业收入增长率、净利润增长率、总资产增长率、资本积累率等。

（一）营业收入增长率

营业收入增长率是企业本年营业收入增长额与上年营业收入总额的比率。它反映企业营业收入的增减变动情况，是评价企业成长状况和发展能力的重要指标，计算公式为：

$$营业收入增长率 = \frac{本年营业收入增长额}{上年营业收入总额} \times 100\%$$

式中：

$$本年营业收入增长额 = 本年营业收入总额 - 上年营业收入总额$$

（二）净利润增长率

净利润增长率是指企业本年净利润增长额与上年净利润总额的比率，它反映企业本期净利润的增长情况，计算公式为：

$$利润增长率 = \frac{本年净利润增长额}{上年净利润} \times 100\%$$

式中：

$$本年净利润增长额 = 本年净利润 - 上年净利润$$

净利润增长率反映了企业盈利能力的变化，该比率越高，说明企业的成长性越好，发展能力越强。

（三）总资产增长率

总资产增长率是指企业本年总资产增长额与年初资产总额的比率，它反映企业本期资产规模的增长情况，计算公式为：

$$\text{总资产增长率} = \frac{\text{本年总资产增长额}}{\text{年初资产总额}} \times 100\%$$

式中：

$$\text{本年总资产增长额} = \text{年末资产总额} - \text{年初资产总额}$$

总资产增长率是从企业资产规模扩张方面来衡量企业的发展能力，表明企业规模增长水平对企业发展后劲的影响。该指标越高，表明企业一定时期内资产经营规模扩张的速度越快。在实际分析时，应注意考虑资产规模扩张的质和量的关系，以及企业的后续发展能力，避免资产盲目扩张。

（四）资本积累率

资本积累率是企业本年所有者权益增长额与年初所有者权益的比率。它反映企业当年资本的积累能力，是评价企业发展潜力的一项重要指标，计算公式为：

$$\text{资本积累率} = \frac{\text{本年所有者权益增长额}}{\text{年初所有者权益}} \times 100\%$$

式中：

$$\text{本年所有者权益增长额} = \text{年末所有者权益} - \text{年初所有者权益}。$$

【例 9-4】 根据表 9-1 和表 9-2 中的 XYZ 公司 2020 年资产负债表和利润表资料，请计算 XYZ 公司发展能力的各项指标。

例 9-4 微课

本例题在 Excel 中的操作如下：

第一步，将 Sheet6 重命名为“发展能力分析”，设置好发展能力分析的格式，将单元格 B3 至 B6 的格式设置为百分比，如图 9-10 所示。

	A	B
1	财务比率分析——发展能力分析	
2	指标名称	2020年指标值
3	营业收入增长率	
4	净利润增长率	
5	总资产增长率	
6	资本积累率	

图 9-10　发展能力分析

第二步，计算营业收入增长率。在发展能力分析表的 B3 单元格中输入公式“=(利润表!C4-利润表!B4)/利润表!B4”，得到营业收入增长率为 5.26%。

第三步，计算净利润增长率。在发展能力分析表的 B4 单元格中输入公式“=(利润表!C16-利润表!B16)/利润表!B16”，得到净利润增长率为-15%。

第四步，计算总资产增长率。在发展能力分析表的 B5 单元格中输入公式“=(资产负债表!C27-资产负债表!B27)/资产负债表!B27”，得到总资产增长率为 19.05%。

第五步，计算资本积累率。在发展能力分析表的 B6 单元格中输入公式“=(资产负债表!F26-资产负债表!E26)/资产负债表!E26”，得到资本积累率为 6.82%。

第二步至第五步发展能力各项指标计算结果如图 9-11 所示。

B6 =(资产负债表!F26-资产负债表!E26)/资产负债表!E26

	A	B
1	财务比率分析——发展能力分析	
2	指标名称	2020年指标值
3	营业收入增长率	5.26%
4	净利润增长率	-15.00%
5	总资产增长率	19.05%
6	资本积累率	6.82%

图 9-11　计算发展能力各项指标值

第二节　财务比较分析

比较分析法是将同一企业不同时期的财务状况或不同企业之间的财务状况进行比较，从而揭示企业财务状况中所存在差异的分析方法。比较分析法可分为纵向比较分析法和横向比较分析法两种。

一、纵向比较分析法

纵向比较分析法又称趋势分析法，是将同一企业连续若干期的财务状况进行比较，确定其增减变动的方向、数额和幅度，以此来揭示企业财务状况的发展变化趋势的分析方法。通过连续几期财务报表数据的比较，大体了解企业的发展趋势和变化情况，同时可以进一步分析企业发生变化的原因。

使用纵向比较分析法前要确定基期，一般有两种确定方法：第一种是定基分析，以某一选定时期为基期（固定基期），以后各期数值均以该期数值作为共同基期数值进行比较，这种比较说明了各期累积变化情况；另一种是环比分析，以相邻的前期数值为基期，各期数值分别与前期数值比较，这种比较说明了各期逐期的变化情况。

例 9-5 微课

【例 9-5】　XYZ 公司 2018 年至 2020 年的资产负债表和利润表见表 9-3 和表 9-4，请对该公司近 3 年的资产负债表和利润表各项目进行趋势分析。

表 9-3　**XYZ 公司 2018 年至 2020 年资产负债表（简表）**　单位：万元

资产	2018	2019	2020	负债和所有者权益	2018	2019	2020
流动资产：				流动负债：			
货币资金	100	125	250	短期借款	90	225	300
交易性金融资产	55	60	30	应付票据	20	20	25
应收票据	50	55	40	应付账款	280	545	500
应收账款	1 450	995	1 990	预收款项	10	20	50
预付款项	45	20	60	应付职工薪酬	55	85	70
其他应收款	100	110	110	应交税费	35	145	520

(续表)

资产	2018	2019	2020	负债和所有者权益	2018	2019	2020
存货	1 000	1 630	595	其他应付款	10	60	35
一年内到期的非流动资产	100	55	425	流动负债合计	500	1 100	1 500
流动资产合计	2 900	3 050	3 500	非流动负债:			
非流动资产:				长期借款	1 200	1 225	2 250
长期股权投资	200	225	150	应付债券	1 100	1 300	1 200
固定资产	4 000	4 835	6 190	其中:优先股			
在建工程	200	175	90	永续债			
无形资产	50	40	30	其他非流动负债	400	375	350
递延所得税资产	50	75	25	非流动负债合计	2 700	2 900	3 800
其他非流动资产	0	0	15	负债合计	3 200	4 000	5 300
非流动资产合计	4 500	5 350	6 500	所有者权益:			
				实收资本	3 000	3 000	3 000
				资本公积	30	50	80
				盈余公积	120	200	370
				未分配利润	1 050	1 150	1 250
				所有者权益合计	4 200	4 400	4 700
资产总计	7 400	8 400	10 000	负债和所有者权益总计	7 400	8 400	10 000

表 9-4　　XYZ 公司 2018 年至 2020 年利润表(简表)　　单位:万元

项　目	2018	2019	2020
一、营业收入	14 000	14 250	15 000
减:营业成本	12 600	12 515	13 220
税金及附加	35	40	40
销售费用	100	100	110
管理费用	110	120	230
财务费用	400	480	550
加:投资收益	150	120	200
二、营业利润	905	1 115	1 050
加:营业外收入	70	85	50
减:营业外支出	40	25	100
三、利润总额	935	1 175	1 000
减:所得税费用	250	375	320
四、净利润	685	800	680

本例题在 Excel 中的操作如下：

第一步，将 XYZ 公司 2018 年至 2020 年的资产负债表和利润表资料复制到工作表中，如图 9-12 和图 9-13 所示。

	A	B	C	D	E	F	G	H
1	XYZ公司2018年至2020年资产负债表（简表）						单位：万元	
2	资产	2018	2019	2020	负债和所有者权益	2018	2019	2020
3	流动资产：				流动负债：			
4	货币资金	100.00	125.00	250.00	短期借款	90.00	225.00	300.00
5	交易性金融资产	55.00	60.00	30.00	应付票据	20.00	20.00	25.00
6	应收票据	50.00	55.00	40.00	应付账款	280.00	545.00	500.00
7	应收账款	1,450.00	995.00	1,990.00	预收款项	10.00	20.00	50.00
8	预付款项	45.00	20.00	60.00	应付职工薪酬	55.00	85.00	70.00
9	其他应收款	100.00	110.00	110.00	应交税费	35.00	145.00	520.00
10	存货	1,000.00	1,630.00	595.00	其他应付款	10.00	60.00	35.00
11	一年内到期的非流动资产	100.00	55.00	425.00	流动负债合计	500.00	1,100.00	1,500.00
12	流动资产合计	2,900.00	3,050.00	3,500.00	非流动负债：			
13	非流动资产：				长期借款	1,200.00	1,225.00	2,250.00
14	长期股权投资	200.00	225.00	150.00	应付债券	1,100.00	1,300.00	1,200.00
15	固定资产	4,000.00	4,835.00	6,190.00	其他非流动负债	400.00	375.00	350.00
16	在建工程	200.00	175.00	90.00	非流动负债合计	2,700.00	2,900.00	3,800.00
17	无形资产	50.00	40.00	30.00	负债合计	3,200.00	4,000.00	5,300.00
18	递延所得税资产	50.00	75.00	25.00	所有者权益：			
19	其他非流动资产	0.00	0.00	15.00	实收资本	3,000.00	3,000.00	3,000.00
20	非流动资产合计	4,500.00	5,350.00	6,500.00	资本公积	30.00	50.00	80.00
21					盈余公积	120.00	200.00	370.00
22					未分配利润	1,050.00	1,150.00	1,250.00
23					所有者权益合计	4,200.00	4,400.00	4,700.00
24	资产总计	7,400.00	8,400.00	10,000.00	负债和所有者权益总计	7,400.00	8,400.00	10,000.00

图 9-12　XYZ 公司 2018 年至 2020 年资产负债表（简表）

	A	B	C	D
1	XYZ公司2018年至2020年利润表（简表）			单位：万元
2	项　　目	2018	2019	2020
3	一、营业收入	14,000.00	14,250.00	15,000.00
4	减：营业成本	12,600.00	12,515.00	13,220.00
5	税金及附加	35.00	40.00	40.00
6	销售费用	100.00	100.00	110.00
7	管理费用	110.00	120.00	230.00
8	财务费用	400.00	480.00	550.00
9	加：投资收益	150.00	120.00	200.00
10	二、营业利润	905.00	1,115.00	1,050.00
11	加：营业外收入	70.00	85.00	50.00
12	减：营业外支出	40.00	25.00	100.00
13	三、利润总额	935.00	1,175.00	1,000.00
14	减：所得税费用	250.00	375.00	320.00
15	四、净利润	685.00	800.00	680.00

图 9-13　XYZ 公司 2018 年至 2020 年利润表（简表）

第二步，根据 XYZ 公司 2018 年至 2020 年年末资产负债表（简表）资料计算资产负债表各项目的逐年增减额。在单元格 B5 中输入公式“='2018 年至 2020 资产负债表'!C4-'2018 年至 2020 资产负债表'!B4”，回车得到货币资金项目 2019 年较 2018 年的增减额为 25 万元，将单元格 B5 公式复制到“B6:B21”以及单元格 B25 中，即得到 2019 年较 2018 年资产各项目的增减额。同理可以得到负债和所有者权益各项目的增减额，以及 2020 年较 2019 年各项目的增减额，如图 9-14 所示。

B5 =' 2018至2020资产负债表' !C4-' 2018至2020资产负债表' !B4

	A	B	C	D	E	F	G	H	I	J
1	XYZ公司资产负债表环比分析									
2	资产	2019年较2018年		2020年较2019年		负债和所有者权益	2019年较2018年		2020年较2019年	
3		增减额（万元）	增减百分比	增减额（万元）	增减百分比		增减额（万元）	增减百分比	增减额（万元）	增减百分比
4	流动资产：					流动负债：				
5	货币资金	25.00		125.00		短期借款	135.00		75.00	
6	交易性金融资产	5.00		-30.00		应付票据	0.00		5.00	
7	应收票据	5.00		-15.00		应付账款	265.00		-45.00	
8	应收账款	-455.00		995.00		预收款项	10.00		30.00	
9	预付款项	-25.00		40.00		应付职工薪酬	30.00		-15.00	
10	其他应收款	10.00		0.00		应交税费	110.00		375.00	
11	存货	630.00		-1,035.00		其他应付款	50.00		-25.00	
12	一年内到期的非流动资产	-45.00		370.00		流动负债合计	600.00		400.00	
13	流动资产合计	150.00		450.00		非流动负债：				
14	非流动资产：					长期借款	25.00		1,025.00	
15	长期股权投资	25.00		-75.00		应付债券：	200.00		-100.00	
16	固定资产	835.00		1,355.00		其他非流动负债	-25.00		-25.00	
17	在建工程	-25.00		-85.00		非流动负债合计	200.00		900.00	
18	无形资产	-10.00		-10.00		负债合计	800.00		1,300.00	
19	递延所得税资产	25.00		-50.00		所有者权益：				
20	其他非流动资产	0.00		15.00		实收资本	0.00		0.00	
21	非流动资产合计	850.00		1,150.00		资本公积	20.00		30.00	
22						盈余公积	80.00		170.00	
23						未分配利润	100.00		100.00	
24						所有者权益合计	200.00		300.00	
25	资产总计	1,000.00		1,600.00		负债和所有者权益总计	1,000.00		1,600.00	

图 9-14 XYZ 公司资产负债表各项目逐年增减额

第三步，根据 XYZ 公司 2018 年至 2020 年资产负债表（简表）资料计算资产负债表各项目的逐年增减百分比。在单元格 C5 中输入公式"=B5/'2018 年至 2020 资产负债表'!B4"，得到 25.00%，将单元格 C5 公式复制到"C6：C21"以及单元格 C25 中，即得到 2019 年较 2018 年资产各项目的增减百分比，同理可以得到负债和所有者权益各项目的增减百分比，以及 2020 年较 2019 年各项目的增减百分比，如图 9-15 所示。

C5 =B5/' 2018至2020资产负债表' !B4

	A	B	C	D	E	F	G	H	I	J
1	XYZ公司资产负债表环比分析									
2	资产	2019年较2018年		2020年较2019年		负债和所有者权益	2019年较2018年		2020年较2019年	
3		增减额（万元）	增减百分比	增减额（万元）	增减百分比		增减额（万元）	增减百分比	增减额（万元）	增减百分比
4	流动资产：					流动负债：				
5	货币资金	25.00	25.00%	125.00	100.00%	短期借款	135.00	150.00%	75.00	33.33%
6	交易性金融资产	5.00	9.09%	-30.00	-50.00%	应付票据	0.00	0.00%	5.00	25.00%
7	应收票据	5.00	10.00%	-15.00	-27.27%	应付账款	265.00	94.64%	-45.00	-8.26%
8	应收账款	-455.00	-31.38%	995.00	100.00%	预收款项	10.00	100.00%	30.00	150.00%
9	预付款项	-25.00	-55.56%	40.00	200.00%	应付职工薪酬	30.00	54.55%	-15.00	-17.65%
10	其他应收款	10.00	10.00%	0.00	0.00%	应交税费	110.00	314.29%	375.00	258.62%
11	存货	630.00	63.00%	-1,035.00	-63.50%	其他应付款	50.00	500.00%	-25.00	-41.67%
12	一年内到期的非流动资产	-45.00	-45.00%	370.00	672.73%	流动负债合计	600.00	120.00%	400.00	36.36%
13	流动资产合计	150.00	5.17%	450.00	14.75%	非流动负债：				
14	非流动资产：					长期借款	25.00	2.08%	1,025.00	83.67%
15	长期股权投资	25.00	12.50%	-75.00	-33.33%	应付债券：	200.00	18.18%	-100.00	-7.69%
16	固定资产	835.00	20.88%	1,355.00	28.02%	其他非流动负债	-25.00	-6.25%	-25.00	-6.67%
17	在建工程	-25.00	-12.50%	-85.00	-48.57%	非流动负债合计	200.00	7.41%	900.00	31.03%
18	无形资产	-10.00	-20.00%	-10.00	-25.00%	负债合计	800.00	25.00%	1,300.00	32.50%
19	递延所得税资产	25.00	50.00%	-50.00	-66.67%	所有者权益：				
20	其他非流动资产	0.00	-	15.00	-	实收资本	0.00	0.00%	0.00	0.00%
21	非流动资产合计	850.00	18.89%	1,150.00	21.50%	资本公积	20.00	66.67%	30.00	60.00%
22						盈余公积	80.00	66.67%	170.00	85.00%
23						未分配利润	100.00	9.52%	100.00	8.70%
24						所有者权益合计	200.00	4.76%	300.00	6.82%
25	资产总计	1,000.00	13.51%	1,600.00	19.05%	负债和所有者权益总计	1,000.00	13.51%	1,600.00	19.05%

图 9-15 XYZ 公司资产负债表各项目逐年增减百分比

第四步，根据 XYZ 公司 2018 年至 2020 年利润表（简表）资料计算利润表各项目的逐年增减额。新建“XYZ 公司利润表环比分析”工作表，在单元格 B4 中输入公式“='2018 年至 2020 利润表'!C3-'2018 年至 2020 利润表'!B3”，得到营业收入项目 2019 年较 2018 年的增减额为 250 万元，选中单元格 B4，将光标移至单元格右下角出现“+”光标，点击鼠标左键，将鼠标拖至单元格 B16，即得到 2019 年较 2018 年利润表各项目的增减额，同理可以得到 2020 年较 2019 年各项目的增减额，如图 9-16 所示。

B4 =' 2018至2020利润表' !C3-' 2018至2020利润表' !B3

	A	B	C	D	E
1	XYZ公司利润表环比分析				
2	项　目	2019年较2018年		2020年较2019年	
3		增减额（万元）	增减百分比	增减额（万元）	增减百分比
4	一、营业收入	250.00		750.00	
5	减：营业成本	-85.00		705.00	
6	税金及附加	5.00		0.00	
7	销售费用	0.00		10.00	
8	管理费用	10.00		110.00	
9	财务费用	80.00		70.00	
10	加：投资收益	-30.00		80.00	
11	二、营业利润	210.00		-65.00	
12	加：营业外收入	15.00		-35.00	
13	减：营业外支出	-15.00		75.00	
14	三、利润总额	240.00		-175.00	
15	减：所得税费用	125.00		-55.00	
16	四、净利润	115.00		-120.00	

图 9-16　XYZ 公司利润表各项目逐年增减额

第五步，根据 XYZ 公司 2018 年至 2020 年利润表（简表）资料计算利润表各项目的逐年增减百分比。在单元格 C4 中输入公式“=B4/'2018 年至 2020 利润表'!B3”，回车得到营业收入项目 2019 年较 2018 年的增减百分比为 1.79%，选中单元格 C4，将光标移至单元格右下角出现“+”光标，点击鼠标左键，将鼠标拖至单元格 C16，即得到 2019 年较 2018 年利润表各项目的增减百分比，同理可以得到 2020 年较 2019 年各项目的增减百分比，如图 9-17 所示。

C4 =B4/' 2018至2020利润表' !B3

	A	B	C	D	E
1	XYZ公司利润表环比分析				
2	项　目	2019年较2018年		2020年较2019年	
3		增减额（万元）	增减百分比	增减额（万元）	增减百分比
4	一、营业收入	250.00	1.79%	750.00	5.26%
5	减：营业成本	-85.00	-0.67%	705.00	5.63%
6	税金及附加	5.00	14.29%	0.00	0.00%
7	销售费用	0.00	0.00%	10.00	10.00%
8	管理费用	10.00	9.09%	110.00	91.67%
9	财务费用	80.00	20.00%	70.00	14.58%
10	加：投资收益	-30.00	-20.00%	80.00	66.67%
11	二、营业利润	210.00	23.20%	-65.00	-5.83%
12	加：营业外收入	15.00	21.43%	-35.00	-41.18%
13	减：营业外支出	-15.00	-37.50%	75.00	300.00%
14	三、利润总额	240.00	25.67%	-175.00	-14.89%
15	减：所得税费用	125.00	50.00%	-55.00	-14.67%
16	四、净利润	115.00	16.79%	-120.00	-15.00%

图 9-17　XYZ 公司利润表各项目逐年增减百分比

二、横向比较分析法

横向比较分析法是将本企业的财务状况与其他企业的同期财务状况进行比较,确定其存在的差异及其程度,以此来揭示企业财务状况中所存在问题的分析方法。

横向比较分析法通常采用“标准财务比率”和“理想财务报表”进行比较和分析。

(一) 用标准财务比率进行比较、分析

标准财务比率是指特定国家、特定时期和特定行业的平均财务比率。标准财务比率的建立主要采用统计方法,即以大量历史数据的统计结果作为标准。

(二) 用理想财务报表进行比较、分析

理想财务报表是根据标准财务报表比率和所考察企业的规模来共同确定的财务报表,反映了企业的理想财务状况。决策人可以将理想财务报表与实际的财务报表进行对比分析,从而找出差距和原因。

(1) 理想资产负债表。理想资产负债表的百分比结构,来自行业平均水平,以百分比表示的理想资产负债表,参见表 9-5。

表 9-5　　理想资产负债表的百分比结构

项 目	理想比率	项 目	理想比率
流动资产:	60%	负债:	40%
速动资产	30%	流动负债	30%
盘存资产	30%	长期负债	10%
固定资产:	40%	所有者权益:	60%
		实收资本	20%
		盈余公积	30%
		未分配利润	10%
总计	100%	总计	100%

(2) 理想利润表。理想利润表的百分率是以营业收入为基础。通常情况下,毛利率因行业而异,周转快的企业奉行薄利多销的原则,毛利率一般偏低,周转慢的企业毛利率一般较高。每一个行业都有一个自然形成的毛利率水平。

以百分比表示的理想利润表,参见表 9-6,其中企业所得税费用由于纳税调整等原因,假设为 6%。

表 9-6　　理想利润表的百分比结构

项 目	理想比率
营业收入	100%
销售成本(包括销售费用)	75%
毛利	25%

（续表）

项 目	理想比率
期间费用	13%
营业利润	12%
营业外收支净额	1%
税前利润	11%
所得税费用	6%
税后利润	5%

在确定了理想利润表后，即可根据企业某一会计期间的营业收入金额来设计以绝对数表示的理想利润表，然后再与企业实际的利润表进行比较分析，以判断企业实际利润表的优势与劣势，从而找到问题并寻找其原因，最终达到解决问题的目的。

例 9-6 微课

【例 9-6】 根据【例 9-1】至【例 9-4】计算的 XYZ 公司 2020 年的财务比率数据，对 XYZ 公司进行标准财务比率分析。各项目标准财务比率参见表 9-7。

表 9-7　　各项目标准财务比率

项 目	标准财务比率
流动比率	2.58
速动比率	1.75
资产负债率	48.00%
利息保障倍数	2.46
应收账款周转率（次）	8.58
总资产周转率（次）	1.43
营业利润率	25.00%
股东权益报酬率	18.00%

本例题在 Excel 中操作如下：

第一步，新建“标准财务比率分析”工作表，将表 9-7 中的标准财务比率及 XYZ 公司实际财务比率数据输入工作表中，如图 9-18 所示。

第二步，计算公司实际财务比率与标准财务比率的差异。在单元格 D3 中输入公式“=C3-B3”，回车得到流动比率差异值为-0.25，选中单元格 D3，将光标移至单元格右下角出现“+”光标，点击鼠标左键，将鼠标拖至单元格 D10，即得到全部的比率差异值，如图 9-19 所示。

	A	B	C	D
1	XYZ公司标准财务比率分析			
2	项目	标准财务比率	本公司财务比率	差异
3	流动比率	2.58	2.33	
4	速动比率	1.75	1.65	
5	资产负债率	48.00%	53.00%	
6	利息保障倍数	2.46	2.82	
7	应收账款周转率（次）	8.58	10.05	
8	总资产周转率（次）	1.43	1.63	
9	营业利润率	25.00%	7.00%	
10	股东权益报酬率	18.00%	14.95%	

图 9-18　XYZ 公司标准财务比率分析

D10　　=C10-B10

	A	B	C	D
1	XYZ公司标准财务比率分析			
2	项目	标准财务比率	本公司财务比率	差异
3	流动比率	2.58	2.33	-0.25
4	速动比率	1.75	1.65	-0.10
5	资产负债率	48.00%	53.00%	5.00%
6	利息保障倍数	2.46	2.82	0.36
7	应收账款周转率（次）	8.58	10.05	1.47
8	总资产周转率（次）	1.43	1.63	0.20
9	营业利润率	25.00%	7.00%	-18.00%
10	股东权益报酬率	18.00%	14.95%	-3.05%

图 9-19　计算实际财务比率与标准财务比率差异值

第三节　财务综合分析

财务综合分析是将企业营运能力、偿债能力和盈利能力等方面的分析纳入一个有机的分析系统之中，全面地对企业财务状况、经营状况进行解剖和分析，从而对企业经济效益做出较为准确的评价与判断。

财务综合分析的方法有很多，其中应用比较广泛的有杜邦分析法和沃尔评分法。

一、杜邦分析法

杜邦分析法又称杜邦财务分析体系，简称杜邦体系，是利用各主要财务比率指标间的内在联系，对企业财务状况及经济效益进行综合系统分析和评价的方法，该体系以股东权益报酬率为龙头，以总资产报酬率和权益乘数为核心，重点揭示企业获利能力及其前因后果，因其最初由美国杜邦公司成功应用而得名。

杜邦分析法各主要指标之间的关系如下：

$$\text{股东权益报酬率} = \frac{\text{净利润}}{\text{股东权益}} = \frac{\text{净利润}}{\text{销售收入}} \times \frac{\text{销售收入}}{\text{总资产}} \times \frac{\text{总资产}}{\text{股东权益}}$$

$$= \text{销售净利率} \times \text{总资产周转率} \times \text{权益乘数}$$

杜邦分析模型的结构如图 9-20 所示。

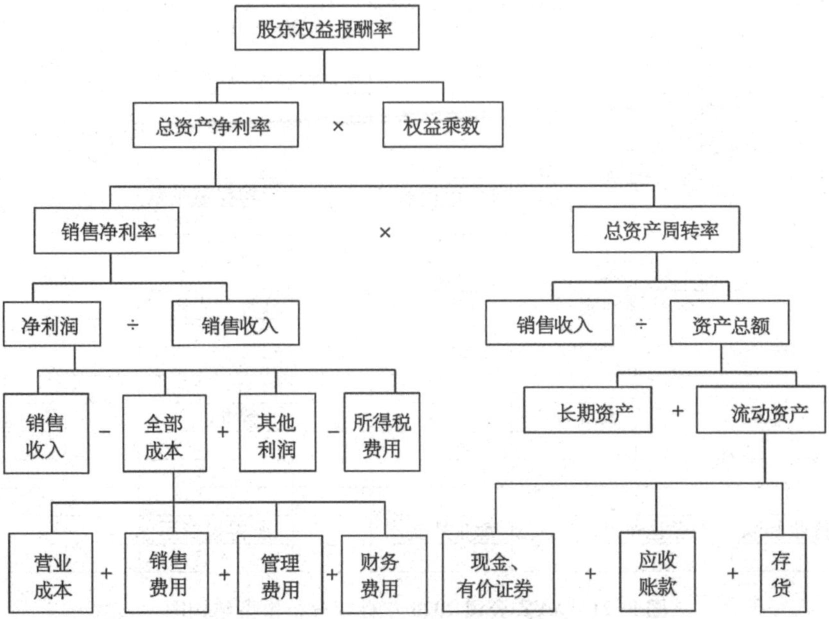

图 9-20 杜邦分析模型结构图

通过杜邦分析体系自上而下层层分解，不仅揭示了企业各项财务指标间的相互关系，而且为企业决策者查明各项主要指标变动的影响因素、优化经营理财状况、提高经营效率提供了思路。提升股东权益报酬率的途径主要包括扩大销售收入、控制成本费用、合理投资配置、加速资金周转、优化资本结构和树立风险意识等。

例 9-7 微课

【例 9-7】 根据 XYZ 公司 2020 年的资产负债表（简表）、利润表（简表），请建立 XYZ 公司 2020 年的杜邦分析模型。

本例题在 Excel 中的操作如下：

第一步，建立“杜邦分析模型”工作表，在表中建立 XYZ 公司 2020 年杜邦分析模型结构图，如图 9-21 所示。

第二步，利用 XYZ 公司 2020 年的资产负债表（简表）、利润表（简表），计算杜邦分析模型结构中各指标数值。在 A20 或 B20 单元格中输入公式“=利润表!C11”，回车得到营业利润为 1 050 万元，然后将 A20 和 B20 两个单元格合并并将数值居中。同理，可计算杜邦分析模型中的其他项目。其他项目有关公式及数据引用如下：

营业外收入，在单元格 D20 中输入公式“=利润表!C12”。

营业外支出，在单元格 G20 中输入公式“=利润表!C13”。

所得税费用，在单元格 J20 中输入公式“=利润表!C15”。

净利润，在单元格 A16 中输入公式“=利润表!C16”。

营业收入，在单元格 E16 和 J16 中输入公式“=利润表!C4”。

平均总资产，在 M16 单元格中输入公式“=(资产负债表!B27+资产负债表!C27)/2”。

销售净利率，在 D12 单元格中输入公式“=A16/E16”。

总资产周转率，在 J12 单元格中输入公式“=J16/M16”。

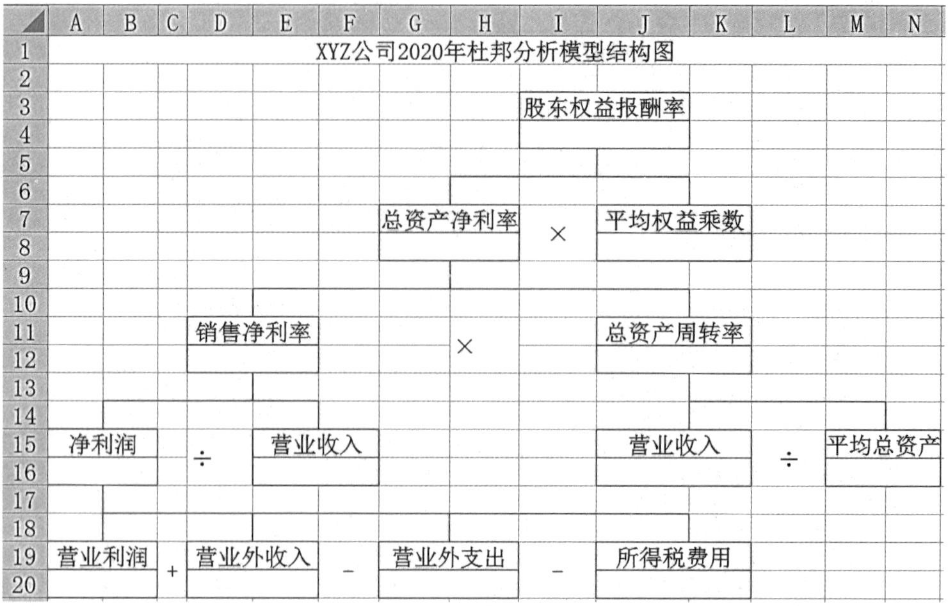

图 9-21　XYZ 公司 2020 年杜邦分析模型结构图

总资产净利率，在 G8 单元格中输入公式“=D12＊J12”。

平均权益乘数，在 J8 单元格中输入公式“=((资产负债表!B27+资产负债表!C27)/2)/((资产负债表!E26+资产负债表! F26)/2)”。

股东权益报酬率，在 I4 单元格中输入公式“=G8＊J8”。

XYZ 公司 2020 年杜邦分析模型中各项目的计算结果如图 9-22 所示。

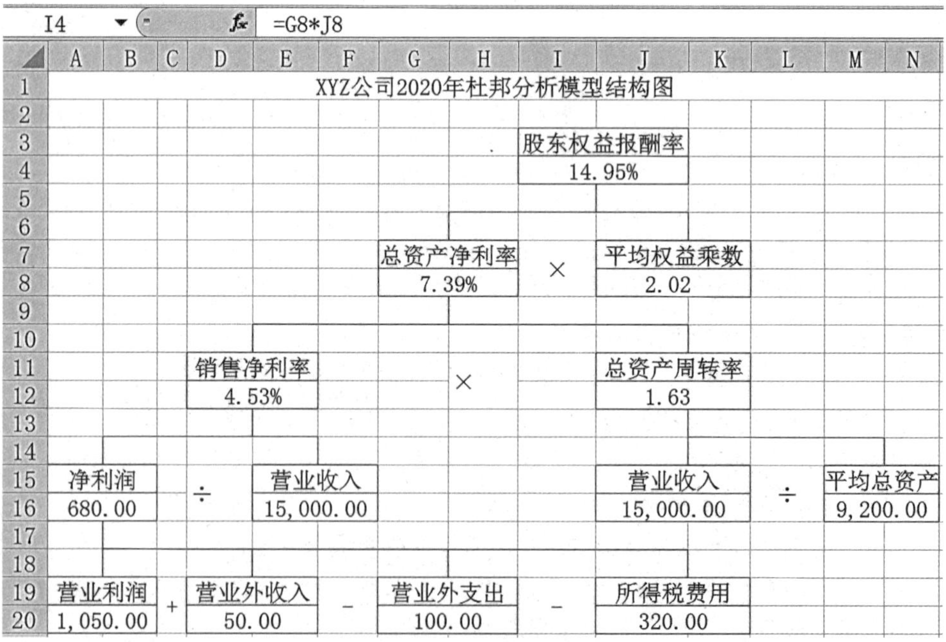

图 9-22　计算 XYZ 公司 2020 年杜邦分析模型中各项目数值

二、沃尔评分法

沃尔评分法的基本原理是将选定的具有代表性的财务指标与行业平均值(或标准值)进行比较,以确定公司各项指标占标准值的比重,并结合标准分值来确定公司实际得分值。沃尔评分法的具体应用程序如下:

(1) 正确选择评价指标中的财务比率,这些指标包括偿债能力、营运能力和盈利能力3类。

(2) 根据各财务比率的重要程度,确定财务指标的标准评分值,各项财务比率的标准评分值之和应等于100分。

(3) 确定评价指标中各财务比率评分值的上限和下限,减少个别评价指标异常对总分造成的不合理影响。

(4) 确定各项财务比率的标准值,通常可以用行业的平均水平并经过调整后确定。

(5) 计算企业各项财务比率的实际值。

(6) 计算出各项财务比率实际值与标准值的比率,即相对比率。相对比率等于财务比率的实际值除以标准值的比值。

(7) 计算出各项财务比率的实际得分,即相对比率与标准评分值的乘积,每项财务比率得分都不得超过上限或低于下限。然后,将各财务比率得分加总得到企业财务状况的综合得分。

如果综合得分接近100分,说明企业财务状况良好,符合或高于行业平均水平;如果综合得分远低于100分,说明企业财务状况存在问题,财务能力较差;如果综合得分远远高于100分,说明企业财务状况很理想。

例 9-8 微课

【例 9-8】 根据【例 9-1】至【例 9-3】XYZ 公司的各项财务比率计算结果、评分值、标准值等,采用沃尔评分法对 XYZ 公司 2020 年的财务状况进行综合评价,评分值、标准值数据见表 9-8。

表 9-8　　XYZ 公司 2020 年沃尔评分表

财务比率	评分值 (1)	上/下限	标准值 (3)	实际值 (4)	关系比率 (5)=(4)÷(3)	实际得分 (6)=(1)×(5)
流动比率	10	20/5	2.00			
速动比率	10	20/5	1.20			
资产/负债	12	20/5	2.10			
存货周转率	10	20/5	6.50			
应收账款周转率	8	20/4	13.00			
总资产周转率	10	20/5	2.10			
总资产报酬率	15	30/7	15.00%			
股东权益报酬率	15	30/7	15.00%			
销售净利率	10	20/5	12.00%			
合　计	100	—	—	—	—	

本例题在 Excel 中的操作如下：

第一步，建立“沃尔综合评分模型”工作表，将表 9-9 中的资料复制到工作表中，如图 9-23 所示。

	A	B	C	D	E	F	G
1	XYZ公司2020沃尔综合评分模型						
2	财务比率	评分值	上/下限	标准值	实际值	关系比率	实际得分
3	流动比率	10.00	20/5	2.00			
4	速动比率	10.00	20/5	1.20			
5	资产负债率	12.00	20/5	60.00%			
6	存货周转率（次）	10.00	20/5	6.50			
7	应收账款周转率（次）	8.00	20/4	13.00			
8	总资产周转率（次）	10.00	20/5	2.10			
9	总资产报酬率	15.00	30/7	15.00%			
10	股东权益报酬率	15.00	30/7	15.00%			
11	营业利润率	10.00	20/5	12.00%			
12	合计	100.00	—	—	—	—	

图 9-23　沃尔综合评分模型

第二步，根据【例 9-1】至【例 9-3】XYZ 公司的各项财务比率计算结果，采用数据链接方式，将相关数据输入“实际值”列。在 E3 单元格中输入公式“='9-1'!B4”，在 E4 单元格输入公式“='9-1'!B5”，在 E5 单元格输入公式“='9-1'!B8”，在 E6 单元格输入公式“='9-2'!B4”，在 E7 单元格输入公式“='9-2'!B3”，在 E8 单元格输入公式“='9-2'!B7”，在 E9 单元格输入公式“='9-3'!B6”，在 E10 单元格输入公式“='9-3'!B8”，在 E11 单元格输入公式“='9-3'!B3”，得到各项财务比率实际值，如图 9-24 所示。

E11　　*fx*　='9-3'!B3

	A	B	C	D	E	F	G
1	XYZ公司2020沃尔综合评分模型						
2	财务比率	评分值	上/下限	标准值	实际值	关系比率	实际得分
3	流动比率	10.00	20/5	2.00	2.33		
4	速动比率	10.00	20/5	1.20	1.65		
5	资产负债率	12.00	20/5	60.00%	53.00%		
6	存货周转率（次）	10.00	20/5	6.50	11.88		
7	应收账款周转率（次）	8.00	20/4	13.00	9.74		
8	总资产周转率（次）	10.00	20/5	2.10	1.63		
9	总资产报酬率	15.00	30/7	15.00%	16.85%		
10	股东权益报酬率	15.00	30/7	15.00%	14.95%		
11	营业利润率	10.00	20/5	12.00%	7.00%		
12	合计	100.00	—	—	—	—	

图 9-24　计算沃尔综合评分实际值

第三步，计算各指标的“关系比率”。在 F3 单元格中输入公式“=E3/D3”，回车得到流动比率指标的关系比率为 1.17，选中单元格 F3，将光标移至单元格右下角出现“+”光标，点击鼠标左键，将鼠标拖至单元格 F11，即得到全部的关系比率，如图 9-25 所示。

第四步，计算实际得分。在 G3 单元格中输入公式“=B3*F3”，得到流动比率指标的实际得分为 11.67，选中单元格 G3，将光标移至单元格右下角出现“+”光标，点击鼠标左

F11 =E11/D11

	A	B	C	D	E	F	G
1	XYZ公司2020沃尔综合评分模型						
2	财务比率	评分值	上/下限	标准值	实际值	关系比率	实际得分
3	流动比率	10.00	20/5	2.00	2.33	1.17	
4	速动比率	10.00	20/5	1.20	1.65	1.38	
5	资产负债率	12.00	20/5	60.00%	53.00%	0.88	
6	存货周转率（次）	10.00	20/5	6.50	11.88	1.83	
7	应收账款周转率（次）	8.00	20/4	13.00	9.74	0.75	
8	总资产周转率（次）	10.00	20/5	2.10	1.63	0.78	
9	总资产报酬率	15.00	30/7	15.00%	16.85%	1.12	
10	股东权益报酬率	15.00	30/7	15.00%	14.95%	1.00	
11	营业利润率	10.00	20/5	12.00%	7.00%	0.58	
12	合计	100.00	—	—	—	—	

图 9-25 计算沃尔综合评分关系比率

键，将鼠标拖至单元格 G11，即得到全部的实际得分，在 G12 单元格中输入公式“=SUM(G3:G11)”，得到 XYZ 公司的总得分为 105.71，超过 100 分，说明公司财务状况良好，如图 9-26 所示。

G12 =SUM(G3:G11)

	A	B	C	D	E	F	G
1	XYZ公司2020沃尔综合评分模型						
2	财务比率	评分值	上/下限	标准值	实际值	关系比率	实际得分
3	流动比率	10.00	20/5	2.00	2.33	1.17	11.67
4	速动比率	10.00	20/5	1.20	1.65	1.38	13.78
5	资产负债率	12.00	20/5	60.00%	53.00%	0.88	10.60
6	存货周转率（次）	10.00	20/5	6.50	11.88	1.83	18.28
7	应收账款周转率（次）	8.00	20/4	13.00	9.74	0.75	5.99
8	总资产周转率（次）	10.00	20/5	2.10	1.63	0.78	7.76
9	总资产报酬率	15.00	30/7	15.00%	16.85%	1.12	16.85
10	股东权益报酬率	15.00	30/7	15.00%	14.95%	1.00	14.95
11	营业利润率	10.00	20/5	12.00%	7.00%	0.58	5.83
12	合计	100.00	—	—	—	—	105.71

图 9-26 计算沃尔综合评分实际得分

本 章 训 练

1. 海虹公司 2020 年的资产负债表(简表)和利润表(简表)，如图 9-27 和图 9-28 所示。要求：

(1) 计算该公司的财务比率表(如图 9-29 所示)。

(2) 对海虹公司进行标准财务比率分析。

	A	B	C	D	E	F
1	资产负债表（简表）					
2	编制单位：海虹公司		2020年12月31日			单位：万元
3	资产	年初余额	期末余额	负债和所有者权益	年初余额	期末余额
4	流动资产：			流动负债：		
5	货币资金	110.00	116.00	短期借款	180.00	200.00
6	交易性金融资产	80.00	100.00	应付票据	42.00	34.00
7	应收票据	50.00	70.00	应付账款	140.00	151.00
8	应收账款	300.00	402.00	应付职工薪酬	60.00	65.00
9	存货	304.00	332.00	应交税费	48.00	60.00
10	流动资产合计	844.00	1,020.00	流动负债合计	470.00	610.00
11	非流动资产：			非流动负债：		
12	长期股权投资	82.00	180.00	长期借款	280.00	440.00
13	固定资产	470.00	640.00	应付债券	140.00	260.00
14	无形资产	18.00	20.00	长期应付款	44.00	50.00
15	非流动资产合计	570.00	840.00	非流动负债合计	464.00	750.00
16				负债合计	934.00	1,360.00
17				所有者权益：		
18				实收资本	300.00	300.00
19				资本公积	50.00	70.00
20				盈余公积	84.00	92.00
21				未分配利润	46.00	38.00
22				所有者权益合计	480.00	500.00
23	资产总计	1,414.00	1,860.00	负债和所有者权益总计	1,414.00	1,860.00

图 9-27　海虹公司 2020 年资产负债表（简表）

	A	B
1	利润表（简表）	
2	编制单位：海虹公司　　2020年度	单位：万元
3	项　　目	本年累计金额
4	一、营业收入	5,800.00
5	减：营业成本	3,480.00
6	税金及附加	454.00
7	销售费用	486.00
8	管理费用	568.00
9	财务费用	82.00
10	加：投资收益	54.00
11	二、营业利润	784.00
12	加：营业外收入	32.00
13	减：营业外支出	48.00
14	三、利润总额	768.00
15	减：所得税费用	192.00
16	四、净利润	576.00

图 9-28　海虹公司 2020 年利润表（简表）

	A	B	C	D
1	海虹公司2020年标准财务比率分析			
2	项目	标准财务比率	本公司财务比率	差异
3	流动比率	2		
4	速动比率	1.2		
5	资产负债率	42.00%		
6	存货周转率(次)	8.5		
7	应收账款周转率（次）	16		
8	总资产周转率（次）	2.65		
9	总资产净利率	19.88%		
10	销售净利率	7.50%		
11	股东权益报酬率	34.21%		

图 9-29　海虹公司标准财务比率分析

2. 已知 ABC 公司资产 2020 年年初余额为 8 400 万元,期末余额为 10 000 万元,所有者权益年初余额为 4 400 万元,期末余额 4 700 万元。该公司 2019 年和 2020 年的其他有关资料如图 9-30 和图 9-31 所示。

要求:运用杜邦分析法对该公司的股东权益报酬率及其增减变动原因进行分析。

	A	B	C
1		ABC公司信息	单位：万元
2	项目	2019年	2020年
3	营业收入	280.00	350.00
4	全部成本	235.00	288.00
5	其中：营业成本	108.00	120.00
6	管理费用	87.00	98.00
7	财务费用	29.00	55.00
8	销售费用	11.00	15.00
9	营业利润	45.00	62.00
10	营业外收入	8.00	4.00
11	营业外支出	3.00	2.00
12	利润总额	50.00	64.00
13	所得税费用	15.00	21.00
14	净利润	35.00	43.00
15	资产总额	128.00	198.00
16	其中：固定资产	59.00	78.00
17	库存现金	21.00	39.00
18	应收账款	8.00	14.00
19	存货	40.00	67.00
20	负债总额	55.00	88.00

图 9-30 ABC 公司基本信息

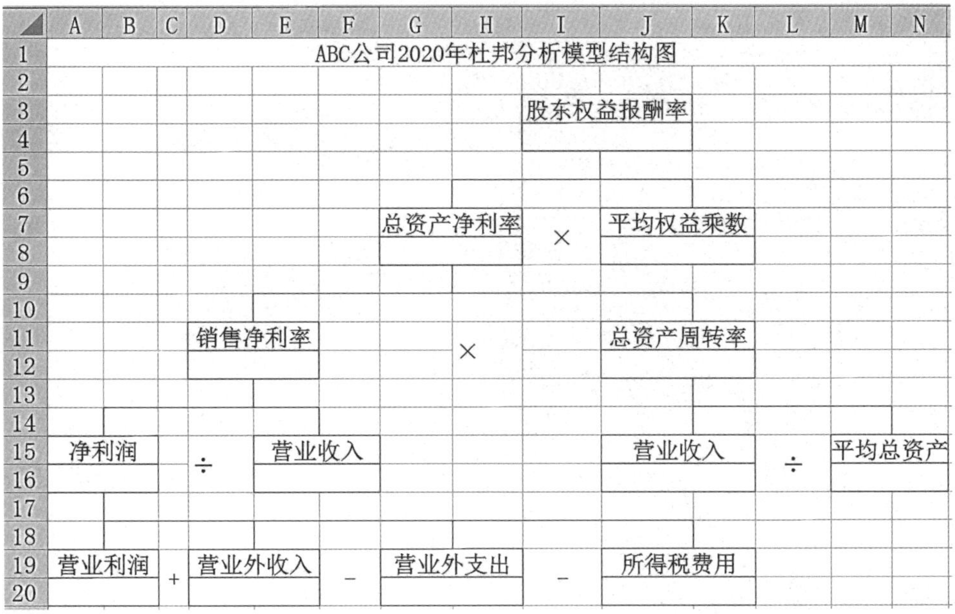

图 9-31 ABC 公司 2020 年杜邦分析模型结构图

3. 大同公司所处行业各指标的评分值、标准值以及公司实际值情况如图 9-32 所示。要求:运用沃尔分析法对大同公司 2020 年的实际状况进行评价。

	A	B	C	D	E	F
1	大同公司2020年沃尔综合评分模型					
2	财务比率	评分值	标准值	实际值	关系比率	实际得分
3	流动比率	15.00	2.00	2.45		
4	速动比率	10.00	1.00	0.72		
5	资产负债率	10.00	60.00%	50.15%		
6	存货周转率(次)	10.00	15.00	11.88		
7	应收账款周转率(次)	5.00	12.00	10.00		
8	总资产周转率(次)	15.00	1.88	1.63		
9	销售净利率	15.00	12.00%	12.17%		
10	股东权益报酬率	20.00	10.00%	17.05%		
11	合计	100.00	—	—	—	

图 9-32 大同公司 2020 年沃尔综合评分模型